中国非物质文化遗产保护机制研究

——基于文化与科技融合视角

叶鹏 著

中国社会科学出版社

图书在版编目(CIP)数据

中国非物质文化遗产保护机制研究：基于文化与科技融合视角／叶鹏著．

—北京：中国社会科学出版社，2016.5

ISBN 978 - 7 - 5161 - 8249 - 9

Ⅰ.①中… Ⅱ.①叶… Ⅲ.①文化遗产—保护—
研究—中国 Ⅳ.①K203

中国版本图书馆 CIP 数据核字(2016)第 116774 号

出 版 人	赵剑英
责任编辑	姜阿平
特约编辑	苑　杰
责任校对	邓晓春
责任印制	张雪娇

出　　版	中国社会科学出版社
社　　址	北京鼓楼西大街甲 158 号
邮　　编	100720
网　　址	http://www.csspw.cn
发 行 部	010 - 84083685
门 市 部	010 - 84029450
经　　销	新华书店及其他书店

印　　刷	北京君升印刷有限公司
装　　订	廊坊市广阳区广增装订厂
版　　次	2016 年 5 月第 1 版
印　　次	2016 年 5 月第 1 次印刷

开　　本	710×1000 1/16
印　　张	13
字　　数	213 千字
定　　价	49.00 元

序

　　中国共产党第十七届中央委员会第六次全体会议通过了《中国共产党中央委员会关于进一步深化文化体制改革推动社会主义文化大发展大繁荣若干重大问题的决定》，提出了"科技创新是文化发展的重要引擎，进一步落实科技领先战略，增强自主创新能力是推动文化与科技相互促进"的重要战略，以及"设立优秀传统文化的继承制度，加强国家重要文化遗产、自然遗产、重点文物保护单位、历史文化名城建设"的具体部署，由此推动了文化与科技融合的快速发展。

　　在这种背景下，叶鹏同志以我国非物质文化遗产保护为主题，以文化与科技融合为切入点，结合国内外非物质文化遗产保护的分析研究，探讨具有普适价值的、基于文化与科技融合的非物质文化遗产保护机制及实现策略，形成了专著《中国非物质文化遗产保护机制研究——基于文化与科技融合视角》。这是他在武汉大学攻读博士期间从事研究工作的系统总结，该书从一个全新的角度对我国非物质文化遗产保护机制进行了较为系统的研究，具有较高的理论意义和实践价值。纵观全书，本书的突出特点表现在如下方面：

　　其一，内容的创新性。创新是学术研究的核心，能否站在学科前沿进行创新性研究是衡量一个学术成果质量和水平的重要标准。作者在广泛阅读了文化遗产学、社会学、管理学、计算机科学等学科文献的基础上，结合国内外非物质文化遗产保护研究的最新成果，通过多学科知识的交叉渗透，阐释了"文化与科技融合下非物质文化遗产保护机制"的内涵、特征、模型等内容。在此基础上，作者提出了行政管理部门主管、科技管理部门主导、以非物质文化遗产保护行业支撑、社会公众全民参与的非物质文化遗产保护机制，并倡导将多种新兴技术引入我国非物质文化遗产保护领域，创建以"一个平台、五种技术、七个模块"为特征的非物质文化遗产数字化融合保护平台和技术实现方案，推动了非物质文化遗产保护的创新。

其二，资料的丰富性。站在前贤肩膀上是学术研究的基础，在该书撰稿过程中，作者查阅了70余部专门著作、380余篇学术论文、30余份研究报告和400余份调研数据，对相关学科和外文资料的应用尤为突出。作者通过系统研读国内外非物质文化遗产保护相关文献，对国内外非物质文化遗产保护的沿革、现状和趋势进行多视角、全方位、立体式的考察和剖析，为读者展现和阐释了文化与科技融合背景下我国非物质文化遗产保护机制的丰富内涵和典型特征。

其三，理论与实践相结合，知行合一既是先贤处事的重要哲理，也是衡量学术研究水平的重要标准。我国非物质文化遗产保护机制在实践过程中，基于文化与科技融合的实施体系，结合非物质文化遗产的生命周期模型的驱动方式模型，通过对非物质文化遗产的协同保存、数字化保存与共享等举措，构建综合运用元数据技术、GIS技术、数字信息传播技术等技术手段的非物质文化遗产数字化融合保护体系。文化与科技融合下非物质文化遗产保护机制体系的构建与实施，既从政府主导、需求导向、融合创新和社会保护的角度，打通了非物质文化遗产保护需求与行政管理的隔阂，首次从顶层设计的高度，通过技术整合和平台搭建，打破非物质文化遗产数字化信息资源之间的兼容樊篱和应用屏障，为推动我国非物质文化遗产的信息传播和数字传承提供了有效支撑。为保证文化与科技融合下非物质文化遗产保护机制的实现，同步构建了以我国非物质文化遗产文化特质为基础，以法律法规和行政管理为核心，以保护非物质文化遗产原真性为根本，以非物质文化遗产传承为目标的综合性保障举措。

总而言之，该书从一个全新的角度对我国非物质文化遗产保护机制进行总结，既有比较深入的理论分析，也有紧密结合当代非物质文化遗产保护的具体实践，体现了我国当代非物质文化遗产保护的新发展，为当代非物质文化遗产保护提供了理论指导和实践借鉴。当然，书中不可避免地存在瑕疵与不足，希望叶鹏同志能深入学习、继续钻研，未来能取得更多、更新的成绩。

前　言

　　非物质文化遗产是一种展现人类精神特质的文化信息资源，它既展现了民族文化的多样化精髓，也体现了人类文明的无尽创造力。截至 2015 年 7 月，中国入选"人类非物质文化遗产代表作名录"的项目共有 30 项，入选"急需保护的非物质文化遗产名录"共有 7 项，入选"优秀实践名册"共有 1 项。联合国教科文组织 2003 年 10 月通过了《保护非物质文化遗产公约》，中国全程参与了该公约的制定工作。2004 年 8 月，经全国人大常委会批准，中国正式加入《保护非物质文化遗产公约》。从此，保护非物质文化遗产被我国政府提上了议事日程，各项保护工作也随之在全国各地开展起来。特别是十七届六中全会以来，"文化与科技融合"重大战略的提出将不断推动我国非物质文化遗产研究向系统化、技术化和社会化方向发展，为研究领域中尝试和实现跨界融合和创新研究提供了良好的基础。

　　本书着眼文化与科技融合的新视角，以我国非物质文化遗产保护需求为切入点，以文化与科技融合为创新点，结合我国非物质文化遗产的自身特点与保护实际，重点引入国外成熟的非物质文化遗产保护机制模型和保护理念，研究具有普适价值的非物质文化遗产保护机制及其实现路径，为我国非物质文化遗产的保护与管理提供决策参考。

　　在理论研究方面，本书以多学科理论为背景，构建文化与科技融合背景下的非物质文化遗产保护机制模型，综合运用元数据、非物质文化遗产图谱等技术与方法，以非物质文化遗产数字化融合保护平台为载体，提出以文化与科技融合下非物质文化遗产保护的驱动机制、管理机制、创新机制和参与机制，阐释了文化与科技融合的非物质文化遗产保护新机制。

　　在应用研究方面，本书阐释了运用数字化保护技术构建非物质文化遗产数字化融合保护平台的方式和路径，该平台的运行将有助于打通非物质文化遗产保护需求和行政管理之间的隔阂，从政府主导、融合创新、需求导向和社会保护的角度，加速我国原真性、活态性非物质文化遗产保护环境的构建。

此外，本书以文化与科技融合为导向，以我国非物质文化遗产保护机制的构建与实现为重点开展研究。全书除了研究视角较新之外，还取得了如下研究成果，提出文化行政管理部门主管、科技管理部门主导、各级各类科研院所和 IT 行业建设、社会公众全民参与的非物质文化遗产保护机制。这种机制是保障我国文化与科技融合下非物质文化遗产保护事业发展的基础。此外，基于我国非物质文化遗产保护需求，结合文化社会发展状况，提出具有推广价值的非物质文化遗产保护机制与实现路径。这条路径是实现我国文化与科技融合下非物质文化遗产保护事业进步的途径。

从内容上来看，全书由绪论、正文和结语三部分组成。绪论主要介绍了研究背景、研究思路等内容。正文则分为五个部分：

第一部分——对非物质文化遗产保护机制的相关界定。本节以讨论非物质文化遗产、非物质文化遗产保护和非物质文化遗产保护机制等概念为途径，在梳理非物质文化遗产相关概念的基础上，为引入文化与科技融合理念的相关研究进行必要的理论准备。

第二部分——当前我国非物质文化遗产保护机制的对文化与科技融合的诉求。本节通过对我国非物质文化遗产保护机制的总结与分析，提出现阶段我国非物质文化遗产保护机制存在的问题，从文化与科技社会角度，结合相关理论阐释非物质文化遗产保护机制的内容概述。

第三部分——国内外非物质文化遗产保护与科技融合的案例分析。本节通过对欧盟 ECHO 工程、加拿大 LAC 工程、韩国国家非物质文化遗产数字化档案记录工程和中国文化信息资源共享工程进行分析和概括，为后续研究提供了重要的参考依据。

第四部分——我国非物质文化遗产保护机制的构建。本节基于前述对文化与科技融合下非物质文化遗产保护机制的阐释，对该机制形成的影响要素、构建原则、构建方法和驱动机制模型进行了研究和探索，为文化与科技融合下非物质文化遗产保护机制的实现打下理论基础。

第五部分——我国非物质文化遗产保护机制的实现。本节根据前述对文化与科技融合下非物质文化遗产保护机制的理论研究，结合国内外新兴技术和机制和方法，从管理、制度和技术三个方面提出构建非物质文化遗产保护驱动机制的举措。

目　录

图目录

表目录

一 绪论

（一）研究问题的背景

非物质文化遗产蕴含着各民族的文化精髓，体现了各民族无尽的创造力和生命力。截至 2015 年 7 月，30 个中国项目入选"人类非物质文化遗产代表作名录"，7 个中国项目入选"急需保护的非物质文化遗产名录"，1 个中国项目入选"优秀实践名册"，我国已经成为"人类非物质文化遗产代表作名录"内项目最多的国家。我国是《保护非物质文化遗产公约》的缔约国，通过联合国教科文组织（UNESCO）和国内各级政府、研究机构的不断推动，我国对非物质文化遗产保护体系进行了系统性建设和阶段性研究。同时，联合国教科文组织还在《文化政策发展行动计划》中指出："文化生产力的竞争是未来世界竞争的主战场，同时文化发展将成为新时期社会发展的主流"[1]。为符合世界文化潮流，发挥文化和科技融合与集成在我国文化事业发展中的作用，中国共产党第十七次全国代表大会在报告中提出了"用高新技术来创建新的文化生产方式，来培育新的文化业态，来加快构建传输快捷、覆盖广泛的文化传播体系"[2]，在第十七届中国共产党代表大会第六次全体会议中通过了《中国共产党中央委员会关于进一步深化文化体制改革推动社会主义文化大发展大繁荣若干重大问题的决定》（以下简称《决定》），会议从加快文化发展、增强文化竞争力出发，提出"科技创新是文化发展的重要引擎，进一步落实科技领先

---

[1] UNESCO, *Action Plan on Cultural Policies for Development*, 2014, http：//www.unesco.org/cpp/uk/declarations/cultural.

[2] 胡锦涛：《高举中国特色社会主义伟大旗帜为夺取全面建设小康社会新胜利而奋斗——在中国共产党第十七次全国代表大会上的报告》，人民出版社 2007 年版，第 37 页。

战略，增强自主创新能力是推动文化与科技相互促进"① 的重要战略，提出了"设立优秀传统文化的继承制度，加强国家重要文化遗产、自然遗产、重点文物保护单位、历史文化名城建设"② 的具体部署。

"社会智力发展与科技密不可分，它不仅体现了文化内容，同时也是文化的形式和载体"。③ 科技是文化新形势的核心助力，文化发展也离不开科学技术的支持，这一趋势代表了未来文化发展的方向。可见，技术进步和科技转化的能力，与国家文化竞争力紧密相关，这一强大的动力将推动文化事业的发展，还会引发文化体制机制的创新和改革。

"科技创新以及科学技术的发展，可以大大促进文化产业的创新能力、表现能力和传播能力，为不断塑造文化产业的全新类型提供有力保证"。④ 综上所述，从全会的提出文化与科技融合的系列精神中可以看出，"文化与科技融合将是中华文化在信息时代避免处于守势，在思想文化和价值理念的高度取得国际性认同的重要基础"⑤。

由此可见，在文化与科技融合的大背景下，我国非物质文化遗产保护领域还存在科技支持对文化与科技融合领域内的支持不足问题，还未形成支持和引领文化发展的技术支持体系；文化科技创新的带动效果欠佳，关键技术、成套设备及其软件系统还需依赖进口，核心技术的本地化率也相对较低；文化类科技项目缺乏规划，项目支持资金不足，研究人员文化主动性不强等问题，而上述问题的解决都需依赖于文化与科技融合的深度发展。

（二）文献综述

1. 国外研究综述

通过采用表 1-1 所示的检索式对 SCI、SSCI 等外文数据库进行检索，在对结果进行筛选的基础上，可获得文化与科技融合下非物质文化遗产保

① 国务院研究室编写组：《〈中共中央关于深化文化体制改革推动社会主义文化大发展大繁荣若干重大问题的决定〉辅导读本》，人民出版社 2011 年版，第 24—25 页。
② 同上。
③ 杨登超：《加快文化与科技融合》，《福建日报》2012 年 8 月 21 日第 2 版。
④ 王志刚：《推进文化科技创新加强文化与科技融合》，《求是》2012 年第 2 期。
⑤ 谌强：《王文章：加快文化与科技融合对文化发展有重大意义》，《光明日报》2010 年 6 月 22 日第 5 版。

护机制及其实现方式的研究成果统计数据（表 1 - 1）。

表 1 - 1　　　　　　　　　　国外相关文献检索结果

检索引擎	检索式	文献数量（筛选后）
SCI、SSCI、A&HCI-ISI	TI = ［非物质文化遗产 AND（文化 OR 科学 OR 整合 OR 转化 OR 机制）NOT（自然文化遗产）］ 题名 = ［非物质文化遗产和（文化或科学或整合或转化或机制）非（自然文化遗产）］	72
	TS = ［非物质文化遗产 AND（文化 OR 科学 OR 整合 OR 转化 OR 机制）NOT（自然文化遗产）］ 主题 = ［非物质文化遗产和（文化或科学或整合或转化或机制）非（自然文化遗产）］	233

通过对数据和信息的综合分析表明，自 20 世纪 50 年代日本提出保护"非物质文化遗产"开始，世界非物质文化遗产研究从概念入手，逐步加深并细分为非物质文化遗产资源研究、非物质文化遗产保护研究、非物质文化遗产开发研究等多领域。其中，就文化与科技融合下开展非物质文化遗产保护事业而言，其研究成果多集中于数字化非物质文化遗产保护和社会化博物馆保护两大领域。例如，加里·卡普率先提出整合文化遗产，构建虚拟平台的保护思想，从而采用网络化、虚拟化的数字博物馆收藏，包括非物质文化遗产资源在内的数字信息；加奈子和佑野学等以日本国立人类民俗博物馆保护阿伊努文化遗产为例，阐述了博物馆不仅是收藏、保管非物质文化遗产的最佳场所，同时也是利用和开发非物质文化遗产的重要场所。[①] 在非物质文化遗产的社会化利用和生产性保护方面，国外倡导将其与旅游发展和社会化保护相结合。如威廉·洛根根据 UNESCO 提出的非物质文化遗产定义与保护举措，对人权保护与非物质文化遗产保护从社会学角度进行了分析，提出了非物质文化遗产社会化保护的方法和举措[②]；费尔柴尔德·罗格斯、赫莱菌·西尔费曼根据非物质文化遗产保护

---

① Kanako Wakahashi, Manabu Shimoyama. "Histiocytic sarcoma with two immunohistopathologically distinct populations". *International Journal of Hematology*, Vol. 11, 2010, pp. 4 - 9.

② William S. Logan. Closing Pandora's Box, "Human Rights Conundrums in Cultural Heritage Protection". *Cultural Heritage and Human Rights*, Vol. 4, 2007, pp. 33 - 52.

主体和保护对象间的关系，提出了非物质文化遗产数字化保护与馆藏展示之间的关系①；路德·阿里斯佩结合法国非物质文化遗产生产性保护的现状与问题，结合社会学模型对法国非物质文化遗产生产性保护的实施方法与保障措施提出了建议。②

　　在非物质文化遗产的保护机制、保护政策和保护法规方面，国外研究人员通过对非物质文化遗产保护本体、保护对象和保护中介的研究和分析，提出了一系列较为先进的非物质文化遗产保护理念和保护实现机制。如淳史·桧山久雄、洋介·小山等针对计算机虚拟现实技术对非物质文化遗产进行数字化存储、复原和利用的全过程，提出了一套非物质文化遗产数字化管理办法③；玛丽亚·特星萨、伊沙贝拉·加利亚尔迪根据非物质文化遗产的流变性特点，结合信息技术和数据分析技术，提出了融信息技术和日常管理于一体的非物质文化遗产监测管理方法④；瑞秋·荷林提出了从文化、地域、源流和发展的四维参照角度，对非物质文化遗产命名与登录进行构成分析，并实现非物质文化遗产名录和资源认定的动态管理方式⑤；森田成之阐释了非物质文化遗产保护与制度确立之间的关系，探讨了日本濒危非物质文化遗产与当地旅游业发展的关系与影响⑥。同时，国际人权视角下的非物质文化遗产保护、跨国非物质文化遗产争议解决机制、土著传统知识保护等前沿问题也受到欧美学者的广泛关注，如艾瑞卡·泰克认为应从全人类精神遗产的高度对跨文化、跨地域、跨种族的非

① D. Fairchild Ruggles, Helaine Silverman. "From Tangible to Intangible Heritage". *Intangible Heritage Embodied*, Vol. 2, 2009, pp. 1 – 14.

② Lourdes Arizpe, "Singularity and Micro-Regional Strategies in Intangible Cultural Heritage", *Anthropological Perspectives on Intangible Cultural Heritage Springer Briefs in Environment, Security, Development and Peace*, Vol. 6, No. x 2013, pp. 17 – 36.

③ Atsushi Hiyama, Yusuke Doyama, Mariko Miyashita, Eikan Ebuchi, Masazumi Seki, Michitaka Hirose, "Wearable Display System for Handing Down Intangible Cultural Heritage", *Virtual and Mixed Reality-Systems and Applications Lecture Notes in Computer Science*, Vol. 6774, No. x 2011, pp. 158 – 166.

④ Maria Teresa Artese, Isabella Gagliardi, "Cataloging Intangible Cultural Heritage on the Web", *Progress in Cultural Heritage Preservation Lecture Notes in Computer Science*, Vol. 7616, No. x 2012, pp. 676 – 683.

⑤ Rachel L. Horlings, "Maritime Cultural Resource Investigation, Management, and Mitigation in Coastal Ghana", *Journal of Maritime Archaeology*, Vol. 7, No. x 2012, pp. 141 – 164.

⑥ Shigeyuki Miyata, "Intangible Cultural Heritage Policy in Japan", *Anthropological Perspectives on Intangible Cultural Heritage SpringerBriefs in Environment, Security, Development and Peace*, Vol. 6, No. x 2013, pp. 83 – 101.

物质文化遗产资源给予高度重视和有效保护，同时在国际法框架内对其实施有效保护和合理利用[1]；米歇尔·库克、托尼·多德等认为，现有的国际非物质文化遗产调解机制能够在较大程度上解决非物质文化遗产的跨国争议，但仍需从建立专门的非物质文化遗产跨国争议的调解机构和完善相关的调解程序规则两方面进行改善[2]；克里斯蒂娜·阿姆斯[3]认为，联合国教科文组织公布的《保护非物质文化遗产公约》已对非物质文化遗产归属人的人权作出了限定，但在专门管理机构上应参照欧洲人权法院、美洲人权法院的方式，设立特别的、专门的国际法庭和国际法院对国际性非物质文化遗产争端进行审理，并使其成为联合国教科文组织的一个常设机构。此外，大量国外学者也对于这些前沿问题进行了比较深入的研究，并出版了诸如 *The Policy for Intangible Cultural Heritage of Republic of Korea and Japan*，*Safeguarding Intangible Cultural Heritage in the 2003 UNESCO Convention：A Critical Appraisal*，*Korean "Cultural Property Protection Law" with Regard to Korean Intangible Heritage* 等一系列专门论著。

在非物质文化遗产的资源管理、有效保护和适度开发方面，国外研究机构通过完善政策法规、应用先进技术和创新管理方式等路径，对非物质文化遗产的合理保护与适度开发进行了相关研究。如马库斯·约布斯特、乔治·加特纳从技术的角度将非物质文化遗产的管理和利用置于高效信息需求的社会背景下，面向非物质文化遗产保护应用，将非物质文化遗产传统和信息系统进行需求嫁接[4]；佐藤笃志、平川和彦等研究了可穿戴 3D 设备在非物质文化遗产保护中的应用，构建了将非物质文化遗产转化为动态三维模型并实现穿戴体验的实施方法[5]；塔玛拉·泽勒诺维奇、泽丽

① Erika J. "Techera. Ensuring the Viability of Cultural Heritage, The Role of International Heritage Law for Pacific Island States". *Island Futures Global Environmental Studies*, 2011, pp. 37 – 51.

② Michelle Cocks, Tony Dold. "Perceptions and values of local landscapes: implications for the conservation of biocultural diversity and intangible heritage". *Forest-people Interfaces*, 2012, pp. 167 – 179.

③ Cristina Amescua. "Anthropology of Intangible Cultural Heritage and Migration: An Uncharted Field". *Anthropological Perspectives on Intangible Cultural Heritage Pringer Briefs in Environment, Security, Development and Peace*, Vol. 6, 2013, pp. 103 – 120.

④ Markus Jobst, Georg Gartner. *Structural Aspects for the Digital Cartographic Heritage*. Preservation in Digital Cartography Lecture Notes in Geoinformation and Cartography, 2010, pp. 57 – 75.

⑤ Atsushi Hiyama, Yusuke Doyama, Mariko Miyashita, Eikan Ebuchi, Masazumi Seki, Michitaka Hirose. "Wearable Display System for Handing Down Intangible Cultural Heritage". *Virtual and Mixed Reality-Systems and Applications Lecture Notes in Computer Science*, Vol. 6774. 2011, pp. 158 – 166.

卡·斯卡夫等基于地理信息系统（GIS）形成非物质文化遗产分布地理信息元数据，并结合集中管理式的非物质文化遗产专题数据库对非物质文化遗产管理信息系统进行了结构设计①；戴维·克林顿、梅勒·范德沃特针对非物质文化遗产在南非旅游活动中出现的流变、流失、衰亡的现象，提出要通过促进非物质文化遗产传承和推动非物质文化遗产创新来强化保护效果的观点②；路易斯·恺撒对法国非物质文化遗产的商业化活动进行了分析，从社会学、经济学的角度对法国非物质文化遗产生产性保护工作进行了总结，进而提出生产性保护是非物质文化遗产社会化保护和长效传承的重要方式之一③。

除上述研究成果之外，国外关于文化与科技融合背景下的非物质文化遗产保护工作也在逐步开展，通过现代信息技术在非物质文化遗产保护领域内的不断转化与实践，各种基于不同学科的保护理念和举措方法得以融会应用。从研究热点来看，如穆罕默德·阿里从传播学的角度，以撒马利亚传统制陶工作为例，介绍了数字通信技术在非物质文化遗产传承中的应用④；玛丽亚·特蕾莎、伊莎贝拉·加利亚尔迪提出利用互联网和传感器，对尚未鉴定、分类、保存的非物质文化遗产资源及其物质载体进行监控和管理⑤；路易斯·兰德安尼、利马窦·普佐利（2014）提出在非物质文化遗产保护工作中采用数字技术和虚拟还原的技术，丰富了意大利非物质文化遗产的表现形式，提升社会公众对非物质文化遗产的价值感知与保护认知。⑥

---

① Tamara Zelenović Vasiljević, Zorica Srdjević, Ratko Bajčetić, Mirjana Vojinović Miloradov. "GIS and the Analytic Hierarchy Process for Regional Landfill Site Selection in Transitional Countries: A Case Study From Serbia". *Environmental Management*, Vol. 49, 2012, pp. 445 – 458.

② Clinton David van der Merwe. "The Limits of Urban Heritage Tourism in South Africa: The Case of Constitution Hill, Johannesburg". *Urban Forum*, Vol. 24, 2013, pp. 573 – 588.

③ Luis César Herrero-Prieto. "Françoise Benhamou: Économie du patrimoine culturel, Éditions La Découverte". *Journal of Cultural Economics*, Vol. 3, 2013, pp. 18 – 24.

④ Nazrita Ibrahim, Nazlena Mohamad Ali, Noor Faezah Mohd Yatim. "Cultural Learning in Virtual Heritage: An Overview". *Visual Informatics: Sustaining Research and Innovations Lecture Notes in Computer Science*, Vol. 7067, 2011, pp. 273 – 283.

⑤ Maria Teresa Artese, Isabella Gagliardi. "Cataloging Intangible Cultural Heritage on the Web". *Progress in Cultural Heritage Preservation Lecture Notes in Computer Science*, Vol. 7616, 2012, pp. 676 – 683.

⑥ Loris Landriani, Matteo Pozzoli. *Management of Cultural Heritage System in Italy*. Management and Valuation of Heritage Assets Springer Briefs in Business, 2014, pp. 55 – 98.

就跨行业、跨部门的非物质文化遗产资源数字化共享机制而言，各国公共图书馆、博物馆、档案馆以及相关的公共文化组织与协会都积极参与非物质文化遗产数字化保护工作。在英国，包括泰特美术馆在内的多家艺术机构联合成立了音乐在线数据库——"泰特在线"，使其成为英国公众了解、欣赏和研究英国音乐的集成化数字信息获取节点。此外，英国移动博物馆与英国沃里克郡移动图书馆的合作项目，通过移动互联网和手机移动平台将博物馆的各类数字化藏品信息推送到用户面前，提升了当地博物馆、档案馆的受众总量和非物质文化遗产数字化的服务水平；在加拿大，国家图书馆数字档案工程早已完成，其中"加拿大铁路史（Canada by Train）、诗歌档案库（Canadian Poetry Archive）、葛伦·顾尔德档案库（The Glenn Gould Archive）、家谱与家族史（Genealogy and Family History）、加拿大影像（Imagine Canada）、虚拟留声机（The Virtual Gramophone，1900 - 1940）"等板块包含了大量的数字化非物质文化遗产信息，同时通过互联网将信息传输和分享到地区公共图书馆、档案馆、博物馆，使公众能够较为便捷地获取非物质文化遗产保护成果①。

综上所述，国外非物质文化遗产研究的趋势可总结为：第一，早期侧重于对非物质文化遗产概念、价值的研究已逐步转向侧重于非物质文化遗产保护的模式研究和应用研究，其中以元数据技术、GIS 技术、虚拟现实技术为代表的非物质文化遗产数字保护技术逐步成为研究热点；第二，国际跨地域、跨载体、跨文化的非物质文化遗产保护机制正逐步建立，与之相应的保护模式、保障手段、评判标准等非物质文化遗产保护机制的研究将成为未来国际非物质文化遗产保护的重要支撑。

2. 国内研究综述

非物质文化遗产蕴含着各民族的文化精髓，体现了各民族无尽的创造力和生命力。非物质文化遗产保护是 20 世纪重要的社会思潮之一，中国逐步采用数据库建设、网站建设、目录体系建设等手段，推动全国非物质文化遗产保护的综合利用。尤其是十七届六中全会以来，《决定》提出的"文化与科技融合"重大战略，为促进我国非物质文化遗产保护提出了一

---

① Library and Archives Canada. *About the Collection*，2013，http：//www.collectionscanada. gc. ca/collection/003 - 300 - e. html.

个新的方向。

　　截至 2015 年 7 月，在中国期刊网（CNKI）和万方等国内文献检索引擎中，以"文化科技融合 + 非物质文化遗产"为关键词，通过精确检索和重复筛除后共检索出 31 个相关文献（表 1 – 2）。

表 1 – 2　　　　　　　　　国内相关文献的检索结果

期刊网	检索式	文献数量（筛选后）
中国期刊网（CNKI）	TI = （TI = 非物质文化遗产 AND TI = 文化 AND TI = 科技 AND TI = 融合）	1
	SU = （SU = 非物质文化遗产 AND SU = 融合 OR SU = 物质文化遗产）	31
	TI = （TI = 非物质文化遗产 AND TI = 保护机制）	206
	TI = （TI = 非物质文化遗产 AND TI = 保护模式）	341

　　深度研读上述文献后发现，关于"非物质文化遗产 + 文化科技融合"为关键词的检索文献量为 1，即《我国非物质文化遗产的保护机制与实现路径——基于文化与科技融合视角》。这表明，国内尚未出现关于文化与科技融合背景下非物质文化遗产保护机制及实现的专门研究成果。尽管如此，以下相关成果已涉及了上述主题，为本书的研究提供了参考。

　　（1）研究概览

　　国内关于非物质文化遗产的研究虽起步较晚，但近几年发展很快，成果显著。就非物质文化遗产图书而言，在读秀数据库的"图书"子库中，以标题含有"非物质文化遗产"为检索条件，对 2001—2014 年的收录的中文图书进行检索（表 1 – 3）。非物质文化遗产专门著作最早出现于2003 年，且大多限于对非物质文化遗产的介绍与赏析。2009 年我国非物质文化遗产著作数量大幅上升，侧重于非物质文化遗产理论研究的著作逐步增多。截至 2014 年底，以"非物质文化遗产研究""非物质文化遗产技术""非物质文化遗产理论"等为核心议题的学术成果已逾 90 部，其研究内容主要集中在非物质文化遗产的概念、分类、特征及其保护现状与对策研究等方面。

表 1 - 3 　　　　我国非物质文化遗产著作 2003—2014 年度数量统计

年度	图书	论文	总计
2003	11	13	24
2004	26	24	50
2005	135	98	233
2006	235	336	571
2007	417	525	942
2008	567	710	1277
2009	693	874	1567
2010	430	952	1382
2011	493	1218	1711
2012	558	1270	1828
2013	373	1358	1731
2014	309	1303	1612
合计	4247	8681	12928

　　2003 年至 2014 年间，以"非物质文化遗产"为篇名关键词进行精确检索和重复筛除，读秀图书数据库收录了 4247 种图书，CNKI 期刊全文数据库收录了 8681 篇论文（表 1 - 3）。以学位论文为例，统计发现，近年来我国关于非物质文化遗产研究的优秀学位论文最早出现在 2005年，此后便一直处于平稳发展状态。对 2003 年至 2014 年间，非物质文化遗产类优秀学位论文归口单位的统计可以看出，对非物质文化遗产保护研究最多的高校是中央民族大学（57 篇），其后依次为中国艺术研究院（29 篇）、山东大学（27）、重庆大学（22 篇）和华中师范大学（22 篇）。

　　就研究资助而言，非物质文化遗产保护的相关研究不仅得到了国家层面的课题资助，也得到了省、市级课题的资助。基于上述主体对非物质文化遗产保护研究的支持和投入，我国非物质文化遗产保护水平和非物质文化遗产研究水准均获得了较大提升。

　　此外，关于非物质文化遗产的研究还以会议论文、课件等多种形式呈现。通过 CNKI 检索，共得到非物质文化遗产研究的会议论文 261 篇、报纸文献 8606 篇、课程课件 18 种、文档 600 件。这些成果与非物质文化遗产著作、期刊论文、学位论文以及课题项目成果一起，共同勾画了我国近十年来非物质文化遗产研究的整体图卷。

（2）非物质文化遗产保护理论研究

通过研读上述统计资料，可以了解当代我国非物质文化遗产研究的基本情况。这些情况可以从保护理论和应用实践两方面加以总结。

①非物质文化遗产概念界定

以"非物质文化遗产概念"为关键词进行检索可得到 51 篇文献，其中大多侧重于定义非物质文化遗产的方法。"非物质"的或"无形"的类似表述可以追溯到联合国教科文组织（UNESCO）于 1989 年通过的《保护民间创作建议案》，而后颁布的《保护非物质文化遗产公约》则采用了"非物质文化遗产"的概念，从而替换了使用多年的"口头与非物质文化遗产"概念，例如，杨怡根据 UNESCO 的有关界定，对非物质文化遗产、无形文化遗产、世界文化和自然遗产的概念、表现形式、特征等进行了探讨和分析①；吴馨萍以联合国教科文组织的相关文件、公报、制度等资料为基础，对"无形文化遗产"的内涵、特征等内容进行了初步分析和探讨②；龙先琼从历史环境、文化载体和精神价值三个方面，对非物质文化遗产的民族性和整体性进行了分析，同时指出非物质文化遗产保护应基于文化的原真性原则③；周耀林、程齐凯等提出从非物质文化遗产的无形性出发，依照本体的组织方法，设计、构建和应用非物质文化遗产的本体方案④；程振翼、邱运华从"真实性"的角度来阐释非物质文化遗产，从而使其能够反映出各民族的身份政治、情感归属⑤。

通过对上述文献的分析可知，非物质文化遗产的概念界定主要源于两方面成果的总结。其一，联合国教科文组织相关文献的总结。其二，依照我国非物质文化遗产的特征，从非物质文化遗产的本体、内容和对象等知

---

① 杨怡：《非物质文化遗产概念的缘起、现状及相关问题》，《文物世界》2003 年第 2 期。
② 吴馨萍：《无形文化遗产概念初探》，《中国博物馆》2004 年第 1 期。
③ 龙先琼：《关于非物质文化遗产的内涵、特征及其保护原则的理论思考》，《湖北民族学院学报》（哲学社会科学版）2006 年第 5 期。
④ 程齐凯、周耀林、戴旸：《论基于本体的非物质文化遗产分类组织方法》，《信息资源管理学报》2011 年第 12 期。
⑤ 程振翼、邱运华：《反思非物质文化遗产的真实性》，《广西社会科学》2013 年第 7 期。

识进行归纳。随着《保护非物质文化遗产公约》正式生效，世界各地对非物质文化遗产定义的认知已趋同。

②非物质文化遗产价值分析

非物质文化遗产的价值发掘是我国非物质文化遗产保护的重要工作之一，因此，关于非物质文化遗产价值研究的文献量较多，共有 46 篇文献。如，刘锡诚指出非物质文化遗产是民族文化的根源，它包含了民俗文化生存和发展的合理性①；叶舒宪、黄胜进等学者从社会经济发展的角度肯定了非物质文化遗产的经济价值②；苑利在非物质文化遗产实地调研基础上探讨了其历史价值和人文价值③；蔡丰明指出非物质文化遗产对当代社会的价值较为集中地体现在认知价值和促进价值上④；李二超、陈昇以福建南拳的活态保护与社会化利用为例，阐释了我国非物质文化遗产的历史价值、现代价值及其地方文化特性⑤；周兴茂、肖英从土家族非物质文化遗产价值的构成出发，论述了区域文化遗产的保护现状及濒危原因⑥。

对上述文献的分析表明，我国现阶段非物质文化遗产价值研究还处于探讨阶段，尚未形成系统的非物质文化遗产价值研究体系，这导致了全社会对非物质文化遗产及其保护的重视程度提升缓慢，影响了我国非物质文化遗产保护社会化的历史进程。

③非物质文化遗产保护主体

非物质文化遗产主体研究文献有 37 篇，观点分歧较大。例如，程翠英认为我国非物质文化遗产保护的基本格局是，"国家是遗产的所有者；各种公司或企业组成的开发商是开发的直接实施者；学者通常站在超利益

① 刘锡诚：《非物质文化遗产的文化性质问题》，《西北民族研究》2005 年第 3 期。

② 叶舒宪：《非物质经济与非物质文化遗产》，《民间文化论坛》2005 年第 8 期；黄胜进：《从"文化遗产"到"文化资本"——非物质文化遗产的内涵及其价值考察》，《青海民族研究》2006 年第 10 期。

③ 苑利：《非物质文化遗产普查工作中的遗产价值认定问题》，《宁夏社会科学》2008 年第 5 期。

④ 蔡丰明：《上海非物质文化遗产的资源特点及其在文化产业发展中的作用（上）》，《创意设计源》2011 年第 1 期。

⑤ 李二超、陈昇：《福建南拳的价值与特征研究——非物质文化遗产活态保护视角》，《武术科学》2011 年第 8 期。

⑥ 周兴茂、肖英：《土家族非物质文化遗产：价值、濒危与保护》，《重庆三峡学院学报》2013 年第 7 期。

的立场上；非物质文化遗产地的群众在非物质文化遗产保护和非物质文化遗产传习中失去了发言权"①；赵德利认为政府机构是非物质文化遗产保护的主导，文化学者是非物质文化遗产保护的主脑，民间是非物质文化遗产保护的主体②；蔡光龙从档案学角度，分析了档案馆、图书馆和博物馆在非物质文化遗产中的作用，提出采用建档式保护的方式推动我国非物质文化遗产保护工作。③ 苑利认为各级政府、学术机构、学术团体、商业和媒体经济体是非物质文化遗产保护的主体④；赖泽栋、杨建州提出社会企业是非物质文化遗产保护与开发的主要行为主体，社会企业的经营活动应面向我国非物质文化遗产保护需求，并兼顾非物质文化遗产保护的社会目标和经济目标。⑤ 金学哲从法律的角度，探讨文化信托法人作为非物质文化遗产保护主体的可行性、必要性。⑥

通过文献的分析可知，现阶段关于非物质文化遗产保护主体的认识在我国还尚未统一，2011 年 6 月 11 日《中华人民共和国非物质文化遗产法》的实施从法律条文角度明确了我国非物质文化遗产的保护对象、保护主体和保护手段，由此可见，我国非物质文化遗产保护主体的认定将逐步趋于明确和统一。

④非物质文化遗产政策法规

2000 年颁布的《云南民族民间传统文化保护条例》是中国最早的非物质文化遗产专门法律规章制度，其中根据云南省的实际情况，对"民族民间传统文化"进行了阐释，内容则集中在保护对象的认定、管理和传承等方面。随后，《贵州省民族民间文化保护条例》也于 2002 年颁布，其在当地法律和法规基础上，在条例管理范围上扩展到"拯救和保护民族民间文化生态区"。2003 年颁布的《中华人民共和国民族民间传统文化

---

① 程翠英：《论跨文化交际深层障碍》，《华中师范大学学报》（人文社会科学版）2003 年第 2 期。

② 赵德利：《主导·主脑·主体——非物质文化遗产保护中的角色定位》，《宝鸡文理学院学报》（社会科学版）2006 年第 2 期。

③ 蔡光龙：《图书馆保护非物质文化遗产的社会定位》，《图书与情报》2007 年第 4 期。

④ 苑利：《非物质文化遗产保护主体研究》，《重庆文理学院学报》（社会科学版）2009 年第 3 期。

⑤ 赖泽栋、杨建州：《非物质文化遗产保护与开发的行为主体创新研究——基于社会企业角度》，《学术论坛》2012 年第 4 期。

⑥ 金学哲：《关于非物质文化遗产保护主体的拓展探究》，《法制与社会》2013 年第 2 期。

保护法》（第六版）则吸纳了上述两个条例的基本内容，为在 2011 年颁布《非物质文化遗产法》打下了坚实的基础。

与非物质文化遗产法律法规研究相关的文献共有 112 篇，众多学者根据不同角度和保护实际，提出了自己的看法。如，费安玲提出非物质文化遗产的法律权利归属应包括权利人、团体与个人，为此应建立相应的非物质文化遗产法律救济途径来加以保证①；姜言文、滕晓慧提出应围绕非物质文化遗产建立协调保护体系，构建以宪法、行政法、知识产权法等法律为内容的非物质文化遗产法制体系②；付弘提出在非物质文化遗产保护专门法律中，应当规范和界定非物质文化遗产的定义、保护主体、保护范围等问题③；朱玉媛、周耀林等在非物质文化遗产保护立法的复杂性基础上，从法律制度的建设和应用入手，探讨了中国非物质文化遗产立法及其完善的路径方式④；凌照、周耀林提出建立符合国际标准的非物质文化遗产保护政策，形成适合我国国情的非物质文化遗产保护体系，促进中央与地方非物质文化遗产保护政策的优化与执行，从强化非物质文化遗产保护机构管理的政策、加强非物质文化遗产传承人管理政策、建立非物质文化遗产建设项目保障制度等方面提出了改善举措⑤；周耀林、李姗姗认为非物质文化遗产保护需建立责权利相结合的工作机制，通过多方动员、群策群力来发掘资金渠道、构建人才队伍，进而实现规范化的非物质文化遗产管理体系⑥；汤洁娟认为在文化全球化条件下应转变观念，加强非物质文化遗产法律保障和制度创新，通过扩展渠道和科学规划，完善公众参与的形式和内容，促进非物质文化遗

---

① 费安玲：《非物质文化遗产法律保护的基本思考》，《江西社会科学》2006 年第 5 期。

② 姜言文、滕晓慧：《论国有非物质文化遗产的法律保护》，《法学杂志》2007 年第 9 期。

③ 付弘：《谈非物质文化遗产法律保护中应当界定的几个问题》，《青海社会科学》2008 年第 7 期。

④ 朱玉媛、周耀林、赵亚茹：《论可移动文化遗产保护的国际立法及其对我国的启示》，《档案学研究》2010 年第 6 期。

⑤ 凌照、周耀林：《我国非物质文化遗产保护政策的推进》，《忻州师范学院学报》2011 年第 6 期。

⑥ 周耀林、李姗姗：《我国非物质文化遗产保护的现状与对策》，《忻州师范学院学报》2011 年第 10 期。

产保护与传承的可持续发展①。

可见，随着我国《非物质文化遗产法》的实施，通过法律手段加强和规范非物质文化遗产保护工作已成为学界共识，未来非物质文化遗产保护的机制构建也将围绕其展开。

⑤非物质文化遗产传承机制

对非物质文化遗产传承机制研究的文献共 74 篇，学者们对此类问题的研究多集中于探索非物质文化遗产传承与自然环境、文化环境之间的关系。如，李良品、彭福荣根据乌江流域非物质文化遗产研究，对民族地区非物质文化遗产传承提出了提高文化艺术地位、纳入教学内容等多项举措②；晏鲤波认为民族文化典籍的保存与流传是实现非物质文化遗产传承的一种重要方式③；陈瑞琪认为宗教可以借助非物质文化遗产进行传播，对非物质文化遗产进行科学保护和正确引导，将有助于增强民族群体之间的凝聚力④；杨金生、王莹莹等提出要建设老中青结合的非物质文化遗产传承队伍，使其成为保护非物质文化遗产和非物质文化遗产传承人的重要力量，同步提升非物质文化遗产保护的整体协调性和可行性⑤；苑焕乔指出非物质文化遗产衰退和失传的根本原因在于文化生态环境发生改变或遭到破坏，因此在非物质文化遗产传承过程中应同时处理好遗产保护与文化创新、文化创新与保持特色的关系⑥；周凯、张慧娟从非物质文化遗产传播的角度认为，在国家层面上应构建非物质文化遗产继承和保护政策的整体框架，在实施层面上应运用传播学和学习理论的成果加快非物质文化遗产传承的步伐⑦；鲁春晓认为非物质文化遗产在现代历史条件下会加速变

① 汤洁娟：《论全球化视域中我国非物质文化遗产的传承与保护》，《河南师范大学学报》（哲学社会科学版）2013 年第 9 期。

② 李良品、彭福荣：《乌江流域民族地区非物质文化遗产的类型、保护与传承》，《民间文化论坛》2006 年第 12 期。

③ 晏鲤波：《少数民族文化传承综论》，《思想战线》2007 年第 5 期。

④ 陈瑞琪：《从德昂族宗教信仰看民族文化艺术的传承》，《云南艺术学院学报》2008 年第 6 期。

⑤ 杨金生、王莹莹、张丽、黄龙祥、张立剑：《非物质文化遗产针灸项目传承人才培养的现状与思考》，《中医药管理科学》2009 年第 5 期。

⑥ 苑焕乔：《文化生态视野下的北京非物质文化遗产的传承与保护——以京西非物质文化遗产为例》，《地方文化研究辑刊》2011 年第 3 期。

⑦ 周凯、张慧娟：《传播学视野下的非物质文化遗产传承与保护》，《湖南社会科学》2012 年第 7 期。

化，现有非物质文化遗产传承模式已不适合非物质文化遗产保护的时代需求，应在市场化保护和社会化保护的基础上开拓新的非物质文化遗产传承与保护模式①。

通过对上述文献的分析可知，我国现阶段对非物质文化遗产传承机制的探讨，现阶段学界对我国非物质文化遗产的传承研究，主要从传承内容、传承方式、传承载体和传承管理四个方面切入。从整体上来看，现有文献对上述四个方面均有较为深入的研究，但对国际非物质文化遗产传承经验和保护技术的吸收还不足。

⑥非物质文化遗产交叉研究

非物质文化遗产交叉研究体现了我国文化与科技融合的研究思路。它通过多学科交叉融合，为我国非物质文化遗产保护提供了新技术、新方法和新平台。该类文献共有 94 篇。例如，冷建平提出非物质文化遗产保护应与新时期群众文化活动相结合，走群众路线、保历史文化、兴中华文明，并提出了非物质文化遗产保护与群众文化活动相结合的方式②；王剑红和张春阳③，周士坤④分别从不同角度对我国现行非物质文化遗产传承人培养及其具体举措进行了研究，提出了我国非物质文化遗产校园培养模式及其实施举措；冯蓓蓓⑤、厉春雷⑥和郭雨薇、李奇菊⑦对非物质文化遗产社会化保护方式进行了研究，非物质文化遗产作为民族文化和社会历史的优秀载体，将是未来创意产业发展的重要源泉和基础。

从以上文献内容中可看出，现阶段我国非物质文化遗产保护的交叉研究已逐步成为研究热点，但在内容上还仅限于具体对象的研究，对于从顶层设计层面对文化与科技融合背景下非物质文化遗产保护的研究还较为缺

①　鲁春晓：《非物质文化遗产传承模式的反思与探讨》，《东岳论丛》2013 年第 2 期。
②　冷建平：《非物质文化遗产与新时期群众文化的融合》，《传承》2011 年第 1 期。
③　王剑红：《非物质文化遗产和艺术院校专业建设的融合》，《浙江艺术学院学报》2013 年第 6 期。
④　张春阳、周士坤：《探析非物质文化遗产保护与高校教育的融合》，《旅游纵览（下半月）》2013 年第 4 期。
⑤　冯蓓蓓：《郑州民间美术非物质文化遗产与旅游产业的融合研究》，《美与时代（上）》2012 年第 9 期。
⑥　厉春雷：《民族文化资源、非物质文化遗产与创意产业发展》，《理论界》2012 年第 4 期。
⑦　郭雨薇、李奇菊：《传统手工技艺非物质文化遗产的融合发展》，《中国—东盟博览》2013 年第 9 期。

乏，在数字化保护体系、信息集成标准等方面尤显薄弱，尚未出现针对非物质文化遗产自身特点的信息化集成保护成果。

（3）非物质文化遗产保护应用研究

关于我国非物质文化遗产保护应用方面的研究，发展非常迅速，成果也颇为丰富。从内容上看主要集中在非物质文化遗产的申报、保护、发展、传承等方面。

①非物质文化遗产申报工作

为了规范非物质文化遗产申报工作，加强对非物质文化遗产名录、非物质文化遗产项目代表性传承人名录的体系建设，学者们对非物质文化遗产申报工作的具体问题进行了探讨。在已有的 117 篇文献中，例如樊嘉禄，廖明君、高小康均对我国非物质文化遗产申报过程中存在的问题进行了研究，指出现阶段非物质文化遗产名录申报过程中存在的"重申报、轻保护；重硬件、轻软件"等问题需要引起重视[1][2]；陈华文提出分级申报制度是中国非物质文化遗产名录制度的有力保障，县级、市级、省级和国家级的四级递进式申报名录制度，保证了我国非物质文化遗产申报与保护方面的次序、层次，为多民族国家的非物质文化遗产申报与保护提供了宝贵经验[3]；顾军、苑利提出了非物质文化遗产申报的重点应关注原生文化、重视濒危遗产和防止伪遗产等问题[4]；常伟就气象谚语这种劳动创造，申报国家级非物质文化遗产的重要意义与面临的困境展开探讨[5]。

通过对现有文献的分析可知，《保护非物质文化遗产公约》中的《操作指南》可作为我国非物质文化遗产申报工作的实施参考，我国据此改进和完善国内非物质文化遗产保护机制和申报流程，并对非物质文化遗产申报相关问题进行研究。

---

① 樊嘉禄：《非物质文化遗产项目评定中的几个问题》，《安徽大学学报》（哲学社会科学版）2007 年第 7 期。

② 廖明君、高小康：《从申报非物质文化遗产名录走向"后申报非物质文化遗产名录时期"——高小康教授访谈录》，《民族艺术》2011 年第 8 期。

③ 陈华文：《论中国非物质文化遗产的分级申报制度——以浙江为例》，《非物质文化遗产研究集刊》2009 年第 6 期。

④ 顾军、苑利：《非物质文化遗产项目普查申报的五项原则》，《温州大学学报》（社会科学版）2010 年第 1 期。

⑤ 常伟：《气象谚语申报非物质文化遗产的意义与建议》，《安徽农学通报》2013 年第 5 期。

②非物质文化遗产保护模式

在现有文献中，共有 76 篇文献涉及非物质文化遗产保护模式的研究。例如，连冕提出非物质文化遗产保护的"生态圈模式"，即在遗产保护工作中吸收生态保护的工作方法，改一对一的孤立保护为非物质文化遗产现象的整体保护①；韩洋认为应以联合国教科文组织（UNESCO）所提倡的非物质文化遗产文化空间为现代非物质文化遗产博物馆的核心内容，使其成为反映我国民俗文化特色的重要支柱②；高梧采用保护同利用相结合的非物质文化遗产"活态保护模式"，采用多种办法有效发挥非物质文化遗产的现实价值③；覃美娟提出采用非物质文化遗产建档式保护模式，提出对非物质文化遗产采用建档保护的方法，以利其长期保存和社会传承④；张国超提出"以人为本"的非物质文化遗产开发保护模式，即非物质文化遗产的保护和开发要以人文社会发展相结合，切忌急功近利和揠苗助长⑤；李金果、余建波在中国地理标志保护制度的基础上，以地域文化和非物质文化遗产保护为载体，阐述了现行社会条件下跨地区非物质文化遗产的保护方式⑥；吐火加以哈萨克族为例，从民族非物质文化遗产保护的角度阐述了非物质文化遗产的保护方式、关联因素和发展趋势⑦；吴瑞香从保护濒危非物质文化遗产的角度，提出采用档案文献分级技术对濒危非物质文化遗产进行保护的实践意义和工作思路⑧；曹新明在《非物质文化遗产保护模式初探》中依托知识产权法律法规和国内外知识产权评价规则，对非物质文化遗产保护提出"特别权利模式"的界定⑨。

---

① 连冕：《非物质文化遗产保护的悖论与新路径》，《装饰》2005 年第 1 期。
② 韩洋：《非物质文化遗产与博物馆相关问题的探讨》，《博物馆研究》2006 年第 9 期。
③ 高梧：《非物质文化遗产保护中的"活态保护"》，《绵阳师范学院学报》2007 年第 7 期。
④ 覃美娟：《浅论非物质文化遗产的档案式保护》，《档案管理》2007 年第 9 期。
⑤ 张国超：《非物质文化遗产保护和开发模式研究》，《海军工程大学学报》（综合版）2009 年第 6 期。
⑥ 李金果、余建波：《非物质文化遗产的地理标志保护》，《法制与社会》2009 年第 4 期。
⑦ 吐火加：《论哈萨克族非物质文化遗产保护模式》，《长春理工大学学报》2012 年第 6 期。
⑧ 吴瑞香：《构建濒危档案文献遗产保护分级保护模式的意义》，《黑龙江档案》2012 年第 6 期。
⑨ 曹新明：《非物质文化遗产保护模式初探》，《中国知识产权报》2013 年 8 月 6 日第 9 版。

综上所述，现阶段我国非物质文化遗产保护模式研究主要集中在文化保护、法律保护和社会保护三个方面，但对国外先进非物质文化遗产保护模式和现代新兴科技的转化利用研究还显得较为薄弱。

③非物质文化遗产传承工作

在非物质文化遗产传承研究方面的文献成果共 48 篇。如，陈孟昕、张昕认为高等学校应在本地文化资源丰富的地区，充分发挥保护非物质文化遗产和传承非物质文化遗产的积极作用[①]；孙燕认为我国现行教育体系在非物质文化遗产保护过程中，既要发挥对文化资源的普查、挖掘、研究和集成的作用，也要发挥教育、传播和继承的功能[②]；陆文熙认为非物质文化遗产知识技能教育是素质教育的重要教学内容之一，也是民族地区非物质文化遗产抢救的最佳方式，在实践过程中应将非物质文化遗产知识和课程活动相结合[③]。此外，马斌，郑以墨、王阳、李宏博、普丽春，王进、张宗明，唐柱等学者分别从哲学角度、教育角度和应用角度，对我国非物质文化遗产的传承机制、传承模式、传承途径等非物质文化遗产传承工作的几个重要方面进行了探讨[④⑤⑥⑦⑧]。

在非物质文化遗产项目代表性传承人研究方面的文献成果共 53 篇，例如文乃斐、徐富平、张颖颢等学者分别从非物质文化遗产项目代表性传承人的身份界定、法律法规、区域文化等角度对我国非物质文化遗产传承

①　陈孟昕、张昕：《中国高等院校首届非物质文化遗产教育教学研讨会综述》，《湖北美术学院学报》2002 年第 12 期。

②　孙燕：《区域性大学在非物质文化遗产保护与文化传承中的作用》，《玉溪师范学院学报》2007 年第 10 期。

③　陆文熙：《民族地区高校学生素质教育与非物质文化遗产意识培养》，《西南民族大学学报》（人文社会科学版）2007 年第 12 期。

④　郑以墨、王阳：《论高校美术教育在非物质文化遗产传承与创新中的作用》，《河北师范大学学报》（教育科学版）2011 年第 8 期。

⑤　马斌：《非物质文化遗产的传承与高职教育的使命——以南通仿真绣为例》，《南通职业大学学报》2011 年第 9 期。

⑥　李宏博、普丽春：《学校教育中的少数民族文化传承现状调查研究——以国家级非物质文化遗产彝族海菜腔为例》，《内蒙古民族大学学报》（社会科学版）2011 年第 11 期。

⑦　王进、张宗明：《非物质文化遗产传承的道德哲学基础刍议》，《天府新论》2012 年第 10 期。

⑧　唐柱：《科学传播在保护、传承非物质文化遗产中的利与弊》，《美术教育研究》2013 年第 3 期。

工作进行了探讨，并对实践工作进行了经验总结①②③；周安平、龙冠中，李昂、徐东升，刘晓春等，分别对我国非物质文化遗产项目代表性传承人的地位和作用、传承人的权益保障、非物质文化遗产项目代表性传承人档案建立等问题进行了研究，并提出不同的解决路径和实施方案④⑤⑥。其中，萧放提出要从历史传承与社会声望两个向度考虑非物质文化遗产项目代表性传承人的综合特性，从而确定非物质文化遗产代表作的关键传承人⑦；游文静以厦门市社会传承与校园传承相结合的非物质文化遗产传承培养体系为例，提出了有一定普适价值的"社会＋学校"培养经验⑧；苑利⑨认为在非物质文化遗产传承过程中要强调非物质文化遗产的原真性保护，约束现代社会环境对非物质文化遗产传承的不利影响，约束保护主体，让全社会各部门的主要职责集中在利用自己的行政、学术、资金、传播等优势，在政策、法律、学术以及资金等层面，扶持和保护非物质文化遗产及非物质文化遗产项目代表性传承人，建立一个可行的激励机制，激发非物质文化遗产保护的公民社会积极性；李巧玲⑩以兰州非物质文化遗产传承人培训基地的传承内容和运营现状为例，分析了非物质文化遗产项目代表性传承人在社会化保护中的重要作用和实施路径。

通过对上述文献的分析可知，现阶段我国非物质文化遗产传承和非物质文化遗产项目代表性传承人的相关研究还主要集中在法律法规、行政体

---

① 文乃斐：《非物质文化遗产保护与传承人的认定——以湘西地区为例》，《湖北第二师范学院学报》2009 年第 5 期。

② 徐富平：《非物质文化遗产传承人身份认定及其意义》，《大众文艺》2010 年第 1 期。

③ 张颖颢：《从"泥人张第六代传人"之争看非物质文化遗产传承人的法律地位》，《法制与社会》2012 年第 5 期。

④ 周安平、龙冠中：《我国非物质文化遗产传承人的认定探究》，《知识产权》2010 年第 9 期。

⑤ 李昂、徐东升：《做好非物质文化遗产传承人档案的征集工作》，《兰台世界》2010 年第 3 期。

⑥ 刘晓春：《非物质文化遗产传承人的若干理论与实践问题》，《思想战线》2012 年第 11 期。

⑦ 萧放：《关于非物质文化遗产传承人的认定与保护方式的思考》，《大众文艺》2008 年第 2 期。

⑧ 游文静：《非物质文化遗产传承之传承人培养体系初探——以厦门地区为例》，《广西社会主义学院学报》2012 年第 12 期。

⑨ 苑利：《非物质文化遗产传承人研究》，《厦门理工学院学报》2012 年第 9 期。

⑩ 李巧玲：《论兰州非物质文化遗产传承人培训基地的建设》，《兰州交通大学学报》2013 年第 4 期。

制和教育教学三个领域。此外，构建文化空间、实施活态保护，及运用先进科技进行非物质文化遗产教育传播已逐步成为该研究领域的新热点。

④非物质文化遗产数字化保护

随着电子信息技术在全球的高速发展和广泛运用，非物质文化遗产数字化、信息化的相关技术与路径也成为学界聚焦的热点，其内容涵盖了非物质文化遗产的档案数字化保护、可视化虚拟技术、信息转化与挖掘技术、非物质文化遗产图谱构建技术等多个方面。

在非物质文化遗产数字化保护技术方面，例如彭冬梅、潘鲁生等对非物质文化遗产信息的数字化表达与扩散的需求进行了研究，分析了非物质文化遗产传播和非物质文化遗产保护的关系[1]；张红灵认为数字图书馆在非物质文化遗产保护工作中应起到更大的作用，其实施重点应放在非物质文化遗产保护的实现机制之上[2]；顾军、苑利提出非物质文化遗产原生度、正宗度和濒危度是辨析遗产优秀度的重要指标，结合信息技术确保非物质文化遗产普查资料的全息化与永续利用是保护工作的重要方向[3]；彭毅认为非物质文化遗产与传统文化和民族生活密切相关，可以采用档案式保护的思路对其进行形式和内容上的保护[4]；金文杰从建立档案馆保护少数民族非物质文化遗产的角度出发，论述了建立云南少数民族非物质文化遗产馆和应用数字化技术保护非物质文化遗产的价值和意义[5]；戴旸、周耀林认为非物质文化遗产信息建设的原则包括统一管理、维护真实、适当优先、注重效益等六个方面，提出了建设面向社会需求的非物质文化遗产信息系统建设，及其数据库整合方式的整体思路[6]；黄永林、谈国新认为数字采集技术和信息储存技术是现代社会非物质文化遗产保护的重要支撑，同时通过信息平台、虚拟现实等方式可以将非物质文化遗产信息有效

---

① 彭冬梅、潘鲁生、孙守迁：《数字化保护——非物质文化遗产保护的新手段》，《美术研究》2006 年第 2 期。

② 张红灵：《数字图书馆建设中的非物质文化遗产数字化保护》，《四川大学学报》（哲学社会科学版）2008 年第 1 期。

③ 顾军、苑利：《非物质文化遗产普查申报工作需要注意的几个问题》，《原生态民族文化学刊》2009 年第 9 期。

④ 彭毅：《非物质文化遗产的数字化保护》，《档案与建设》2009 年第 1 期。

⑤ 金文杰：《云南少数民族非物质文化遗产馆构建初探》，《兰台世界》2010 年第 8 期。

⑥ 戴旸、周耀林：《论非物质文化遗产信息化建设的原则与方法》，《图书情报知识》2011 年第 9 期。

地向社会大众进行传播,数字化复原和再现技术为非物质文化遗产有效传承提供了支撑,数字化展示与传播技术为非物质文化遗产广泛共享提供了平台,虚拟现实技术为非物质文化遗产开发利用提供了空间[①];周耀林、朱倩认为我国非物质文化遗产的信息分享与信息传递应该从体系组织、信息保障和平台构建出发,其重点内容应为全国档案文献遗产保护资源的共享[②]。

在非物质文化遗产可视化虚拟技术方面,例如梅杉阐述了信息化技术在非物质文化遗产博物馆中的应用,提出采用虚拟现实技术进行非物质文化遗产仿真模拟[③];马木兰、汪宇明提出我国非物质文化遗产类旅游产品主要形式包括博物馆、主题公园与实景舞台剧,其中非物质文化遗产原真重建与虚拟体验空间是非物质文化遗产类旅游产品最具创意的一种模式[④];惠恭健从上海世博会非物质文化遗产信息传输的案例分析出发,解释了电影图像、虚拟形象在非物质文化遗产保护中的数字化应用[⑤];刘斌提出采用 G/S 模式下的非物质文化遗产数据与空间信息整合,从而在地理信息系统中实现非物质文化遗产信息的可视化展现[⑥]。

在非物质文化遗产信息转化与数据挖掘技术方面,例如周耀林、唐文进等探讨了可移动文化遗产的定义,分析了它与馆藏文物、档案、图书和艺术品之间的内在关联,建议对非物质文化遗产信息进行部门整合,从而提高现阶段非物质文化遗产信息的利用效率和保护效果[⑦];黄美东通过对现有网络条件下客观需求和服务条件的分析,采用将目录系统和计算机认证体系相结合设计了非物质文化遗产管理平台,从而对非物质文化遗产用

① 黄永林、谈国新:《中国非物质文化遗产数字化保护与开发研究》,《华中师范大学学报》(人文社会科学版) 2012 年第 3 期。

② 周耀林、朱倩:《论我国档案文献遗产保护资源的共享》,《档案管理》2013 年第 3 期。

③ 梅杉:《浅析博物馆信息化与非物质文化遗产保护》,硕士学位论文,重庆师范大学,2007 年。

④ 马木兰、汪宇明:《非物质文化遗产旅游产品化的转型模式》,《桂林旅游高等专科学校学报》2008 年第 4 期。

⑤ 惠恭健:《世博影像传播的种类与实现途径初探——传播视野中的非物质文化遗产保护与传承》,《河南社会科学》2010 年第 9 期。

⑥ 刘斌:《基于 G/S 模式的非物质文化遗产异构数据可视化共享机制研究与实现》,成都理工大学,2011 年。

⑦ 周耀林、唐文进、周玉香:《论可移动文化遗产及其在信息资源整合中的意义》,《忻州师范学院学报》2006 年第 4 期。

户信息、非物质文化遗产系统资源进行整体管理①；李波根据非物质文化
遗产信息资源的特点，基于信息结构和语义分析提出了一种非物质文化遗
产信息资源元数据模型②；李姗姗、周耀林等基于非物质文化遗产信息资
源管理现状，从建立工作组并协调文件的备份和灾后恢复系统，设置归档
标准和实施细则等方面，对档案部门可以参与的非物质文化遗产保护工作
进行了阐述③；谈国新、孙传明认为非物质文化遗产数字化的形式与数据
信息的编码、扩散有直接关系，并基于此提出了非物质文化遗产数字信息
的传播模式和建议标准④。

　　除了对上述非物质文化遗产新兴保护技术进行探讨之外，国内学者还
分别从管理方法、保护方法和保障方法的角度提出诸多具有实践意义的技
术路径。如，周耀林对非物质文化遗产的影响因素与保护对象进行了分
析，提出采用数字化保护与传统保护相结合的非物质文化遗产保护思
路⑤；邱望标、李超认为数字化动态捕捉将对我国少数民族舞蹈的保护起
到较大的推动作用，通过建立数字化动态捕捉库，有助于对我国少数民族
的舞蹈与文化的系统研究⑥；周耀林、程齐凯在分析非物质文化遗产图谱
的概念与作用的基础上，从非时序图谱、时序图谱两方面总结了非物质文
化遗产图谱的表述形式⑦；赵颖指出运用高清影像技术对古村落乡土文化
和民俗进行真实记录的过程和经验，为提升非物质文化遗产的数字化保护
质量和传承效果提供了支持⑧。

　　通过对以上研究成果的分析可以看出，文化遗产保护同数字化信息技
术的结合已日趋紧密，同时各类研究机构、保护机关和高等院校均对非物

---

　　①　黄美东：《基于 LDAP 与 Kerberos 的认证系统研究与设计——广东非物质文化遗产信息
管理系统设计》，《通信技术》2009 年第 5 期。

　　②　李波：《非物质文化遗产信息资源元数据模型研究》，《图书馆界》2011 年第 10 期。

　　③　李姗姗、周耀林、戴旸：《非物质文化遗产信息资源档案式管理的瓶颈与突破》，《信息
资源管理学报》2011 年第 12 期。

　　④　谈国新、孙传明：《信息空间理论下的非物质文化遗产数字化保护与传播》，《西南民族
大学学报》（人文社会科学版）2013 年第 6 期。

　　⑤　周耀林：《基于层次分析法的档案遗产保护策略研究》，《档案学研究》2005 年第 12 期。

　　⑥　邱望标、李超：《基于运动捕捉技术的中国少数民族舞蹈艺术保护方法研究》，《电子科
技大学学报》（社科版）2009 年第 8 期。

　　⑦　周耀林、程齐凯：《非物质文化遗产的可视化图谱表示》，《信息资源管理学报》2011 年
第 12 期。

　　⑧　赵颖：《基于高清影像技术的温州楠溪江流域古村落数字化保护研究》，《社科纵横》
（新理论版）2013 年第 3 期。

质文化遗产数字化保护投入了大量研究精力，促进了非物质文化遗产数字化保护体系、保护模式和保护机制的日趋成熟。现阶段，我国非物质文化遗产保护技术的研究侧重于非物质文化遗产数字化资源集成服务的技术实现，在非物质文化遗产数据库建设研究方面成果突出。但从另一方面来看，由于非物质文化遗产社会化保护的滞后，特别是非物质文化遗产数字化资源分散在各类图书馆、档案馆和博物馆等文化机构内，无法有效面向公众提供针对性服务。因此，加速推进从技术、文化、制度等多重角度来分析和构建适合我国国情的非物质文化遗产数字化管理体系具有较为重要的意义。

（4）我国非物质文化遗产保护研究的现状总结

综上所述，关于我国非物质文化遗产保护的研究成果主要集中在以下几个方面，即：

第一，非物质文化遗产内涵的界定。国内外学者从非物质文化遗产的特性出发，根据不同历史时期对非物质文化遗产内涵的解释与认定，结合联合国教科文组织的国际规范，对新时期非物质文化遗产的内涵进行了阐释，为非物质文化遗产的系统化研究奠定了基础。同时，随着文化空间、生产性保护等新理念在非物质文化遗产领域中的引入，对非物质文化遗产内涵的界定有不断拓展的趋势。

对非物质文化遗产保护与传承的研究。国内外学者对非物质文化遗产的保护和传承的研究均以非物质文化遗产原真性保护为出发点，他们分别对非物质文化遗产的长效保护和有效传承进行了研究。其中，国内学者多倾向于采用自上而下的体制与制度，依靠各级政府的力量进行非物质文化遗产的保护与传承，而国外学者则多倾向于采用自下而上的社会化保护举措，依靠市场机制和先进技术进行非物质文化遗产的保护与传承。同时，由于科技的不断发展与非物质文化遗产学科研究的不断深入，以多学科交叉为特点，综合运用新兴科技为代表的非物质文化遗产数字化保护与传承已成为国内外研究的热点。

对非物质文化遗产开发与利用的研究。国内外学者对非物质文化遗产的开发与利用研究均以适度开发和全面保护为原则，在此基础上提出了诸如开发体系、利用模式等研究方面，但就具体实践来看，现阶段国内非物质文化遗产开发与利用的领域多集中在文化旅游开发，即以非物质文化遗产为卖点，以旅游文化为内容，辅以文化产业和商业地产的运作模式。同国外非物质文化遗产开发与利用相比，后者在非物质文化遗产文化空间的塑造、非物质文化遗产生产性保护的实施等方面都领先于国内水平。

基于对上述非物质文化遗产保护研究的阐述和总结，以及文化与科技融合历史背景的分析，可以得出以下三个基本认识：第一，随着经济社会发展，我国非物质文化遗产面临保存、保护、传承和发扬的一系列问题，未来中国文化事业与文明建设将与非物质文化遗产保护密切相关；第二，文化与科技融合是我国文化产业大发展、大繁荣的必由之路，将新兴技术和管理模式引入到全国非物质文化遗产保护工作中，将对全国非物质文化遗产保护事业起到较好的推动作用；第三，面对总量丰沛、分布广泛、特色各异的非物质文化遗产文化资源，应从全国非物质文化遗产整体保护的层面，运用新兴技术的管理手段，对我国非物质文化遗产保护机制与实现路径进行整体设计和平台搭建。

（5）我国非物质文化遗产保护研究的现有短板

在对我国非物质文化遗产保护的成绩进行总结的同时，我国非物质文化遗产保护还存在如下短板：

第一，非物质文化遗产保护的体系有待健全。由于非物质文化遗产保护在我国尚属一个新领域，因此非物质文化遗产保护的体系还尚待健全，如周耀林、李姗姗（2011）认为我国非物质文化遗产保护工作主要存在保护理念尚存误区、工作机制有待完善、资金投入力度不足、理论研究相对滞后、评估标准体系缺失的问题[①]。

第二，非物质文化遗产保护的举措有待明晰。由于我国非物质文化遗产保护主体还有待明确，这导致我国非物质文化遗产保护的举措较国外而言明显偏少，如王淑贞、王文明[②]以湖南怀化的非物质文化遗产保护为例，对非物质文化遗产保护工作的行政、人才、经费等问题进行了分析，呼吁尽快从顶层设计的层面构建我国非物质文化遗产保护制度和保障制度等问题。

第三，非物质文化遗产保护的领域有待拓展。国内非物质文化遗产保护研究多以社科研究为主，与国外先进水平相比，在新兴技术引入、科研

---

① 周耀林、李姗姗：《我国非物质文化遗产保护的现状与对策》，《忻州师范学院学报》2011年第10期。

② 王淑贞、王文明：《湖南怀化市非物质文化遗产保护与开发中的问题与困难》，《怀化学院学报》2010年第6期。

成果转化、文化与科技融合等领域都存在差距。如李慧莲从我国非物质文化遗产保护初级阶段的角度总结保护工作的六个问题，即非物质文化遗产普查力度不够、保护观念滞后、资金技术缺乏、缺乏法律依据、人才培养不足、传承渠道不畅①；钟璞、王琼提出我国非物质文化遗产保护问题的产生主要同全球经济一体化和现代化进程的加快、非物质文化遗产文化价值认定不严肃、非物质文化遗产保护与利用中主体利益化和非物质文化遗产保护与利用人才缺乏有关②。

---

① 李慧莲：《浅谈我国非物质文化遗产保护的现状与对策》，《经济师》2011 年第 7 期。
② 钟璞、王琼：《非物质文化遗产视角下的湖南地方戏剧文化自觉缺失》，《民族艺术研究》2011 年第 2 期。

二 主要概念的界定

非物质文化遗产是我国五千年文明史的文明载体和集中体现，它既体现了中华民族的丰富的精神内涵，也是我们历久弥新的财富，更是推动我国文化事业发展的基础。《国家"十二五"文化和自然遗产保护设施建设规划》明确提出，重点对突出的文化遗产、自然遗产、文物保护单位等地的保护与建设，同时还要做好非物质文化遗产的保护与传承工作[①]。为此，立足文化与科技融合的历史契机，研究和构建具有中国特色的非物质文化遗产保护机制，将是构建我国非物质文化遗产保护的重要内容。

通过上文对国内外研究现状和文献的分析可知，文化与科技融合是推进我国非物质文化遗产保护事业，构建具有中国特色非物质文化遗产保护机制的重要导向。为此，下文从非物质文化遗产和非物质文化遗产机制的概念分析入手，结合国内外相关理论研究成果和文化与科技融合的基本理论，归纳基于文化与科技融合下非物质文化遗产保护机制的界定。

（一）非物质文化遗产

在国际公约中，非物质文化遗产概念的确定有一个演变过程。1972年，在法国巴黎通过的《保护世界文化和自然遗产公约》[②]，规定了各缔约国要注重保护各自国家境内的文化遗产和自然遗产。同时，根据上述文

---

① 国家发展改革委、国土资源部、环境保护部、住房和城乡建设部、文化部、国家林业局、国家文物局：《国家"十二五"文化和自然遗产保护设施建设规划》，2014 年，http：//www. ndrc. gov. cn/zcfb/zcfbtz/2012tz/W020121228595660693061. pdf。

② UNESCO，"Convention Concerning the Protection of the World Cultural and Natural Heritage". 2013. http：//whc. unesco. org/en/conventiontext/。

件的主要内容、文化遗产和自然遗产认定标准，联合国教育、科学与文化组织《保护世界文化和自然遗产公约》的各缔约国，首先对各自境内的物质文化遗产进行统计和保护，然后采用项目申报的形式，由缔约国提出申请将本国的物质文化遗产纳入《世界遗产名录》。

1989 年，在联合国教科文组织第 25 届会议上，为了保护排除在《保护世界文化和自然遗产公约》之外，具有重大历史文化价值的无形历史文化遗产，通过了《保护民间创作建议案》①。这一建议案要求各成员国需要对具有精神价值和象征意义的民间文化和民间习俗给予更大的关注，同时呼吁各成员国政府将保护上述文化遗产的法律法规制定工作提上议事日程。1997 年，联合国教科文组织在第 29 届全体会议上通过一项关于建立一个国际鉴别的决议，该决议的名称为《联合国教科文组织宣布人类口头遗产优秀作品》。此前，联合国教科文组织执委会、第 154 次会议指出，由于"口头遗产"和"非物质遗产"是不可分割的，因此在以后的鉴别工作中，在"口头遗产"的后面加上"非物质"作为限定。在通过《联合国教科文组织宣布人类口头遗产优秀作品》决议之后，联合国教科文组织执委会第 155 次会议制定了《联合国教科文组织宣布人类口头遗产优秀作品评审规则》，其中对"口头及非物质遗产"进行了如下定义，即"传统民间文化是指来自文化社区的全部创作，这些创作以传统为依据，由符合社区期望的群体或个人通过模仿或其他方式进行口头传播，从而传达文化社区的社会特性和文化价值。其形式包括语言、文学、音乐、舞蹈、游戏、神话、礼仪、习惯、手工艺、建筑艺术及其他艺术，除此之外，还包括传统形式的联络和信息。"② 从非物质文化遗产概念的历史发展来看，这一阶段各国政府及文化机构虽已认识到无形的文化遗产具有极大价值，但还未提出"非物质文化遗产"的明确概念。

1998 年，根据联合国教科文组织制定的《口头与非物质文化遗产工作条例》中对非物质文化遗产概念的表述，同时源于这一概念在《关于保护传统文化的建议案》中对人类口头文化的分析和界定，可以看出所

---

① UNESCO. "Recommendation on the Safeguarding of Tradi2tional Culture and Folklore". 2013. 联合国教科组织网（http：//www. ichcap. org/en/archives/international_ 1989. jsp）。

② 宋才发：《论人类口头和非物质文化遗产保护和法律规定》，《湖北民族学院学报》2004 年第 12 期。

谓非物质文化遗产就是"人类口头文化就是非物质形态的文化遗产"① 的具体含义。

2003 年，联合国教科文组织通过了《保护非物质文化遗产公约》。其中《保护非物质文化遗产公约》在文件名称中就使用了"非物质文化遗产"的表述，同时在第二条中还明确了其内容包括"被各社区、群体，有时是个人，视为其文化遗产组成部分的各种社会实践、观念表述、表现形式、知识、技能以及相关的工具、实物、手工艺品和文化场所"。这种非物质文化遗产世代相传，在各社区和群体适应周围环境以及与自然和历史的互动中，被不断地再创造，为这些社区和群体提供认同感和持续感，从而增强对文化多样性和人类创造力的尊重。

我国对非物质文化遗产的界定源自联合国教科文组织公布的《保护非物质文化遗产公约》，由于中国是《保护非物质文化遗产公约》的缔约国之一，由此非物质文化遗产也随着《保护非物质文化遗产公约》的引入而传播开来。为此，我国将第一部非物质文化遗产全国性法规的名称定为《中华人民共和国非物质文化遗产保护法》，放弃了此前在草案时期的名称，即《中华人民共和国民族民间传统文化保护法》。根据上述文献，同时结合《关于加强我国非物质文化遗产保护工作的意见》对非物质文化遗产的表述，谈到"非物质文化遗产就是在全国各民族生活中，不断传承并与日常生活直接联系的各种传统、文化和空间"。同时，在《关于加强我国非物质文化遗产保护工作的意见》附录的第一部分第二条中对非物质文化遗产的形式进行了概括，即"非物质文化遗产包括民俗、表演、技能，及其相关的知识、器物等内容"。

综上所述，根据 2011 年国务院颁布的《中华人民共和国非物质文化遗产法》② 对非物质文化遗产的界定与阐述，非物质文化遗产是指"人类世代相传的各类传统文化及其表现形式，同时还包括各类非物质文化遗产文化场所和非物质文化遗产文化空间"。

其内容主要包括：

（1）传统的口头文学和相应的民族语言；

---

① 乌丙安：《"人类口头和非物质遗产"保护的由来和发展》，《广西师范学院学报》（哲学社会科学版）2004 年第 3 期。

② 《中华人民共和国非物质文化遗产法》，2013 年 5 月，中华人民共和国中央人民政府网站（http：//www. gov. cn/jrzg/2011 – 02/26/content_ 1811128. htm）。

（2）传统美术、民族舞蹈、传统书法、民间杂技、民间戏剧、传统曲艺和民族音乐；

（3）传统民间工艺、民族医药和民族历法；

（4）传统礼仪、民族风俗、民俗节庆；

（5）传统体育活动和游乐技艺活动；

（6）其他不在上述内容之中的非物质文化遗产项目类型。

其中，（1）和（2）是指在"由人民群众集体创作和传承的传统文化，它包括文学、艺术和科学等内容。同时，上述内容的形式则包含了语言、传说、风俗、戏曲等类型。"①

（3）、（4）和（5）则综合体现在"民间传统知识"和"传统民俗文化"两方面，它们既包括在传统文化中的艺术和发明，也包括在传统文化的传承和发扬中所进行的脑力与体力活动。

（6）是指不包括在以上五大类型中的非物质文化遗产类型，其中"文化空间"作为联合国教科文组织特别提出的类型是非物质文化遗产重要的组成内容。"文化空间"是指"传统民间文化定期表达的一系列具有空间和时间特点的场所，如庆典、集会、市集等类型。"②

基于上述对非物质文化遗产的界定，可对非物质文化遗产的价值进行分析。

根据对非物质文化遗产概念的界定，根据非物质文化遗产特征③，结合关于物质文化遗产、民俗文化、旅游与景观文化资源的相关价值评价标准④⑤，可筛选出以2个大类、6个中类和25个小类为内容的非物质文化遗产价值结构（表2-1）。

---

① 熊英：《非物质文化遗产的界定》，《中国地质大学学报》（社会科学版）2008年第9期。

② 乌丙安：《民俗文化空间：非物质文化遗产保护的重中之重》，《民间文化论坛》2007年第1期。

③ 《旅游资源分类、调查与评价（GB/T 18792—2003）》，2014年7月，中国国家旅游局网站（http：//www.cnta.gov.cn/html/2008-6/2008-6-27-20-31-36-7.html）。

④ 中国国家标准化管理委员会：《自然保护区生态旅游规划技术规程（GB/T 20416—2006）》，2014年7月，中华人民共和国建设部网站（http：//www.csres.com/detail/127230.html）。

⑤ 《风景名胜区规划规范（GB 50298—1999）》，2014年，中华人民共和国建设部网站（http：//www.csres.com/detail/20539.html）。

表2-1 非物质文化遗产文化价值分析

大类	子类	因子	表现形式
文化价值	历史价值	知名度	社会影响的深度与广度
		古悠度	所经历的年代远近
		参与性	非物质文化遗产主体的参与度
		历史见证	见证和推动社会、科学、历史事件
		历史传承	传承的特点、内容和水平
	科学价值	文化形象	文化品质
		文化特色	地域性和文化基因
		科学认知	对待人与自然的哲学思想
		科学考察	科学价值的典型性或特殊性
	审美价值	艺术典型性	形象、色彩、意境、技术性、协调性
		美学特性	观赏性、技术性、新奇性
		珍稀性	稀有程度
		独特性	唯一性和不可再生性
		反映地域风格	区域文化的核心与支柱
	精神价值	情感表达	民族思想精髓和文化理念
		宗教信仰	激发善心和潜能
		文化认同	自我文化身份的确认
		社会和谐	人类与社会环境之间的稳定良好关系
	时代价值	教育价值	知识内容对个体和社会的意义
		经济价值	经济与开发利用的潜力和价值
		公众道德	社会道德、公众意志的综合影响
保护现状	保护状态	真实性	保持本体的真实
		整体性	包含全部的内容与形式
		原生性	包含传承人和文化空间
		濒危度	包含社会环境和文化空间

　　从非物质文化遗产与文化遗产的关系来看，所谓文化遗产是指"在人类文化发展的历史上，历经历史淘汰和人类的筛选，进而遗存到今天依旧处于社会生活之中的共同财产。"[①] 它是一个民族历史、文化和价值观的体现，而且还与国家的前途和命运息息相关。自 1977 年开始至 1983 年底，联合国教科文组织针对世界遗产保护开展了首次联合保护行动，其中

---

　　① 彭岚嘉：《物质文化遗产与非物质文化遗产的关系》，《西北师范大学学报》（社会科学版）2006 年第 6 期。

首次提出文化遗产是由有形遗产和无形遗产构成的整体。其中文化遗产属于上位概念，有形遗产和无形遗产，即物质文化遗产和非物质文化遗产是下位概念。

从非物质文化遗产与物质文化遗产的关系来看，所谓物质文化遗产是"具有历史价值、艺术价值和研究价值的文物古迹，这些以建筑、石刻、遗址等为代表的不可移动古迹，以及以书籍、手稿、文献等为代表的可移动文物，都具有极高的艺术价值和历史价值，同时还具有相应的科学价值。"① 可见，物质文化遗产是指不能移动的景观或实体，如中国故宫、法国罗浮宫等。

综上所述，非物质文化遗产和物质文化遗产都是承载人类社会文明的载体，是人类社会多姿多彩文化类型的重要载体和社会体现。但两者区别在于：

第一，"物质性"与"非物质性"的区别。物质文化遗产是具有物理形态和直观形象的遗产，它同时也是历史文化的物质载体和历史见证。即物质文化遗产是一个可见的客观实体。而非物质文化遗产的核心特征在于其非物质性，即没有实体形态。虽然它是通过诸如民俗表演、民间技艺等方式进行展现，而物质载体和技艺所属个体并不是上述内容中提到的非物质文化遗产。如，古琴作为一个物质化的乐器，它是古琴艺术的表现载体，也是古琴音乐的产生基础；又如，剪纸作为一项历史遗存，其技艺、思想和工艺均是非物质文化遗产的重要内容，但剪纸作品却是物质化的。可见，非物质文化遗产指的既不是人和物，但又离不开人和物。

第二，"历史的客观性"与"历史的活态性"的区别。作为物质文化遗产，其历史客观性决定了它不能再生产、制作、建造。非物质文化遗产的历史客观性表明，它是一种在某个社会阶段和历史时期形成的历史见证。可见，它作为人类文明发展和文化进步的见证和载体，具有不可移动性、不可再生性的特点。非物质文化遗产却不然。非物质文化遗产是在社会生活中被传播、发扬和传承的人类文化，具有活态的社会特征。即在历史发展的进程中，"非物质文化遗产的活力源于传承人不断的展演、传授

---

① 周和平主编：《中国非物质文化遗产保护研究（2005·苏州）》，北京师范大学出版社 2007 年版，第 54 页。

和表达，这才是非物质文化遗产在现代社会中不断延续的基础"。① 例如，京剧如果不表演就会逐步消失，只有不断地传习、继承和发展，作为非物质文化遗产的京剧才能持续存在。正因为如此，有学者通俗地称非物质文化遗产为"活遗产"②。

（二）非物质文化遗产保护

1. 非物质文化遗产保护的概念

非物质文化遗产保护是基于对人类社会生活和生产方式的深刻反思与总结，在国际文化遗产保护思想的启迪下产生的人类文化保全举措。从国内外非物质文化遗产保护发展沿革来看，它源于《保护世界文化和自然遗产公约》和《保护民间创作建议案》的提出，其概念形成也得益于上述两大条例的推行与完善。

（1）《世界遗产公约》：遗产保护理念的提出

1972 年，联合国教科文组织大会第 17 届会议，讨论了如何解决文化遗产年久失修，以及社会环境和经济环境的不断变化，对文化遗产和自然遗产产生了不可逆转的影响和损毁的问题。考虑到各国境内文化遗产与自然遗产的唯一性，任何破坏都将对其产生难以弥补的损害和破坏，同时由于技术条件和保障条件的制约，一些"国家级保护"措施也不够完善，特别是众多亟待保护的遗产大多分布在发展中国家，它们并不具备足够的技术实力和经济能力。因此，联合国教科文组织决心通过制定国际公约来对世界范围内的遗产进行保护。为此，联合国教科文组织通过了《保护世界文化和自然遗产公约》，旨在最大限度上保护世界范围内的文化遗产和自然遗产免受上述因素的不利影响。

就非物质文化遗产的内容来看，《保护世界文化和自然遗产公约》表述了"自然与人类共同作品"的新观点。同时也明确了其第四个基本特征：具有突出的普遍价值；具有明确划定的文化区域代表性；能体现该区

---

① 祁庆福：《少数民族非物质文化遗产的抢救与保护》，2013 年 5 月，央广网（http：//news. cnr. cn/nature/news/201408/t－20140814_ 516216709. shtml）。

② 邹启山：《如何认识"非物质文化遗产"?》，2013 年 11 月，上海报业集团文汇报（ht-tp：//www. news365. com. cn/wxzt/d28jsjycdh/sjycabc/t20040630_ 115254. htm）。

域独特的文化因素；能体现持久的景观自然价值。一般而言，文化景观包括以下三种类型：

第一，人工设计类景观。通常与宗教或其他纪念建筑物相关，并携带各类文化艺术的审美形式。

第二，社会环境类景观。它们既包括残留物景观，如化石、遗迹等，代表了一个过去某段时间已经完成的进化过程，同时亦能表现出当时的显著特点和普遍价值。它们也包括持续性景观，如节庆、风俗等，代表了当今社会与传统生活的联系，且其同时自身仍处于演变过程中，展示了区域性历史发展的轨迹。

第三，文化关联类景观。即"与自然因素、宗教因素、文化因素和艺术因素相联系，而不包括文化物证为内容的景观类型"。[①]

从遗产保护机制的角度来看，《保护世界文化和自然遗产公约》对缔约国保护各类世界遗产的国家责任和国际责任进行了界定和规范（表2-2），同时它也为人类口头和非物质文化遗产的规范化保护奠定了基础。

表 2-2　　　　　　　　　　　缔约国责任

类型	内容
国家责任	保证本国领土内的文化和自然遗产的保护、保存和遗传后代。
	建立一个或几个文化和自然遗产保护机构，配备人员和工作条件。
	确定和修复文物的保护，法律，技术，行政和财政措施。
	进行科学研究，制定有效措施抵制文化遗产灭失的威胁。
	建立国家或地区的文化和自然遗产保护培训中心，同时鼓励人才培养与管理研究。
国际责任	各方应充分尊重主权下的文化遗产和自然遗产，在不损害国家立法和非物质文化遗产产权的基础上，承认这个文化遗产是世界遗产的一部分，并在国际社会的整体协调与帮助下，对文化遗产进行合作保护。
	根据公约的有关内容，对相关国家的文化遗产保护进行协助，并对相关要求进行识别，必要时提供国际援助和合作，特别是财政、艺术、科学及技术方面的援助和合作。
	缔约国不得采取故意、或采取直接或间接的方式，在文化遗产和自然遗产的其他缔约国领土上损害其利益。
	国际范围内世界遗产保护的目标，是建立一个由国际合作构成的文化遗产保护援助体系。

[①]　乌丙安：《非物质文化遗产保护理论与方法》，文化艺术出版社2010年版，第5页。

（2）《保护民间创作建议案》：民间文化保护概念的提出

《保护民间创作建议案》提出了"民间创作"的理念，它标志着全球民间创作保护的开始。

1989年10月17日至11月16日，在巴黎举行的联合国教科文组织大会第25届会议上，考虑到民间创作是全人类的共同遗产，是促进各国人民和各社会集团更加接近的有力手段。由于民间创作在一个民族的历史中具有重要意义。承认和正视传统民间创作，特别是口头传说，在现代社会环境中的不稳定性和易消失性，是各国政府保护民间创作的基础。此前，"在联合国教科文组织第24届会议上，曾决定按《教科文组织组织法》①第Ⅳ条第4段的规定，对保护民间创作的相关问题形成一份书面建议并提交给缔约国。"②

为此，在1989年11月15日通过了一套旨在保护民间文学艺术和民间创作的规程法案，即《保护民间创作建议案》。

就非物质文化遗产范畴而言，《保护民间创作建议案》对民间创作的内涵与保护进行了表述（表2-3），实践证明，《保护民间创作建议案》促成了全球民间文化保护工作的启动，《保护民间创作建议案》中的保护举措和实施方法为各国保护人类口头和非物质文化遗产提供了指引和借鉴。

表2-3　　　　《保护民间创作建议案》对民间创作的相关表述

角度	类型	表述
内涵	定义	民间创作（或传统民间文化）是一个文化社区在文化上的创造，以及对历史的继承。这些基于传统的表现形式表达了群体和个人的精神意识，同时还符合其社会历史条件和文化特征，并通过规范的口头传播，来传递民间创作的价值。
	形式	民间文学，传统音乐，民间礼仪，传统风俗，民间工艺，传统美术等。
	分类	家庭、行业、国家、地区、宗教、种族等。

---

① UNESCO：《组织法第Ⅳ条第4段所述向会员国提出建议书及国际公约之议事规则》，2015年8月，联合国教科文组织网站（http：//unesdoc.unesco.org/images/0013/001308/130848c.pdf）。

② UNESCO：《保护民间创作建议案》，2015年8月，中央文化管理干部学院网站（http：//www.ccmedn.com/bbs51_94722.html）。

续表

角度	类型	表述
举措	保存	国家档案机构要面向民间创作，建立和收集民间创作的相关数据，并提供传递服务； 在博物馆中展出传统民间展品； 优先保护传统民间文化中的形式与内容，通过全方位的培训，实现信息收集、档案实施、资料整理等人员的合理调配； 为民间创作资料制作档案盒工作副本，确保有关文化团体能够接触到所需资料。
	保护	采取必要措施对具有传统价值的民间文化进行整体性保护，稳定和树立民间传统文化的地位，并从经济上进行支持； 对民间文化进行研究，通过学校教学推动民间文化的传承； 在跨学科基础上建立具有普遍代表意义的全国性民间文化委员会，或类似组织，为民间文化的保护提供技术支持； 向研究、传播民间素材的个人、组织或机构提供道德和经济上的支持。
	传播	要求各会员国鼓励民间文化方面组织，举办各类区域性、国际性活动，如电影、展览、研讨会、课程培训等； 通过提供资金，在新闻、广电等领域为民俗文化研究者建立出版渠道，保证研究内容和民间创作的有效传播，鼓励媒体为民间文化传播提供更多机会； 在国家和国际范围，为民间文化的专门人士提供相互交流的机会，同时为组建民间文化机构提供支持。
	维护	民间创作的维护作为个人或集体的精神活动，"知识产权"是对其进行维护的重要手段，它可在国内外普及民间创作成果的同时，又不会损害民间创作自身的合法权益。
	合作	通过以多个国家共同合作并实施的保护工作，将有效地推动国际民间文化专家的交流，并提高各国的保护水平和保护能力； 在跨地域、跨领域的保护合作商，对民间创作的撰写、保存和研究等工作都是合作保护需涉及的内容，同时还需保证合作各方能够得到充分的尊重，并同时分享合作保护的成果； 对民间创作应采取全面保护的举措，从而使其避免遭受各类人为破坏和自然损毁。

（3）《保护非物质文化遗产公约》：人类口头和非物质文化遗产保护概念的提出

2003 年 10 月 17 日，联合国教科文组织第 32 届大会通过了《保护非物质文化遗产公约》，"该公约不但详细界定了非物质文化遗产的概念、非物质文化遗产的范畴，同时还通过了《申报书编写指南》"。① 至此，关于非物质文化遗产的保护条约已较为完备，各缔约国也获得了具有操作性的非物质文化遗产申报细则，它标志着联合国教科文组织主导、世界各国参与的非物质文化遗产保护工作达到了一个新的水平。

1972 年，在《保护世界文化和自然遗产公约》公布的基础上，联合国教科文组织通过了将对人类具有历史文化价值和特殊代表性意义的古迹、风光和名胜纳入到名录中进行管理的决议。但由于上述文本并未包括以口头文化为代表的非物质文化遗产，因此在 1989 年联合国教科文组织又通过了《保护民间创作建议案》，旨在对非物质文化遗产进行必要的鉴定、保护和传承，从而最大限度地降低文化全球化和经济全球化对世界非物质文化遗产的影响与破坏。

结合上述保护思想和实践经验，《保护非物质文化遗产公约》的颁布正是基于上述内容推出的文化遗产保护举措。由于各国在文化遗产保护过程中逐步意识到，"口头遗产"和"非物质文化遗产"是一个密不可分的整体。除此之外，《保护非物质文化遗产公约》中还明确了以"非物质文化遗产文化空间""文化多样性""文化记忆"为内容的三个重要概念。

文化空间是来源于法国都市理论研究专家亨利·列斐伏尔（Henri Lefebvre）等人有关"空间"和相关理论。列斐伏尔认为"空间是通过人类主体的有意识活动产生的事物"。② 在 1998 年 10 月举行的联合国教科文组织第 155 次大会上，将非物质文化遗产文化空间界定为"具有特殊价值的非物质文化遗产的集中体现"。③ 联合国教科文组织北京办事处文化官员爱德蒙·木卡拉则对非物质文化遗产文化空间作出了更具体的解释，即"文化空间指的是某个民间传统文化活动集中的地区，或某种特定的文化事件所选的时间。"④ 它是"传统文化与口头文化在地域上的集

---

① 李世涛：《关于"非物质文化遗产"概念的理解与规范问题》，《学习与实践》2006 年第 9 期。

② 亨利·列斐伏尔：《空间：社会产物与使用价值》，上海教育出版社 2003 年版，第 51 页。

③ 梁保尔、马波：《非物质文化遗产旅游资源研究——概念、分类、保护、利用》，《旅游科学》2008 年第 4 期。

④ 张博：《非物质文化遗产的文化空间保护》，《青海社会科学》2007 年第 1 期。

中体现，也是在特定时间范围内所展现出来的社会文化集合。"① 可见，非物质文化遗产文化空间属于人类学范畴，是传统的民间文化进行规律性表达的区域和场所。

文化多样性是指"群体和社会借以表现其文化的多种不同形式。这些表现形式在他们内部及其间传承"。② 文化多样性不仅体现了人类文化遗产的丰富性，也体现了借助各种方式和技术进行的生产、传播、销售和消费方式。特别是在全球化影响下的少数民族和土著社会中，仍旧继续沿袭着的重要传统文化则更易受到破坏和影响。如此，2005 年 10 月 20 日，第 33 届联合国教科文组织大会通过《保护和促进文化表现形式多样性公约》，进一步确认文化多样性是人类的一项基本特性和共同遗产，应当为了全人类的利益对其加以珍爱和维护。

文化记忆是全球各国在非物质文化遗产保护工作中经常提及的重要概念，为此各国均开展了以此为主题的专门项目。参与非物质文化遗产保护的世界各国均认为记忆是人类创造力的来源，对个人和民族都极为重要，保护和传承具有文化内涵和历史价值的记忆，将是人类立足现实、开拓未来的基础。

2. 非物质文化遗产保护的原则

通过对上述非物质文化遗产保护界定的分析，结合世界非物质文化遗产保护的基本手段和方式，可归纳出非物质文化遗产保护的基本原则，它们包括：

（1）原真性原则

原真性也被称为真实性，在 1964 年发布的《威尼斯宪章》中首次将原真性引入非物质文化遗产保护领域，并逐步在世界范围内达成共识。《威尼斯宪章》中明确提出"将文化遗产真实地、本来地、原生地传承下去是我们的责任"。③ 1994 年 12 月在日本奈良通过的《关于原真性奈良文

---

① 乌丙安：《民俗文化空间：非物质文化遗产保护的重中之重》，2014 年 11 月，（http://www.ihchina.cn/inc/detail.jsp? info_ id = 2233）。

② UNFSCO：《保护和促进文化表现形式多样性公约》，2015 年 8 月，百度百科网站（http://www.baike.baidu.com/view/2712004.htm）。

③ 国家文物局法制处：《国际保护文化遗产法律文件选编》，北京紫禁城出版社 1993 年版，第 162 页。

件》对非物质文化遗产原真性的内涵、原则及其评价手段进行了界定。①
此后，1996 年在美国圣安东尼奥组织了 "关于文化遗产保护和管理中的
原真性的美洲研讨会"，并由此产生了《圣安东尼奥宣言》。该宣言从文
化遗产原真性的特性、原真性与历史的关系、原真性与物质材料三方面对
《关于原真性的奈良文件》进行了深化和补充②。

"国人的生活源于这份沃土，土生土长的中华文化就源于这份沃
土"，③ 可见，在中国历史中留下的文化积淀中，劳动人民口耳相传、约
定成俗的非物质文化遗产是在特定文化环境和生产方式中发展出来的文化
现象。由于现阶段我国许多地区为促进当地经济的增长，开办了大量民俗
风情园、民俗度假村、民俗旅游点等经营场所，设置了宾馆、酒店、餐饮
等大量商业门店，将一些地区的民风习俗商业化，将其单纯作为生财挣钱
之道，已使一些民俗和非物质文化遗产受到不同程度的变异和破坏。由此
可见，在执行非物质文化遗产保护的原真性原则的过程中，其最大的问题
不是客观原因造成的损毁，或是缺乏相应的保护技术，而是人们在现代生
活中对非物质文化遗产采取的各种片面观念和错误做法。

（2）整体性原则

非物质文化遗产是包含丰富多彩的内容和形式，又同特定生态环境相
依存的特殊文化现象。有鉴于此，在非物质文化遗产保护过程中应本着全
方位、多层次的保护方式来反映和保存人类文化的多样性和丰富性，因此
在非物质文化遗产保护过程中就必须坚持整体性原则，即要保护非物质文
化遗产所拥有的全部内容和形式及其传承人和生态环境。许多文献中都对
非物质文化遗产保护的整体性原则进行了说明，如在《威尼斯宪章》中
指出各类古迹的保护需对其所在范围的环境进行规模保护，而不应采取将
古迹与环境分离的错误举措。这一思想在后来的《关于历史地区保护和
时代角色的建议》《历史城市保护与城市宪章》《汉城宣言——亚洲历史
城镇和区域旅游》等文件中都有体现。

从非物质文化遗产保护的实践来看，整体性原则主要包括两层含义：

---

① 阮仪三、林林：《文化遗产保护的原真性原则》，《同济大学学报》（社会科学版）2003
年第 2 期。

② 陆地：《对原真性的另一种解读——〈圣安东尼奥宣言〉译介》，《建筑师》2009 年第 2
期。

③ 费孝通：《费孝通学术文化随笔》，群言出版社 1986 年版，第 67 页。

第一，整体性原则要求在保护对象上应包含非物质文化遗产的全部内容和形式。第二，非物质文化遗产保护的整体性原则要求对非物质文化遗产所处的自然环境、生态环境、人文环境和相关的制度、习俗等内容进行保护，进而从整体共存的基础上体现出非物质文化遗产文化空间。此外，在非物质文化遗产保护的实践过程中，要对各类非物质文化遗产区别对待，因地制宜地适用整体性保护原则，对人工恢复和原始遗存加以认真区分。

（3）活态性原则

非物质文化遗产作为人类文化遗产的重要组成部分，是人类集体、群体或个人创造的以非物质形式传承和继承的文化财富。由于非物质文化遗产是存在于上述环境中的无形财富，且主要采用口耳相传的方式进行传承。因此，非物质文化遗产具有活态性的特点。其特点具体表现为：其一，相对于静态的物质文化遗产而言，非物质文化遗产是动态的，且不断被发展和创新。其二，人是非物质文化遗产传承的核心载体，人的能动性特质同时对非物质文化遗产产生影响。其三，非物质文化遗产的传承是通过传承人的口述、表演、身体示范等综合形式，传承人既是非物质文化遗产的接受者，也是非物质文化遗产的创造者，其传承过程表现了非物质文化遗产的活态性。

由此可见，非物质文化遗产保护应重视和体现活态性原则，促进保护认识与保护实践的结合，应将"非物质文化遗产置于活态环境中，研究其'活'的存在和传承方式。"①

（三）非物质文化遗产保护机制

1. 非物质文化遗产保护机制的概念

从词源学角度进行分析，一般认为机制是"结构和机器的操作原理"②。从生物学和医学领域对机制的理解来看，它表达的是一种生物结构之间的关系，以及在运动过程中对各种化学、物理性质变化的因果关系。从上述界定可以看出，"在生物学和医学领域中的机制，是对生物体

---

① 宋俊华：《非物质文化遗产概念的诠释与重构》，《学术研究》2006年第9期。
② 崔援民：《现代管理学原理》，中国经济出版社2013年版，第214页。

从自然现象到结构关系的进一步理解。"① 可见，机制是"多个系统之间相互影响、相互作用、相互制约的要素集合，从非物质文化遗产角度来看，它是推动非物质文化遗产保护的重要基础和不可或缺的内容方式。"②而就保护机制而言，它是根据保护目标的要求和实现体系的功能，由"行为导向""组织协调"和"环境适应"三个因素构成的整体。

（1）行为导向因素

行为导向因素是指为达成非物质文化遗产保护目标而形成的具有倾向性的保护行为，该保护行动是促进保护对象在保护机制的约束下，执行预定保护目标的过程。可见，需要保护主体对非物质文化遗产保护目标进行推动和干预，构建适宜我国非物质文化遗产保护环境的保护机制，以及其中的信息反馈、评估监管和目标对比等实践举措。

（2）组织协调因素

组织协调因素是为实现保护体系所追求的目标，协调建立保护体系各功能因子之间的信息交流、责任归属、权力构成等制度举措。根据保护体系中各要素的组合方式，在整体协调、内部分工、集中控制和体系规范等方面，经由非物质文化遗产保护主体施加影响，推动非物质文化遗产保护体系的运行。

（3）环境适应因素

环境适应因素是根据非物质文化遗产保护对象在社会环境中的不同状况，从保护体系的目标与需要出发，基于国内外非物质文化遗产保护的经验和技术，结合我国非物质文化遗产的地方特性和文化特征产生的机制变化和举措革新。在环境适应过程中，非物质文化遗产保护机制在管理、结构、举措等方面与保护对象相适应，从而使保护机制处于正常的稳定状态，同时在现有环境下不断地学习、发展和创新，为构建具有中国特色的非物质文化遗产保护机制打下基础。

2. 非物质文化遗产保护机制的内涵

通过上述分析可知，非物质文化遗产保护机制是在非物质文化遗产保

---

① 《辞海》编辑委员会：《辞海》，上海辞书出版社 1979 年版，第 2861 页。

② 李学栋、何海燕、李习彬：《管理机制的概念及设计理论研究》，《工业工程》1999 年第12 期。

护范畴内，面对非物质文化遗产保护需求和社会化保护，通过对非物质文化遗产保护工作中各类要素集合的制约和作用，保证和推动我国非物质文化遗产保护工作顺利开展的方式集合。在其实际运行中，非物质文化遗产保护机制同文化遗产保护、自然遗产保护等保护领域存在相互联系、相互结合和相互支撑的关系。具体来看，非物质文化遗产保护机制具有以下特点：

第一，非物质文化遗产保护机制根据一定的既定规则进行自动运转，并随之产生可预见性的结果。

第二，非物质文化遗产保护机制并非物质文化遗产保护的目的，它只是为了实现非物质文化遗产保护的整体目标，是整合社会各方资源的中介物。

第三，非物质文化遗产保护机制同非物质文化遗产保护工作直接相关，它是该项工作顺利开展的前提和基础。

（四）基于文化与科技融合的非物质文化遗产保护机制

1. 基于文化与科技融合的非物质文化遗产保护机制的概念

在过往的文化与科技发展历程中，技术常常是主角，而文化往往只屈居配角。"从人类文明发展的关键节点来看，触发并推进技术发展的动力绝不是单纯依靠技术数据，而优秀的技术却总是根植于优秀的文化之中。"[1] 分析基于文化与科技融合下非物质文化遗产保护机制的界定，将对剖析和确立基于文化与科技融合下非物质文化遗产保护机制的实现路径有较为重要的作用。

根据管理学中的系统功能原理，"在架构和要素的设置下，各类体系的功用和能力都受到组织形式、组织架构和职能模式的制约，具体而言，管理体系的组织可分为结构部分和运营部分。"[2] 我国非物质文化遗产保护体系是非物质文化遗产保护组织机构在非物质文化遗产保护工作的实

---

① John H. Lienhard, *The Engines of our ingenuity*, New York: Oxford University Press, Inc., 2000, p. 17.

② 李习彬、李亚：《系统工程与可持续发展》，科学技术文献出版社 2010 年版，第 269—270 页。

施过程中，根据保护对象的社会环境和文化特点形成的保护技术、保护组织、保护方式等要素的集合，同时还有与之相适宜的非物质文化遗产保护职能分配。而对于非物质文化遗产保护机制的运行而言，它是在我国文化与科技融合大背景下，根据我国非物质文化遗产保护的现状和特点，对非物质文化遗产保护工作的行为内容、实践方式、管理模式等相关要素进行管理和界定。诚然，非物质文化遗产保护体系结构和实现程度决定了系统的实际功能，文化与科技融合下非物质文化遗产保护机制也是我国庞大非物质文化遗产保护体系的一个重要组成部分。"充分认识科技进步对文化发展的重要作用，紧紧抓住信息化深入发展的历史机遇，加快推进文化和科技融合"[1] 政策的提出，表明"文化与科技融合是中华文化在信息时代避免处于守势、在思想文化和价值理念高度取得国际认同的重要基础"[2]。它从国家政策层面指明，非物质文化遗产保护领域内的文化与科技融合既不是文化与科技的简单相加，也不是文化与科技的相互覆盖，而是基于创新要素和融合机制之间相互作用的产物。可见，文化与科技融合下非物质文化遗产保护机制是基于跨领域、跨学科、跨专业的机制探索，是在科技创新基础上形成的非物质文化遗产保护工作体系及其相关要素的集合。

因此，基于文化与科技融合下非物质文化遗产保护机制的构建目标是为了实现非物质文化遗产保护体系的保护功能，同时结合文化与科技融合的历史契机，对我国非物质文化遗产保护的现有结构的进一步完善与优化。就宏观层面而言，它将非物质文化遗产的文化内涵、形式结构和有关历史文化的丰富信息，与非物质义化遗产保护的新兴技术、研究成果和手段方式相结合，在吸收国内外先进经验的基础上，形成非物质文化遗产保护的新方法和新范式。从中观和微观层面来讲，文化与科技融合下非物质文化遗产保护机制是根据我国非物质文化遗产保护的迫切需要，根据科技进步与文化发展的客观规律和一般特性，采用相关的技术研发、系统构建、项目实施等举措集合。

---

① 张宗堂：《李长春：加快推进文化与科技的融合切实增强文化创造力传播力和影响力》，2016 年 2 月，新华网站（http：//news. xinhuanet. com/politics/2010 – 08/23/C_ 12476208. htm）。

② 魏明：《全球信息时代中国文化软实力发展战略研究》，学位论文，华中师范大学，2008年，第 49 页。

2. 基于文化与科技融合的非物质文化遗产保护机制的特征阐释

长期以来，"文化与科技之间存在的隔阂与分离直接导致了科技的异化和价值的扭曲，间接引发了人类社会生存环境的不断恶化和日益严峻的文化危机。"① 科技进步若不能同文化发展同步结合，势必将导致技术的滥用与失控，使人类文化受到无法挽回的损失。可见，文化与科技融合下非物质文化遗产保护机制的特征表现为：

（1）顺应科技进步

第一，科学技术的发展是文化进步的动力。从原始文明、农业文明、工业文明到后工业文明向信息社会的历史变革，每一个革命性的技术创新都将带来社会文化的深远变化。科学技术的发展与变革，即科技的创新是人类在自我认知的基础上，不断认识自然和顺应自然的结果。它既是人类文化不断丰富、知识体系不断发展的结果，也是人类思维方式和精神世界不断拓展的基础。可见，科技创新无时无刻不在改变着人类固有的思维模式，推动社会文化的发展和变迁。

第二，文化事业的进步是科技创新的基础。"人类物质文明和精神文明是两个相互促进的一体化领域，社会文化是提升全社会科技水平的土壤和基础。"② 以技术化、数字化和信息化为表征的人类现代文明，不仅蕴含了高新技术的普遍使用，而且更体现了东西方文化交融共进。可见，科技创新应以文化特质为基础，在进行文化交流和文化创新的过程中，充分体现"知己知彼、求同存异、择善而从、综合创新、多元共存、和而不同"③ 的东方文化精髓。

（2）响应跨界融合

学科跨界融合是我国非物质文化遗产保护工作的迫切需要。随着保护工作的不断深入，个案式的孤立保护已无法满足非物质文化遗产在保护标准、保护水平和保护技术上，更新、更高、更完美的现实需求。只有顺应这一历史趋势，采用文化与科技跨界融合的研究思路，推动以数字化保护、虚拟现实重建、数字化图谱研究等为代表的多学科融合研究，才能进

---

① 陈俊：《可持续发展文化是科学与人文融合的必然选择》，《理论研究》2009 年第 4 期。
② 王志刚：《在文化和科技融合座谈会上的发言》，《科技日报》2012 年 5 月 22 日第 1 版。
③ 张瑞堂：《文化自觉与中国先进文化发展》，博士学位论文，华中师范大学，2004 年。

一步实现我国非物质文化遗产保护的多学科融合，并极大拓展非物质文化遗产保护的应用范围和实践价值。

（3）构建实施体系

由于我国非物质文化遗产流传广泛、内容广博，因而应从纵向和横向两个层面进行非物质文化遗产保护事业的顶层设计工作，为推动文化与科技融合打下良好基础。在纵向方面，坚持构建一个从宏观到微观的多层次非物质文化遗产名录体系，宏观分类着眼于文化管理，优化提升现有非物质文化遗产保护体制和管理制度；微观分类则关注于非物质文化遗产存在的文化空间和实际生活，完善充实现有非物质文化遗产档案管理方式和应用办法。在横向方面，坚持工作体系与学术体系并举的原则，使工作体系满足工作管理的需要，学术体系为工作体系提供融合支撑和创造支持。

（4）运用技术集成

根据当前非物质文化遗产保护形势和非物质文化遗产传承特点，我国非物质文化遗产保护在实践中引入国际非物质文化遗产保护的成功经验和先进技术，并通过集成和优化形成了一个互补的有机整体。这一动态创新过程选择并集成元数据技术、模数转换技术、数据管理与分发技术、网络舆情分析与监控等多种新兴技术，研究并确立可虚拟感知的数字化信息资源系统、可定位追溯的文化脉络结构系统和可广泛传播的文化价值观念系统，从而完善我国非物质文化遗产保护的方式与技术，并对我国非物质文化遗产保护的工作标准和管理流程有较大推动作用。

（5）面向保护应用

本着对非物质文化遗产进行科学保护和合理利用的原则，以非物质文化遗产信息资源为基础，吸收和借鉴其他学科领域先进成果，突破现阶段以文字描述为主的非物质文化遗产表现形式和以收集保存为主的非物质文化遗产保护工作方式，通过文化与科技融合的集成创新，利用各种信息技术、管理技术与实践工具对非物质文化遗产资源进行保护和推广，形成集声像、数据、图谱等多种形式并存，非物质文化遗产资源地图、图例、图示与文字、表格、多媒体数据相结合的非物质文化遗产成果应用模式，从意形合一和价值传播的角度，全方位展示我国非物质文化遗产的表现形式和文化空间。

三 我国非物质文化遗产保护机制的创新诉求

非物质文化遗产是涉及传统语言、传统艺术表演、传统艺术、传统习俗、传统医学等多个方面的复杂体系，在文化全球化的环境影响下，现有非物质文化遗产保护机制难以对非物质文化遗产的庞杂内容进行充分、有效的保护。为此，应对非物质文化遗产保护的历程和发展进行分析，结合非物质文化遗产科技化保护的趋势，对我国非物质文化遗产保护工作进行总结并发现问题，为形成基于文化与科技融合下非物质文化遗产保护机制提供研究基础。

（一）非物质文化遗产保护机制的形成沿革

非物质文化遗产作为文化领域中的概念，最早出现在 20 世纪 50 年代日本对"无形遗产"的界定，其指戏曲、歌剧、传统技术和其他无形文化资产中，历史价值或艺术价值较高者；韩国也随后对非物质文化遗产实施立法保护，由专门的部门负责保护，并成立国家文化遗产研究院进行专门研究；巴西采用了登录制度，强调对国家非物质文化遗产进行登记并对其价值进行评估；法国设立"文化遗产日"，呼吁人们保护文化遗产；英国将文学、语言、宗教等濒临灭绝的非物质文化遗产进行非物质文化数字化保护，并将保护成果应用在博物馆、展览馆等机构中，采用虚拟还原、数字化影视展播等方式再现非物质文化遗产的风采；意大利的非物质文化遗产保护则以馆藏和展览为主，目前该国已有多个专门为展现非物质文化遗产为内容的专题博物馆。

中华民族历来有保护非物质文化遗产的优良传统，19 世纪初在中国兴起的民俗学对民族、民间和民俗文化进行了开拓性的收集与整理。

在 20 世纪 50 年代初，中国政府组织有关部门和专家进行少数民族文化遗产的调查和记录，并采取措施，"保护和确立了一大批传统工艺品生产和品种，并为此授予 200 余名国家级工艺美术大师"①。

1979 年，共耗费 25 余年时间编写的 "中国民族民间文艺集成志书" 是由文化部、国家民委、中国文联有关文艺家协会共同发起并主办的国家社科规划和全国艺术科学规划重大项目。② "该书动用全国十万多名文化工作者参与，共编纂 298 卷 395 册合计 4.5 亿字，于 2010 年全部完成"。③

2003 年，联合国教科文组织通过了《保护非物质文化遗产公约》并正式提出了 "非物质文化遗产" 的概念，促进了各国非物质文化遗产保护政策的制定和执行。就世界各国对其境内的非物质文化遗产保护工作而言，其进度、水平和重视程度都各有不同，但目的均为保护本国的非物质文化遗产，并使其延续和流传下去。在联合国教科文组织的主导下，《保护非物质文化遗产公约》的缔约国均表示将在《保护非物质文化遗产公约》的框架下保护本国的非物质文化遗产。该公约的发布推动了世界范围内非物质文化遗产保护工作的开展，在国际公约的带动下，我国非物质文化遗产保护工作也逐步向深入发展。

2004 年，文化部与财政部制定《中国民族民间文化保护工程的实施方案》，在方案中第一次提出要在全国范围内建立 "保护名录"。同年 8 月，我国正式加入联合国教科文组织倡导的《保护非物质文化遗产公约》，全国人大也通过了批准《保护非物质文化遗产公约》实施的相关决定，各地也逐步启动了我国非物质文化遗产保护相关制度规章的制定工作。

2005 年，随着《国务院办公厅关于加强我国非物遗保护工作的意见》④

---

① 王文章：《非物质文化遗产概论》，教育科学出版社 2008 年版，第 15 页。
② 全国艺术科学规划研究课题成果要报（第四期）：《中国民族民间十部文艺集成志书全部完稿》，中国社会科学院民族文学研究所网站（http：//www. iel. cass. cn/new_ show. asp？newsid＝1559）。
③ 胡孙华：《中国民族民间文艺集成志书年内完成》，《长江日报》2009 年 9 月 7 日第 9 版。
④ 国务院办公厅：《关于加强我国非物质文化遗产保护工作的意见（国办发〔2005〕18号）》，2005 年。

和《国家级非物质文化遗产代表作申报评定暂行办法》①的正式下发，标志着我国的非物质文化遗产保护首次有了政策依据，《意见》再次强调了国家级、省、市、县级非物质文化遗产代表作名录体系建设的重要性。同年12月还颁布施行了《国务院关于加强我国文化遗产保护的通知》②，以上政策和规定为我国遗产保护事业确立了明确目标和行动计划，同时对上述两者进行了较为详细的说明。

2005年5月，为推动《国务院关于加强文化遗产保护的通知》的深化实施，经由国务院批准，由文化部确定并公布的第一批国家级非物质文化遗产名录③（共518项）正式公布。为保证上述名录的保护，文化部提出并制定了以"国家＋省＋市＋县"为层次的4级保护体系工作规划，要求各地方和各有关部门贯彻"保护为主、抢救第一、合理利用、传承发展"的工作方针，切实做好非物质文化遗产的保护、管理和合理利用工作。同年12月，经由文化部部务会议审议通过的《国家级非物质文化遗产保护与管理暂行办法》④正式履行，该办法对国家级非物质文化遗产的保护主体、保护责权的保护方式进行了阐释和说明。

2007年，我国颁布实施了《商务部文化部关于加强老字号非物质文化遗产保护工作的通知》⑤，通知强调要加强老字号非物质文化遗产保护的工作，同时对其给予财政、建设和工商等方面的支持和协助，保证老字号的知识产权和文化内涵。

同年5月，文化部办公厅发布了《文化部办公厅关于推荐国家级非物质文化遗产项目代表性传承人的通知》⑥，随后公布了我国第一批国家

---

① 国务院办公厅：《国家级非物质文化遗产代表作申报评定暂行办法（国办发［2005］18号附件）》，2005年。

② 国务院：《国务院关于加强文化遗产保护的通知（国发［2005］42号）》，2005年。

③ 国务院：《国务院关于公布第一批国家级非物质文化遗产名录的通知（国发［2006］18号）》，2006年。

④ 文化部：《国家级非物质文化遗产保护与管理暂行办法（中华人民共和国文化部令第39号）》，2006年。

⑤ 商务部、文化部：《商务部文化部关于加强老字号非物质文化遗产保护工作的通知（商政发［2007］45号）》，2007年。

⑥ 文化部办公厅：《文化部办公厅关于推荐国家级非物质文化遗产项目代表性传承人的通知（办社图函［2007］111号）》，2007年。

级非物质文化遗产项目代表性传承人名单（226 名）①。

2008 年，我国非物质文化遗产保护工作取得了突破性进展，初步建立了"国家＋省＋市＋县"4 级非物质文化遗产保护体系。同年 1 月，文化部公布第二批国家级非物质文化遗产项目代表性传承人名单（551 名）。② 同年 6 月，由文化部部务会议审议通过的《国家级非物质文化遗产项目代表性传承人认定与管理暂行办法》③ 正式施行，它标志着我国非物质文化遗产项目代表性传承人保护进入了规范化、系统化阶段。同年 6 月，经由国务院批准，由文化部确定并公布了第二批国家级非物质文化遗产名录④（510 项）。

2009 年，为巩固和落实 2004 年至 2008 年的一系列关于我国非物质文化遗产保护的有关意见和通知，全国各级行政管理部门和文化事业部门对非物质文化遗产保护工作均投入了大量人力物力，随着"文化遗产日"等群众性非物质文化遗产保护工作的全面开展，社会公众对非物质文化遗产的认知度有了较大提升。同年 5 月，文化部公布第三批国家级非物质文化遗产项目代表性传承人名单（711 名）。⑤

2010 年，随着我国第一次"非物质文化遗产普查"的结束，我国第一次获得了全国范围内的第一手非物质文化遗产数据资料和分布概览。为此，"全国共投入 7.96 亿元资金、召开 8 万余次座谈会、收集各类非物质文化遗产资料和相关载体近 30 万件、汇编相关成果近 1000 万字、录音 20 余万小时、照片近 500 万张、摄像近 20 万小时，共统计获得非物质文化遗产总量为 97 万余项。"⑥

---

① 文化部办公厅：《文化部关于公布第一批国家级非物质文化遗产项目代表性传承人的通知（社图发［2007］21 号）》，2007 年。

② 文化部非物质文化遗产司：《文化部关于公布第二批国家级非物质文化遗产项目代表性传承人的通知（文社图发［2008］1 号）》，2008 年。

③ 文化部：《国家级非物质文化遗产项目代表性传承人认定与管理暂行办法（中华人民共和国文化部令第 45 号）》，2008 年。

④ 国务院：《国务院关于公布第二批国家级非物质文化遗产名录和第一批国家级非物质文化遗产扩展项目名录的通知（国发［2008］19 号）》，2008 年。

⑤ 文化部非物质文化遗产司：《文化部关于公布第三批国家级非物质文化遗产项目代表性传承人的通知》，2015 年 8 月，中华人民共和国文化部网站（http：//59.252.212.6/awto 255/200906/t200906//.html）。

⑥ 康宝成：《中国非物质文化遗产保护发展报告（2011）》，中国社会科学出版社 2011 年版，第 6 页。

2011 年，我国正式颁布施行了《非物质文化遗产法》，该法案的颁布标志"我国非物质文化遗产保护已进入国家层面和法律高度，各级地方政府必须对辖区内的非物质文化遗产尽到应有的责任和义务，同时为我国非物质文化遗产的长期保护和有效传承提供基础"①。在这一重大法律法规颁布的带动下，全国各地均颁布了地方性的非物质文化遗产政策法规和保护条例，同年 5 月，国务院批准，由文化部确定并公布了第三批国家级非物质文化遗产名录（191 项）。② 同年 8 月印发的《文化部关于加强国家级非物质文化遗产代表性项目保护与管理的工作通知》③，通知对非物质文化遗产项目提出保护要求和职责内容，还规定了对非物质文化遗产代表性项目实施动态管理，同步建立表彰奖励机制和警告退出机制。

2012 年，中国已有浙江省、河北省、广东省、福建省、西藏自治区、广西壮族自治区公布了第四批省级非物质文化遗产保护名录，中国四级非物质文化遗产名录体系的相关工作已处于有序推进期。同年 12 月，文化部公布第四批国家级非物质文化遗产项目代表性传承人名单（498人）。④

2013 年，为推动我国非物质文化遗产的社会利用，摸清自 2004 年我国加入《保护非物质文化遗产公约》以来，全国非物质文化遗产信息资源的现状，于同年 5 月，文化部办公厅发布了《文化部办公厅关于组织开展非物质文化遗产档案摸底调查的通知》⑤，通知对我国非物质文化遗产档案的保管主体、保存方式、规章制度等方面进行了调查要示，为下一步做好非物质文化遗产信息资源服务打下良好基础。

2014 年，经由国务院批准、由文化部确定并公布了第四批国家级非

---

① 蔡武：《〈非物质文化遗产法〉出台具有里程碑意义》，2011 年 5 月，中国日报网站（http：//www. chinadaily. com. cn/hqpl/yssp/2011 - 03 - 02/content_ 1904784. html）。

② 国务院：《国务院关于公布第三批国家级非物质文化遗产名录的通知（国发［2011］14号）》，2011 年。

③ 文化部非物质文化遗产司：《文化部关于加强国家级非物质文化遗产代表性项目保护管理工作的通知》，2015 年 8 月，中华人民共和国文化部网站（http：//59. 252. 212. 6/awto 255/201109. html）。

④ 文化部非物质文化遗产司：《文化部关于公布第四批国家级非物质文化遗产项目代表性传承人的通知（文非遗发［2012］51 号）》，2012 年。

⑤ 文化部办公厅：《文化部办公厅关于组织开展非物质文化遗产档案摸底调查的通知（办机档函［2013］176 号）》，2013 年。

物质文化遗产代表性项目名录①（共 153 项），本次名录体系对非物质文化遗产的名称进行了统一，放弃了此前使用的"非物质文化遗产名录"称谓，改为"非物质文化遗产代表性项目名录"，使名录体系中的称谓更具有针对性。

（二）我国非物质文化遗产保护机制的成绩

经过三十余年的发展，我国非物质文化遗产保护机制经历了从无到有的发展过程，为推动和保障我国非物质文化遗产保护事业起到了重要的作用，其间获得的主要成绩包括：

1. 制定非物质文化遗产保护政策

我国在加入联合国教科文组织的《保护非物质文化遗产公约》之后，为有效推动我国非物质文化遗产保护工作的实施与开展，使我国非物质文化遗产保护向常态化、专门化、社会化和职业化发展，先后出台了一系列与非物质文化遗产保护相关的政策与举措（表 3 - 1）。

表 3 - 1　　　　　　　我国主要的非物质文化遗产保护政策

发布时间	发布机构	制定政策	主要内容
2005 年 3 月	国务院办公厅	《国务院办公厅关于加强我国非物质文化遗产保护工作的意见》	确立十六字非物质文化遗产保护方针，提出建立包含国家级和省、市、县级的非物质文化遗产代表作名录体系等。
2005 年 12 月	国务院	《国务院关于加强文化遗产保护的通知》	对我国文化遗产保护工作提出了具体指导，内容包括指导思想、路线方针、整体目标等方面。
2006 年 7 月	财政部文化部	《国家非物质文化遗产保护专项资金管理暂行规定》	要求我国非物质文化遗产保护工作中要专款专用，对开支范围和内容、开支申请和管理，以及开支的检查与督导等工作做出了明确规定。

---

① 文化部非物质文化遗产司：《国务院关于公布第四批国家级非物质文化遗产代表性项目名录的通知（国发 [2014] 59 号）》，2014 年。

续表

发布时间	发布机构	制定政策	主要内容
2006 年 10 月	文化部	《国家级非物质文化遗产保护与管理暂行办法》	规定了国家级非物质文化遗产代表作和代表作传承人的保护主体，以及各行政管理部门的责权机制，从非物质文化遗产代表作保护，数据库的整体建设，非物质文化遗产资源开发的基本原则、知识产权的整体保护等方面，阐释了国家级非物质文化遗产保护工作的规范与要求。
2008 年 5 月	文化部	《国家级非物质文化遗产项目代表性传承人认定与管理暂行办法》	对非物质文化遗产项目代表性传承人的相关保护工作进行了要求，其中包括对非物质文化遗产代表作传承人的资格评审、审核格式、上报流程等方面。
2011 年 2 月	全国人大常委会	《中华人民共和国非物质文化遗产法》	对非物质文化遗产的调查、非物质文化遗产代表性项目名录、非物质文化遗产的传承与传播以及相关法律责任，都做出了原则性规定。

　　通过上述政策的制定和颁布，我国在国家级非物质文化遗产保护工作中已逐步建立起较为完善的行政体系和实施体系，这对我国非物质文化遗产保护工作而言具有重要的意义。为了顺应大力开展全国非物质文化遗产保护工作的趋势，作为国家文化行政主管部门的文化部，为加强我国非物质文化遗产的对口保护和行政管理专门设置了"非物质文化遗产司"。以该司的建立为标志，全国各地均为保护当地非物质文化遗产资源和口头文化，基于现有的保护设施和文化条件，设立了诸如非物质文化遗产馆、非物质文化遗产博物馆、文化生态博物馆、群众艺术中心等保护机构，同时通过政策引导和项目导入，推动各种社会力量加入到非物质文化遗产保护中来，推动我国非物质文化遗产保护事业的稳步发展，至此我国非物质文化遗产保护工作机制已初步形成。

　　在制定上述政策的同时，2005 年 12 月 22 日，国务院发布《国务院关于加强文化遗产保护工作的通知》，要求进一步加强文化遗产保护工作。其中一项重要举措就是：决定从 2006 年起，每年 6 月第二个星期六为中国的"文化遗产日"。目的是让公众更加广泛地知晓、了解非物质文化遗产，推动非物质文化遗产的社会化保护工作。

2. 实施非物质文化遗产调研，设立非物质文化遗产名录

2010 年，时任文化部副部长王文章指出："现阶段，在我国非物质文化遗产保护工作中已经形成了较为完备的科学体系，同时也建立了一套较为完整的四级非物质文化遗产名录体系"。① 随着我国国家级非物质文化遗产代表作名录的建立，各级地方政府也建立了省级、地区级、市（县）级的非物质文化遗产项目及其代表性传承人名录，构成了我国非物质文化遗产名录的四级保护体系。其中包括，"国家级非物质文化遗产名录" 1372 项（表 3 - 2）、"省级非物质文化遗产名录" 10307 项（表 3 - 3）。

表 3 - 2   中国国家级非物质文化遗产名录项目统计   单位：项

类别	第一批	第二批	第三批	第四批	合计
民间文学	31	53	41	30	155
传统音乐	72	67	16	15	170
传统舞蹈	41	55	15	20	131
传统戏剧	92	46	20	4	162
传统美术	51	45	13	13	122
传统技艺	89	97	26	29	241
传统医药	9	8	4	2	23
曲艺	46	50	18	13	127
民俗	70	51	23	15	159
传统休育、游艺与杂技	17	38	15	12	82
合计	518	510	191	153	1372

表 3 - 3   中国省级（自治区级）非物质文化遗产名录总量与发布时间统计

排名	地区	第一批		第二批		第三批		第四批		第五批		合计
		数量	年度	数量	年度	数量	年度	数量	年度	数量	年度	
1	浙江省	64	2005	225	2007	246	2011	202	2012	/	/	737
2	河北省	130	2006	97	2007	139	2009	111	2012	137	2013	614

---

① 王文章：《中国非物质文化遗产资源 87 万项 科学保护体系形成》，2010 年，中国网（ht-tp：//www. china. com. cn/culture/2010 - 06/02/content_ 20168767. htm）。

续表

排名	地区	第一批		第二批		第三批		第四批		第五批		合计
		数量	年度	数量	年度	数量	年度	数量	年度	数量	年度	
3	贵州省	91	2005	202	2007	147	2009	121	2015	/	/	561
4	四川省	189	2007	137	2009	89	2011	62	2014	/	/	477
5	河南省	148	2007	129	2009	95	2011	/	/	/	/	372
6	江西省	62	2006	102	2008	206	2011	118	2014	/	/	488
7	陕西省	145	2007	100	2009	116	2011	77	2013	/	/	438
8	广东省	78	2006	104	2007	123	2009	52	2012	39	2013	396
9	福建省	101	2005	98	2007	82	2009	73	2011	/	/	354
10	山西省	105	2006	141	2009	82	2011	50	2013	/	/	378
11	西藏自治区	38	2006	83	2007	101	2009	101	2013	/	/	323
12	山东省	157	2007	150	2009	62	2013	/	/	/	/	369
13	广西壮族自治区	58	2007	63	2008	86	2010	98	2012	133	2014	438
14	内蒙古自治区	140	2007	111	2009	48	2011	43	2013	/	/	342
15	江苏省	123	2007	112	2009	63	2011	/	/	/	/	298
16	重庆市	62	2006	97	2009	119	2011	110	2014	/	/	388
17	云南省	147	2006	124	2009	90	2013	/	/	/	/	361
18	甘肃省	85	2006	88	2008	91	2011	/	/	/	/	264
19	安徽省	83	2006	90	2009	81	2010	65	2014	/	/	319
20	湖北省	97	2007	66	2009	90	2011	56	2013	/	/	309
21	新疆维吾尔自治区	108	2006	77	2009	52	2012	56	2014	/	/	293
22	北京市	48	2006	105	2007	59	2009	28	2015	/	/	240
23	湖南省	74	2006	84	2008	50	2011	/	/	/	/	208
24	辽宁省	60	2006	54	2007	41	2009	35	2011	/	/	190
25	黑龙江省	57	2008	79	2009	47	2011	57	2013	/	/	240
26	吉林省	75	2007	105	2009	104	2012	/	/	/	/	284
27	上海市	83	2007	45	2009	29	2011	22	2013	/	/	179
28	青海省	33	2006	69	2009	48	2011	59	2013	/	/	209
29	天津市	30	2007	50	2009	13	2013	/	/	/	/	93
30	海南省	25	2005	29	2007	31	2009	6	2012	/	/	91
31	宁夏回族自治区	31	2007	23	2009	/	/	/	/	/	/	54
32	台湾地区	/	/	/	/	/	/	/	/	/	/	/

续表

排名	地区	第一批		第二批		第三批		第四批		第五批		合计
		数量	年度	数量	年度	数量	年度	数量	年度	数量	年度	
33	香港特别行政区	/	/	/	/	/	/	/	/	/	/	/
34	澳门特别行政区	/	/	/	/	/	/	/	/	/	/	/
	合计	2727	/	3039	/	2630	/	1602	/	309	/	10307

　　与此同时，在全面建立非物质文化遗产代表性项目名录的基础上，我国也构建了非物质文化遗产项目代表性传承人名录。2009 年，时任国家图书馆馆长的周和平先生在全国非物质文化遗产保护工作会议上指出："非物质文化遗产代表传承人是历史文化和民族精神的重要传递者，他们不仅掌握了非物质文化遗产的知识和技艺，同时也是具有能动性的我国非物质文化遗产资源宝库，更是促进我国非物质文化遗产代代相传的代表性人物。"[1] 为了推动我国非物质文化遗产保护和传承工作，真正将"以人为本"的保护理念落到实处，为此国务院办公厅专门颁布了《国务院办公厅关于加强我国非物质文化遗产保护工作的意见》，其中专门指出，"建立有效的非物质文化遗产传承机制，采取命名、授予称号、表彰奖励、资助扶持等方式对非物质文化遗产进行管理，同时发挥非物质文化遗产扩大未成年人进行传统文化教育和爱国主义教育的重要作用。"[2]

　　采用"非物质文化遗产项目代表性传承人名录"对我国非物质文化遗产项目代表性传承人实施保护是我国非物质文化遗产保护事业的重要组成部分，各级政府也均依照国家颁布的对非物质文化遗产代表性传承人管理办法，对域内非物质文化遗产代表性传承人进行了认定。截至2014 年 3 月，现已经公布了四批"国家级非物质文化遗产代表性传承人"（表 3 - 4）。同时"自 2008 年开始，在中央转移支付环节中拨付给非物质文化遗产代表性传承人每人 8000 元/年"[3]。同时，根据全国的

---

　　① 周和平：《在"中国非物质文化遗产保护论坛开幕式上的讲话》，2011 年，http：//www.cfich.org.cn/cfich/baohuluntan/200979.shtml。

　　② 国务院办公厅：《国务院办公厅关于加强我国非物质文化遗产保护工作的意见（国办发〔2005〕18 号）》，2005 年。

　　③ 周和平：《加强非物质文化遗产保护 建设中华民族共有精神家园》，《艺术评论》2012 年第 2 期。

汇总数据来看,各省公布的非物质文化遗产项目代表性传承人共 9564 名,并已通过中央转移支付、地方财政拨款和社会资金筹措等多渠道,对省级非物质文化遗产代表性传承人进行一定额度的固定补贴和项目资助。

表 3 - 4 　　　中国国家级非物质文化遗产项目代表性传承人构成统计 　　单位:人

类别	第一批	第二批	第三批	第四批	合计	比例
民间文学	32	/	25	20	77	3.8%
传统音乐	/	104	96	31	231	11.7%
传统舞蹈	/	72	56	49	177	8.9%
传统戏剧	/	304	196	111	611	30.8%
传统美术	72	/	83	76	231	11.7%
传统技艺	78	136	136	112	326	16.4%
传统医药	29	/	24	21	74	3.7%
曲艺	/	66	51	34	151	7.6%
民俗	/	5	25	31	61	3.0%
传统体育、游艺与杂技	15	/	19	13	47	2.4%
合计	226	551	711	498	1986	100%

3. 启动保护工程,完善工作机制

为了贯彻落实各项非物质文化遗产保护政策和相关措施,在《国家"十一五"时期文化发展规划纲要》[①] 第 7 点第 32 条明确提出加强重要文化遗产保护的工作要求。其中包括,建立非物质文化遗产体系、绘制国家非物质文化遗产资源分布图,确定 10 个国家级民族民间文化生态保护区等举措。国家文化行政主管部门就提出要在全国范围,以后保护民族文化和口头文化,根据各地社会经济发展条件和文化历史背景,建设十个国家级民族民间文化保护区,为全国的民族文化保护事业起到示范作用。现阶段,上述保护区已在福建、安徽、江西、青海等十余个省建设完成。

---

① 中共中央办公厅、国务院办公厅:《国家"十一五"时期文化发展规划纲要》,2015 年 8 月,中国政府网站(http://www.gov.cn/jt2g/2006 - 09/13/content_ 388046_ 9. htm)。

此外，根据上述国家对民族文化保护的政策导向，各地均依照各自的条件建立各级各类地方性的文化生态保护区，目的是争取国家政策、保护当地文化、推动社会发展、促进非物质文化遗产利用。如湖南省在进行文化生态保护区的建设过程中，还拟定和颁布了《湖南省省级文化生态保护区申报办法（暂行）》。这些各级各类文化生态保护区的落成，从管理机制、文化创新和整体保护等多方面推动了我国非物质文化遗产保护事业向主动保护、复合保护和动态保护发展，为我国文化与科技融合下非物质文化遗产保护机制的提出和构建打下了良好的实践基础。

就非物质文化遗产数字化保护而言，《非物质文化遗产法》明确指出："非物质文化遗产和非物质文化遗产数据应由相应的各级文化主管部门进行了解和建设。"此外，在《国务院办公厅关于加强我国非物质文化遗产保护工作的意见》中也明确指明，对我国非物质文化遗产保护应"要运用文字、录音、录像、数字化多媒体等各种方式对非物质文化遗产进行真实、系统和全面的记录，建立档案和数据库。"[1] 可见，我国各级行政主管部门已在法律规范层面和工作指导层面，对非物质文化遗产数字化保护的开展提出了要求和方向。

（三）我国非物质文化遗产保护机制创新的背景分析

1. 我国非物质文化遗产保护机制创新的内生性

在我国社会经济不断发展的过程中，大量非物质文化遗产正在遭受不同程度的损失。面对这些新情况和新问题，在当下我国非物质文化遗产保护机制的运行过程中还存在如下不足：

（1）保护主体界定不明

现阶段我国各级行政主管部门和文化事业机构，对非物质文化遗产的认识都有较大提高，各地纷纷依照本地实际情况开展了多样化的非物质文化遗产的保护工作，但在实际工作开展过程中，各地均采用自己认可的方式来保存非物质文化遗产资料与数据，导致全国非物质文化遗产信息呈现

---

① 国务院办公厅：《国务院办公厅关于加强我国非物质文化遗产保护工作的意见（国办发[2005] 18 号）》，2005 年。

多头管理、分散保管的状态，也导致了非物质文化遗产信息呈现出资源封闭、主体不明的现象。其中，我国主要的非物质文化遗产信息保管主体情况见表3-5。

表3-5　　　　　　　**我国主要的非物质文化遗产信息保管主体统计**

单位性质	信息概述
各级地方人民政府	作为非物质文化遗产主要管理机构，在对非物质文化遗产进行普查、确认、申报、评定和宣传工作等保护工作的实施过程中会产生大量的原始资料，这些资料属非物质文化遗产衍生信息，由政府部门保管。
各级文化事业管理部门	文化事业单位和行政机构是非物质文化遗产的主要保管者，在保护和开发非物质文化遗产的过程中会因为统计登记、抢救恢复、分类整理、鉴定保管和调查研究、举办展览、活态开发等而产生很多非物质文化遗产保护过程信息，这部分信息资源内容大多保管在文化事业管理部门。
非物质文化遗产项目代表作传承人	作为非物质文化遗产的传承者，他们通过代代相传而拥有的一些重要资料或实物，以及在传承人认定和管理过程中形成的一些材料均形成了非物质文化遗产信息资源，这些内容和档案大多由传承人自行保管。
商业机构	主要是从事非物质文化遗产的开发的商业组织，如从事古城古镇旅游开发的公司、进行传统造纸工艺规模化生产的工厂等，这些机构在开发非物质文化遗产经济价值的过程中会形成很多诸如开发合同、营业执照以及说明运营状况的各种材料，这些材料则由商业机构自行处理。
研究机构	为了深度挖掘非物质文化遗产的历史价值和社会价值，很多研究机构，如高校、研究所等，会对非物质文化遗产的历史脉络及其各个阶段的发展特征进行研究，从而形成了大量非物质文化遗产学术研究信息。
文化事业机构	档案馆、博物馆、文物馆、图书馆等机构中都可能保存有与非物质文化遗产相关的信息，它们以纸制文档、音像档案、电子文件等形式进行保存，这些也应当与非物质文化遗产一起管理，却分散在各个部门。
社会公众	有相当数量的非物质文化遗产信息分散保存在社会公众手中。

我国《非物质文化遗产法》第七条虽指出："国务院文化主管部门负责全国非物质文化遗产的保护、保存工作，县级以上地方人民政府文化主管部门负责本行政区域内非物质文化遗产的保护、保存工作"。但就我国非物质文化遗产保护的工作实际来看，它需要社会多部门、多领域的通力

合作和共同参与，其中包括文化行政管理部门、非物质文化遗产专门研究机构、各类文化中心、各级群艺馆、各类商业服务机构等。可见，非物质文化遗产保护社会化不仅是由我国非物质文化遗产保护的特点决定的，而且也符合世界非物质文化遗产保护发展的方向与潮流。然而，由于在非物质文化遗产保护实施过程中，各类机构、组织和团体在保护工作中的地位、作用均各不相同，在非物质文化遗产保护过程中不同程度地存在多头管理、条块分割等现象，导致非物质文化遗产项目的传承者和管理者之间存在经济、社会和行政管理上的矛盾。

可见，由于我国非物质文化遗产信息资源的保管主体众多，在非物质文化遗产建档过程中尚未明确由谁来统筹全局。档案馆、博物馆、图书馆都在倡议参与非物质文化遗产信息和非物质文化遗产的管理，但都没有实质性地参与该部分的工作，从而导致现阶段非物质文化遗产信息资源的管理分散与利用困难。这些保护主体的机制问题困扰着我国各级非物质文化遗产行政主管机构、文化事业单位和科研院所。

（2）保护理论研究滞后

第一，研究视角有待拓宽。从研究的视角上来看，国内研究主要聚焦于非物质文化遗产的内涵、范畴、特征、价值以及功能性等问题，侧重于抽象问题的研究，对于个案的研究不够，横向与纵向的非物质文化遗产比较研究不足，对时间迁移过程中非物质文化遗产流变研究不多，从政策、体制、技术等视角的非物质文化遗产保护机制研究则更为少见。此外，现阶段我国非物质文化遗产保护研究多集中在非物质文化遗产概念、范畴和保护方式的研究、非物质文化遗产名录体系的组成与构建、非物质文化遗产管理理念和方式的探讨等方面，缺乏从文化与科技融合的角度出发，指导我国非物质文化遗产保护事业走向系统化、科技化和社会化的落地研究。

第二，研究内容有待拓展。从研究的主要内容上看，近十年我国非物质文化遗产研究内容广泛，涉及非物质文化遗产保护与运用的诸多方面，如非物质文化遗产的内涵范畴、特征价值、社会功能、保护现状、作用意义、原则措施、保护方法等方面。尽管如此，学界仍然遗漏了一些较为重要的研究内容，例如文化与科技融合背景下我国非物质文化遗产保护的发展路径、我国非物质文化遗产保存与保护的量化标准与预测模型、非物质文化遗产长期保存技术问题与管理系统、我国非物质文化遗产保存与保护效果的评价指标体系等。可见，为了解答上述在非物质文化遗产保护工作中出现的问题，必须从顶层设计的层面，结合国内外非物质文化遗产保护的成功经验和新兴技术对我国非物质文化遗产保护机制进行优化革新，使我国非物质文化遗产保护工作兼得文化与科技之优势。

第三，研究深度有待加强。从研究深度来看，通过梳理近十年来我国非物质文化遗产保护的研究成果，可发现其研究深度还有待深入。国内学者的研究成果多停留在类型界定和比较研究的层次，国外学者则已尝试将新兴技术引入非物质文化遗产系统性保护和社会化利用之中，试图从跨界研究角度，研究和构建基于原真性、活态性和文化空间的非物质文化遗产保护机制。从文化与科技融合的角度来看，现有非物质文化遗产保护研究成果多注重于保护技术的研发，对各类保护技术的落地应用、文化与科技融合的实现路径等内容都还尚未涉及，现阶段各维度的非物质文化遗产研究均未体现文化与科技融合的战略内容，尚未形成专门的基于文化与科技融合的非物质文化遗产保护理论体系。

第四，研究方法有待完善。从研究方法来看，近十年我国非物质文化遗产保护研究以定性为主，较少运用定量分析方法，具体表现为对非物质文化遗产保护个案的分析不足、缺乏实证研究和计量统计，文化与科技融合下的综合性研究较少，尽管学者们试图借用各个学科的研究方法和范式来研究非物质文化遗产问题，但往往具有一定的局限性。可见，为解答文化与科技融合下我国非物质文化遗产保护提出的新问题，须从跨学科研究的角度，通过定性研究与定量研究相结合的方式，将国内外成熟的学科理论与科技成果引入非物质文化遗产保护研究。

第五，研究队伍有待整合。从研究队伍来看，近十年我国非物质文化遗产保护研究已形成了诸多专业化研究组织，如中山大学、华中师范大学等高等学府均已成立了非物质文化遗产专题机构。此外，中国民间文艺家协会发起创立了中国非物质文化遗产研究院，该院在中国民间文艺家协会领导下自主地开展非营利性的非物质文化遗产学术活动。从上述成绩中，我们可以看出这些机构都在不同程度上推动了我国非物质文化遗产保护研究的进展。但就操作层面而言，各研究组织机构之间的合作不多，尚没有形成高效率、联合攻关的联合研究团队。此外，文化行政管理部门、科技管理部门、社会公众等非物质文化遗产社会化保护关键部门的关系还尚未厘清，导致非物质文化遗产保护工作较为随意、研究成果与需求脱节、文化与科技融合的宏观政策无法有效落地的现象还时有发生。

（3）保护环境有待改善

第一，非物质文化遗产保护的社会基础日趋薄弱。随着现代生活方式和对我国传统社会生活方式的不断影响，以非物质文化遗产为代表的传统文化正在逐步失去其赖以生存的社会基础。许多传统文化和社会记忆都在不断消失，优秀的文化遗产正在被逐渐遗忘，一些非物质文化遗产面临着人才断档、运用受限、关注下降等棘手问题。同时，部分居民对非物质文化遗产的认识日渐淡漠，具体表现为已不再将非物质文化遗产作为其生活的一部分，而将非物质文化遗产作为盈利谋生的道具。

第二，开发失当导致非物质文化遗产变质。随着文化遗产热在全国范围内的兴起，各级地方政府对非物质文化遗产资源开发和利用的态度略有不同，某些地区的开发失当导致了非物质文化遗产变质，例如，有些地方在短期经济利益的诱导下，"存在'重申报、重开发，轻保护、轻管理'现象"①，即单纯为了功利性目的片面强调商业价值对非物质文化遗产加以修正，同时假借传播和继承的形式，以现代社会的理解方式和品位标准对非物质文化遗产进行改头换面，这种随意篡改民间民俗艺术和文化的内容、风格与形式的不负责任行为导致传统文化和传统技术的丢失，而且如云南摩梭族走婚习俗，已随当地旅游业发展和人口结构的变化，逐步变味走形而遭败坏。

第三，非物质文化遗产传承后继乏人。非物质文化遗产在历史发展过程中，主要依靠集体记忆和个人传习两种方式进行传承和发扬，其中集体记忆是民风民俗、民族史诗等非物质文化遗产的主要传承方式，而特殊工艺和特殊技巧是个人传习的主要内容。由于现代社会生产生活方式的不断变化，非物质文化遗产原有的生存环境发生了巨大的变化，同时由于学校教育和社会教育对非物质文化遗产传承的淡化，也导致大量年轻人对本民族的传统文化已日渐陌生，后者逐步放弃和丧失了自身的文化特点，造成了个人素养和历史文化的脱节。同时，现有非物质文化遗产项目代表性传

---

① 住房和城乡建设部：《关于进一步加强世界遗产保护管理工作的通知》，2014 年，http：//www. mohurd. gov. cn/lswj/tz/2010240. htm。

承人的平均年龄很大，许多高龄非物质文化遗产项目代表性传承人，面临着逐渐去世而非物质文化遗产技艺无人可传的局面。此外，一些民族地区对非物质文化遗产的保护意识不足，对非物质文化遗产进行管理、支持和帮扶的力度不够；有些地区还把非物质文化遗产进行人为分割，将各部分分别申报各级非物质文化遗产名录，从而达到提升总数的目的；还有某些地区对本地区的非物质文化遗产保护工作既没有保护规划，也没有具体可操作的保护规则，以上这些行为更加剧了非物质文化遗产保护和管理传承的难度。

第四，资金不足导致保护较弱。自 2006 年中央财政专项安排非物质文化遗产经费以来，"截至 2013 年 6 月，中央财政已累计投入 20 多亿元资金开展非物质文化遗产保护工作"①。面对我国 97 万余项非物质文化遗产，上述投入仍显得非常不足，从整体上看大量非物质文化遗产尚未得到全面保护，许多非物质文化遗产正面临着失传的境地。如不改变现有完全依赖上级政府投入的办法，依靠现有财力来进行非物质文化遗产保护和抢救工作，很多具有历史价值和重要意义的非物质文化遗产可能在得到重视之前就已经消亡。

（4）保护机制有待完善

第一，集成方式尚在摸索，机制模式有待确立。现阶段我国非物质文化遗产保护部门和研究部门还存在保护脱节现象，即保护部门不了解保护对象的价值特性，保护工作较为随意，科研机构不了解保护工作的实际需求，研究成果与需求脱节。同时，尚未形成统一高效的全国性非物质文化遗产保护平台，各类非物质文化遗产数据库还存在互不兼容、互不连通等问题，既浪费了大量时间用于重复劳动，又增加了非物质文化遗产信息的利用难度，也不利于我国非物质文化遗产保护的全面开展。可见，文化与科技融合下非物质文化遗产保护机制是面向社会文化需求和顺应科技发展的综合成果，它一方面体现了社会文化对科技发展的引领作用，即为满足我国不断深化、不断丰富的非物质文化遗产保护需求，大量高新技术被逐步引入我国非物质文化遗产保护领域，逐步提高非物质文化遗产保护的效果和质量；另一方面也体现了科技发展对社会文化的推动作用，即科技进

---

① 中华人民共和国人民政府网站：《非物质文化遗产保护："非物质文化遗产"保护的中国经验》，2013 年 5 月，http：//www.gov.cn/jrzg/2013－06/09/content_ 2423887.htm。

步引发非物质文化遗产保护理论、保护方法和保护体系等方面的不断创新和深刻改革，为逐步创设适合我国非物质文化遗产保护事业发展的新体制、新平台和新方式提供技术支撑。但就我国非物质文化遗产保护机制的现状而言，社会文化和科技发展的集成方式还处于摸索之中，尚未形成完整的文化与科技集成的机制范式供我国非物质文化遗产保护事业参考。同时，我国现有研发体制和支撑体系也尚未完全适应文化与科技融合的历史趋势，条块分割、支撑不足等问题还将在一段时间内影响我国非物质文化遗产保护机制的构建。

第二，融合过程尚处起步，机制联动有待完善。现阶段，我国非物质文化遗产保护领域的理论研究和科技创新，主要由富集大量人才与技术装备的高校和科研机构完成，但由于其吸收新兴科技的能力和面向非物质文化遗产保护一线的意愿不足，仍有大量跨学科成果和新兴保护技术未能被及时转化利用。此外，"由于我国技术创新的政策和法规都集中于创新供给和环境干预，而对技术创新的需求关注度不够"[1]，上述现象要求我国现阶段迫切需要建立一套完善的非物质文化遗产保护机制，来协调和联动科技研发、装备制造、人才培养等多种保护要素，打通非物质文化遗产保护的产学研联动通道。

第三，整体内容尚需完善，机制架构有待创新。"文化与科技属于辩证统一关系，文化既为科技发展起到积极的推动作用，同时科学技术也是文化软实力的重要组成部分。"[2] 现阶段我国非物质文化遗产保护工作还主要依赖政府主导、政府投入和政府监管，尚未有效推动我国非物质文化遗产社会化保护和公众性保护的进程，这使得我国非物质文化遗产保护的公众参与度不高、资金来源单一、监管难度较大，与国外先进水平相比还存在较大差距。国内现行科研架构和管理体制均体现了重理轻文的惯性思维，这种体制架构不仅导致了我国文理研究区别对待、融合创新氛围不浓、综合实力较难提升，而且也无法适应社会整体发展、科技整体突破和非物质文化遗产保护的需要。可见，如不对我国非物质文化遗产保护机制的推进体制和创新架构进行更新改善，将难以满足学科推进的研究需要和

---

① 曾方：《技术创新中的政府行为——理论框架和实证分析》，博士学位论文，复旦大学，2003 年，第 68 页。

② 孙梦莹：《科技与文化融合：文化繁荣发展必由之路——访上海交通大学校长张杰》，《光明日报》2012 年 3 月 15 日第 9 版。

日新月异的社会需求。

（5）保护工作标准缺失

第一，技术标准缺失。目前从国家层面来看，关于非物质文化遗产保护技术及其相关操作规程、实施规范等内容的文件还尚未出台，这已成为我国非物质文化遗产保护向纵深发展的重要障碍。以非物质文化遗产数字化保护为例，由于保护主体不明和相关规范不清，容易导致不同阶段、不同口径、不同平台所收集和储存的非物质文化遗产数字化信息产生兼容方面问题，不利于后期的传输和利用。

第二，集成方式缺失。面对我国庞大的非物质文化遗产资源赋存，各地非物质文化遗产保护工作还依赖于传统的管理、检测与评价方式，具体表现为工作的主观性较强，保护的随意性较大，尚未在一个整体平台下充分转化和利用已有的先进技术和管理理念。由此可见，为推进我国非物质文化遗产保护的深化发展，应形成以文化与科技融合为内涵，辅以先进管理机制、技术手段和保障机制的非物质文化遗产保护平台，实现全国非物质文化遗产的整体保护。

第三，传播技术缺失。现阶段我国非物质文化遗产保护将主要工作聚焦在非物质文化遗产的识别鉴定、数据采集和信息保存方面，而对于非物质文化遗产保护信息在社会公众和科研机构等地的有效传播、非物质文化遗产保护成果在博物馆、民俗馆等地的表现展示、非物质文化遗产源流的图谱解读等技术和领域尚未予以足够重视，影响了我国非物质文化遗产保护成果的研究和利用。

综上所述，"完全和正确地理解科学技术进步与文化发展之间的关系，牢牢把握信息技术与历史发展的机遇，加快我国文化与科技融合"[①] 政策的提出，从政策引领的高度表明，非物质文化遗产保护领域内的文化与科技融合进程不是文化事业与科学技术的简单堆砌，也不是文化活动和科技应用的相互覆盖，而是基于创新要素与融合机制之间相互作用的最终产物。它要求对跨领域、跨学科、跨专业的合作机制进行积极探索，在科技创新的基础上形成有利于融合发展的研究方法和工作体系。但从非物质文化遗产法规和政策的角度来看，包括《中华人民共

---

①　张宗堂、李长春：《加快推进文化和科技的融合推动社会主义文化大发展》，《人民日报海外版》2010 年 8 月 24 日第 1 版。

和国非物质文化遗产法》在内的多部政策法律法规虽然明确了非物质文化遗产保护工作的基本内容、方法，但对文化与科技背景下非物质文化遗产保护的机制构建尚未提及。从非物质文化遗产工作方法和管理模式的角度来看，虽然我国已经形成了"国家、省、市、县"四级非物质文化遗产保护体制，但非物质文化遗产管理机制和管理平台尚未有效整合，新兴科学技术也未能得到及时吸收引入，导致非物质文化遗产数据信息和社会化监管保护难以统筹实现。这表明，由于文化与科技融合事业在我国尚属首倡，文化要素与科技创新的有效互动也处于启动阶段，在现有的非物质文化遗产保护政策与体制下，非物质文化遗产行政管理部门如何本着对历史负责的态度，将非物质文化遗产保护机制作为推进我国非物质文化遗产保护的事业的切入点，如何克服非物质文化遗产保护机制的融合障碍，构建良好的机制环境，将全国非物质文化遗产资源管理好、保护好、传承好是一个需要深入研究并尽快付诸行动的重要问题。

2. 创新我国非物质文化遗产保护机制的外生性

非物质文化遗产保护的理论发展与技术进步是比较和衡量各国非物质文化遗产保护水平的重要标志，为此，各国依照自身条件和体制环境制定了一系列政策支持非物质文化遗产创新，但由于创新管理体制与非物质文化遗产保护机制并不相同，所取得的实际成效有很大的差别。因此，世界各国都在摸索非物质文化遗产保护技术创新规律的同时，均根据自身非物质文化遗产保护的社会环境和自然环境，按照非物质文化遗产保护的实际需求来创新、构建和完善非物质文化遗产保护机制，并提出相应的对策措施。可见，按照客观规律来创新我国非物质文化遗产保护机制，关键在于揭示机制变动的内生性要求。这就需要把我国非物质文化遗产保护机制置于一定的时空维度之中，分析影响其变动的各种变量。综合国内外经验来看，有三个重要的变量对我国非物质文化遗产保护机制的创新起到关键性影响，即社会发展阶段、科技发展阶段和非物质文化遗产管理体制，这些要素之间的关系构成机制创新基本结构（图3-1）。

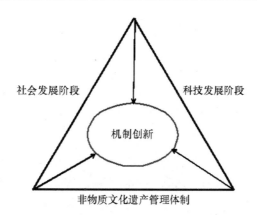

图 3 - 1　我国非物质文化遗产保护机制创新的要素结构

随着我国经济社会体制改革的不断深化，市场主体的产权保护及其地位将更为巩固，所有制结构调整将更趋合理，公共权力运用及政府职能转变将更到位，社会中介组织将进一步发展并发挥作用，多方参与的社会治理结构将逐步形成。在这种外在环境不断趋于完善的前提下，非物质文化遗产保护机制作为社会运行的一个组成部分，其内容和趋势也将发生重大的变化，见表 3 - 6。

表 3 - 6　　　　　　　　非物质文化遗产保护机制的现状

	现有状况	创新方向
主体	具有传统计划体制色彩，政府掌控和主导对非物质文化遗产机制各个层面产生影响。	推动市场化配置，非物质文化遗产保护相关行业部门逐步成为创新的主力军。
架构	行政性分割大量存在，具体表现为非物质文化遗产保护的"多头管理"和"分头管理"。	综合科技管理和研发协调的办法，对全社会非物质文化遗产保护的创新活动进行系统集成。
手段	经济、法律手段比较贫乏，方式较为陈旧，大量运用行政手段。	更多运用经济手段、法律权益保护机制。
方式	重点是国有行政管理部门、行政事业单位，强调倾斜性援助政策，注重项目和成果。	覆盖全社会的整体管理，塑造良好的非物质文化遗产创新环境，调动全社会的创新积极性。
途径	管理的社会化程度不高，高度依赖职能部门。	社会化管理方式，逐步发挥社会中介服务机构、行业协会、行业专家组织的作用。

就创新我国非物质文化遗产保护机制的外生性内容来看，其具体包括以下几个方面：

第一，社会管理体制发展的要求。在初步建立我国社会主义市场经济体制基本框架的过程中，政府、市场、企业之间的关系尚未真正理顺，政企不分、政资不分等现象仍然存在。这反映在非物质文化遗产保护机制上，主要表现为政府、企业、高校与研究机构、消费者等行为主体之间的关系仍带有一定程度的传统计划性色彩。在进一步完善市场经济体制过程中，随着企业、消费者的市场主体地位的真正确立，企业将在明确的市场目标下成为技术开发与创新的主体，主动要求获取知识源进行创新，在市场拓展的同时大力开展研发活动，加快技术进步和科技成果转化的步伐。科研机构与高校通过改革与改制，在积极提供公共知识的同时，强化科研工作的市场化导向，加快科技成果产业化。

第二，政府管理变革的要求。现阶段我国政府治理结构还存在各级政府之间的事权与财权以及政府各职能部门之间的关系尚未正规化与规范化的现象，条块分割、地区封锁、各自为政等现象也时有发生。这反映了在创新我国非物质文化遗产保护机制的过程中，面对科技管理分散化、科技资源占有与利用的部门化及垄断化等问题。应在进一步推进政府管理体制改革的进程中，随着公共权力运用的法制化和规范化，政府职能转变将取得实质性的进展，政府的服务功能将进一步强化，政府管理职能将优化整合，更多的政府职能部门将转变为具有面向全社会的综合功能。由此，我国非物质文化遗产保护机制也将随之发生新的变化。

第三，市场经济发展的要求。在初步建立社会主义市场经济体制基本框架的过程中，由于市场体系尚不健全，市场发育尚未成熟，客观上造成政府宏观管理可用的经济手段有限，而政府也比较习惯于行政手段，对各种经济手段的运用不熟悉。与此同时，经济活动的法治化程度还比较低，法律体制也不完善。这反映在非物质文化遗产保护机制上，就表现为宏观上的非物质文化遗产创新管理手段比较贫乏，方式方法比较陈旧，行政手段运用居多，以及有关科技发展的法规体系建设滞后。在进一步完善市场经济体制过程中，随着市场体系健全、市场发育成熟，各种经济杠杆与手段将应运而生，经济手段的运用也将越来越熟练，法制建设将取得实质性进展。这将为科技管理体制、机制提供新的方式与手段，使政府在决策过程中能更多地运用市场化方式和各种经济手段实施科技宏观管理。

第四，所有制结构改革的要求。在我国经济社会发展过程中，各类以非物质文化遗产保护为主营业务或重要业务的民营经济及各种形式经济类型处于起步发展阶段，市场中还存在诸多非竞争因素的影响以及竞争的非规范性问题。这反映在科技管理体制、机制上，主要表现为对非公有制经济体的重视不足，相关资金、政策、技术对非公有制经济体的支撑不足。在进一步完善市场经济体制过程中，随着多种所有制经济的发展和混合经济的蓬勃兴起，以及市场竞争秩序的完善，各种非国有经济类型的企业越来越成为科技发展的生力军，特别是高科技中小企业日益成为科技创新的重要组成部分对我国非物质文化遗产保护的科技创新形成有益补充，这势必要求我国非物质文化遗产保护的科技管理体制、机制要与此相适应。

第五，非政府组织发展的要求。进入现代社会以来，我国非政府组织正处于成长之中，为我国非物质文化遗产保护的社会化工作提供了广泛的帮助，但从整体上来看，我国非物质文化遗产保护非政府组织还存在门类尚不齐全、组织规模较为零散、发挥作用水平不高等问题。上述问题的产生一方面是由于我国非政府组织的形成较晚，与国际先进水平相比还在制度、组织、人才等方面存在较大差距。另一方面，我国非政府组织的成长受到了行政壁垒和行业垄断的影响，使我国非政府组织在非物质文化遗产保护社会化工作进程中难以发挥最大效力。随着我国行政体制改革的不断深化，以及社会主义市场经济体系的不断完善，我国各类以非物质文化遗产保护为服务内容的非政府组织将得到长足的发展，为我国非物质文化遗产保护提供智力支持和组织保证。

四 国内外非物质文化遗产保护与
科技融合机制的案例分析

本章通过对国内外非物质文化遗产保护与科技融合的案例分析，针对包括区域协同保护、跨领域服务、数字化保护等方面的非物质文化遗产保护机制进行总结和归纳，并结合其运行现状进行经验总结，为构建基于文化与科技融合下非物质文化遗产保护机制提供思路和素材。

（一）区域遗产协同保存机制

欧盟地区是拥有大量非物质文化遗产资源的文化富集区，在联合国教科文组织公布的"非物质文化遗产名录"中，西班牙、意大利和法国等国都是其中项目较多的国家，但由于欧盟国家的领土面积普遍较小，非物质文化遗产分布又不太均衡，因此区域联盟内的非物质文化遗产的协同保护显得十分重要。在 1991 年 12 月，欧盟为联合各方力量颁布了《欧洲联盟条约》，在这个条约的基础上，从 2000 年起实施了"文化保护计划"，有效推动了欧盟区域内部在文化遗产保护方面的合作。为落实上述条约与计划，"欧盟于 2002 年正式成立了欧洲文化遗产在线（European Cultural Heritage Online）工程，它由欧盟委员会主导和管理，由 9 个欧盟国家内的 16 个研究机构发起并组成，文化遗产信息采用了数字化保存和实体保存的双轨制，类型囊括了历史、文化、哲学、艺术等多门类"[1]。

截至 2014 年 3 月，"欧洲文化遗产在线（ECHO）工程囊括了 20.6 万余份记录文件、89 万余件高分辨率图像、5.7 万余份多国语言同译本等

---

[1] ECHO，"About the ECHO Initiative"，2015 年 8 月，欧洲文化遗产在线网站（http：//echo. mpiwg-benlin. mpg. de/home/project/pilotphase）。

内容，这些涵盖了 95 个大类、超过 1000 位作者的文化遗产信息由世界范围内 24 个国家的 170 个机构提供"①。其中，法国、德国和瑞典所提交的文化遗产信息总量占欧洲文化遗产在线工程参与国的前三位。（图4-1）。

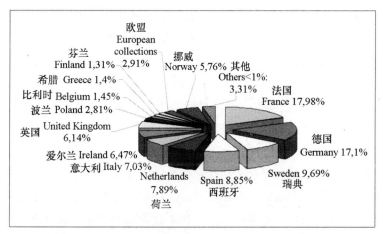

图4-1 欧洲文化遗产在线工程文化遗产信息提交总量分布②

（以上统计图仅包括总量大于等于1%的欧盟国家）

欧洲文化遗产在线工程作为一个区域性文化遗产保护项目，其协作机制可以从以下两个方面加以阐释。

1. 率先采用元数据标准

在欧盟范围内各图书馆、档案馆和博物馆收藏的众多文化遗产由于保存时间和保存环境的原因正面临着逐步损毁的危险，同时由于各种数字储存载体自然老化的必然性，储存在其中的各类文化遗产数字信息也面临着流失的重大威胁。由此，欧盟各国在不断推动文化遗产数字化的基础上，决定采用网络服务器和冗余备份系统对欧洲文化遗产进行保护，为此专门构建工程来实现庞大文化遗产赋存的有效保存和数字化传播。为了实现欧

---

① ECHO, "Available in ECHO". 2014. http：//echo. mpiwg-berlin. mpg. de/home.

② European Union, "Second progress report on the digitisation and online accessibility of cultural material and on digital preservation in the European Union". 2013 年 5 月，欧盟网站（http：// ec. europa. eu/information ＿ society/activities/digital ＿ libraries/doc/recommendation/reports ＿ 2010/ 2010％20Digitisation％20report％20overall. pdf）。

盟区域内文化遗产信息的广泛共享、数字化传播和社会化应用的目标，欧洲文化遗产在线工程制定了一套由文化遗产数字化标准操作流程、计算机运行平台及硬件设备标准、规范化数据接口标准为内容的欧洲文化遗产在线标准，并接受欧洲范围内所有国家和机构的认证申请。欧洲文化遗产在线标准的推行，不仅许多欧盟国家政府（如奥地利、芬兰、德国、立陶宛、荷兰和挪威）依照上述标准成立了文化遗产数字化研究机构，众多国家档案馆（如德国、匈牙利、西班牙和瑞典）也根据欧洲文化遗产在线标准的要求进行了数字化改造，同时为数众多的小型文化研究机构（如法国、希腊、拉脱维亚、罗马尼亚、原捷克斯洛伐克）也能够在低成本改造的前提下完成数字化改造并达到欧洲文化遗产在线标准的要求，从而加入欧洲文化遗产在线工程，上述面向国家、机构和个人的文化遗产数字化工作为实现欧洲数字化文化遗产信息的快速访问打下了良好基础。

值得一提的是，欧洲文化遗产在线工程的文化遗产数字化认证标准采用了元数据技术和数字化遗产信息保护平台两项举措来推动欧洲文化遗产保护协同机制的实现，即元数据标准是信息保护平台的运行基础，信息保护平台是面向需求的综合体现。其中，欧洲文化遗产在线的文化遗产元数据是欧盟图书馆联盟提出的区域元数据集，它包括了顶层浏览元数据、组元数据、链接元数据、藏品元数据、来源元数据和特别链接元数据六个类型，主要内容包括了类型、列表、权限和地址四个属性（表4－1），这一文化遗产元数据体系的建立为欧洲文化遗产在线工程实现跨地域、跨国境、跨文化的欧洲文化研究提供了有效的技术支撑。

表4－1　　　　　欧洲文化遗产在线工程文化遗产元数据标准集

元数据	类型	键值
TopNavElement	Type：	ECHO_ collection
	Listed：	TopNavigationBar（always）
	Responsible Template：	main_ template
	Location：	/echo_ nav/echo_ pages/
Group	Type：	ECHO_ group
	Listed：	sideNavigationBar（always）
	Responsible Template：	group_ template
	Location：	/echo_ nav/echo_ pages/［topNavElement］/

续表

元数据	类型	键值
Link	Type：	ECHO_ link
	Listed：	sideNavigationBar，body（when group is selected）
	Responsible Template：	collection_ template or link_ template
	Location：	/echo_ nav/echo_ pages/［topNavElement］/［Group］/
Collection （藏品元数据）	Type：	ECHO_ collection
	Listed：	sideNavigationBar，body（when group is selected）
	Responsible Template：	collection_ template
	Location：	/echo_ nav/echo_ pages/［topNavElement］/［Group］/
Resource （来源元数据）	Type：	ECHO_ resource
	Listed：	sideNavigationBar，body（when collection is selected）
	Responsible Template：	resource_ template
	Location：	/echo_ nav/echo_ pages/［topNavElement］/［Group］/ ［Collection］
ExternalLink （特别链接 元数据）	Type：	ECHO_ externalLink
	Listed：	body（when group or collection is selected）
	Responsible Template：	externalLink_ template
	Location：	/echo_ nav/echo_ pages/［topNavElement］/［Group］/ ［Collection］or /echo_ nav/echo_ pages/［topNavEle-ment］/［Group］/［Collection］/［Resource］

2. 采用分布式协同保存系统

欧洲文化遗产在线工程在上述文化遗产元数据标准集的基础上开发了一套基于 B/S 架构的服务平台①，其信息提供模式（图 4－3）和系统运行方式（图 4－4）均采用了点对点模式的单线联系，以及分布式储存、集中化利用的协作分享方式，在兼顾协作效率和建设成本的基础上实现了欧盟文化遗产数字化信息的整合与利用。未来，欧洲文化遗产在线工程将以分布式计算和云储存作为发展方向（图 4－5），从而达到物理保存与逻辑归档分离，文化信息与虚拟应用结合的目标，并将结合现代信息技术的不断发展和文化遗产社会化利用程度的不断提升，实现文化遗产信息的在欧洲范围内的完全共享和便捷利用。

---

① ECHO. Workflows, 2013 年 12 月，欧洲文化遗产在线网站（http：//echo. mpiwg-ber-lin. mpg. de/technology/workflow/workflow2）。

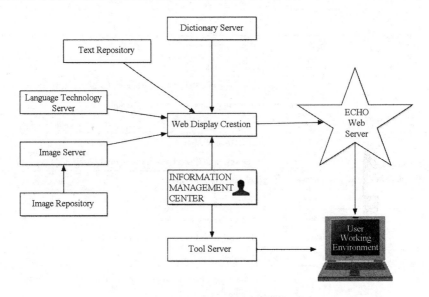

图 4 - 2　欧盟 ECHO 工程的信息提供模式

资料来源：ECHO. Workflows，2013 年 12 月，欧洲文化遗产在线网站（http：//echo. mpiwg-berlin. mpg. de/technology/workflow/workflow2）。

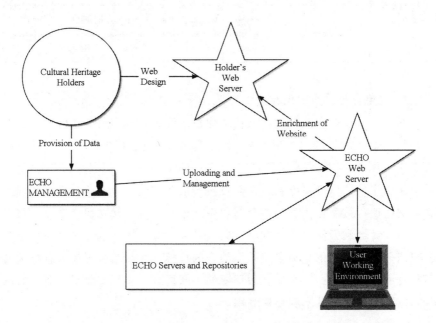

图 4 - 3　欧盟 ECHO 工程的系统运行方式

资料来源：ECHO. Workflows，2013 年 12 月，欧洲文化遗产在线网站（http：//echo. mpiwg-berlin. mpg. de/technology/workflow/workflow2）。

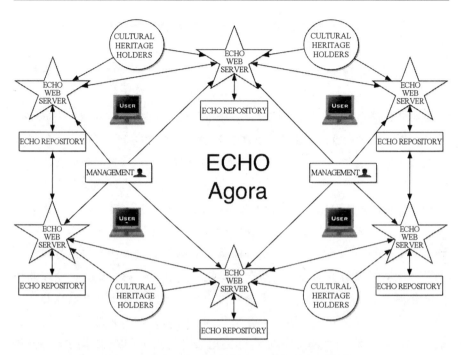

图 4 - 4 欧洲文化遗产在线工程的分布式计算模型

资料来源: ECHO. Workflows, 2013 年 12 月, 欧洲文化遗产在线网站 (http: //echo. mpiwg-berlin. mpg. de/technology/workflow/workflow2)。

综上所述, 为了实现欧洲文化遗产数字化保护和社会利用的总体目标, 欧盟 ECHO 工程采用现代信息技术, 将文化遗产数字化信息的保存与访问分离, 通过标准的统一和平台的衔接, 解决用户协作过程中的语言障碍、信息不兼容、成本高昂等问题, 将一个单独的、界面友好的集合范围点呈现在用户面前, 其必将成为欧洲文化遗产保护数字化的重要成果。可见, 吸收和转化信息科技的新成果为非物质文化遗产保护所用, 规范非物质文化遗产保护标准、优化非物质文化遗产保护流程、理顺非物质文化遗产保护体系将是我国非物质文化遗产保护机制构建的重要课题。

(二) 非物质文化遗产建档式保存机制

非物质文化遗产建档式保存是非物质文化遗产保护的重要工作之一, 其整体管控和标准设计尤为需要政府机构的全程参与。就国际非物质文化遗产建档式保存机制而言，韩国国家非物质文化遗产档案记录工程是一个典型代表。

　　韩国国家非物质文化遗产数字化档案记录工程是韩国文化财产厅直接领导下的重要工程。自 1962 年韩国《文化财保护法》正式颁布以来，以这一法案对文化遗产保护的要求为核心，韩国各级文化部门都对其辖区内的文化遗产开展了大量调查研究工作。其中，该法案中明确规定了以原真性保护为原则文化遗产档案记录工程，并对该工程的实施目标、实施对象和实施流程进行了界定和表述。同时，法案还提到对无形文化财（非物质文化遗产）的保护包括指定调查对象、制作相关文本、拍摄纪录片等具体举措。

　　从整体上来看，韩国全国范围内的非物质文化遗产调研工作归口在韩国国立文化财研究所，研究所一方面要对非物质文化遗产调研进行规划和记录，同时还要对非物质文化遗产及其文化空间进行综合调查，获取非物质文化遗产保护和保存的第一手资料。而上述调研的成果和文献在归结为档案后，由韩国文化财厅负责保存与利用。目前，韩国非物质文化遗产的记录主要有三类，"一是通过非物质文化遗产的指定调查制作的文字报告书和调查过程中获得的音像及相片资料；二是基于非物质文化遗产田野考察相关成果的调研报告，其中包括文献、音像、电影等；三是根据上述调研和研究成果，对韩国全国的非物质文化遗产进行整理、汇编和提交的综合报告"。① 近年来，随着媒介技术和数字技术的发展与应用，韩国文化财产厅已逐步向一般公众文化开放遗产数字化信息，并在多地公共档案馆推行相关的信息服务。下文将从四个方面介绍韩国文化财厅、韩国国立文化财研究所的非物质文化遗产建档式保护机制。

1. 推动非物质文化遗产档案数字化工程

　　韩国非物质文化遗产建档式保护工作主要包括文字、图片和影像三种档案记录类型。对于馆藏非物质文化遗产文字档案而言，通过各种纸质文献修复手段对非物质文化遗产的纸制载体进行修复，再通过文字识别程序将纸质资料转化为数字化信息并对成果进行人工识别，最终形成以 PDF 文件为主的数字化非物质文化遗产档案并通过互联网向公众开放（图 4 - 5）。

---

　　① 朴原模：《韩国非物质文化遗产的记录工程与数码档案的构建》，《河南社会科学》2009年第 4 期。

　　对于非物质文化遗产音频档案而言，主要工作是对非物质文化遗产项目进行录音，并对发生粘连及剥落的音频磁带进行修复，再将其中的模拟音源信息转换为数字音源信息并转换为光盘、磁盘进行保存（图4-6）。到目前为止，韩国已基本完成对库存非物质文化遗产音频数据的数字化工作，分类出版了大量音乐光盘。

图4-5　韩国非物质文化遗产纸质档案的诠释与资料比对作业
资料来源：拍摄于韩国国家记录院。

图4-6　韩国非物质文化遗产音像档案的修复作业
资料来源：拍摄于韩国国家记录院。

就非物质文化遗产图片档案而言，主要的数字化工作内容是"将非物质文化遗产图片、幻灯胶卷等内容通过扫描仪转化为以 TIF 格式和 JPG 格式为主的数字化资料（图 4 - 7），进而实现网络传输和社会共享。该项目还同步对 1965 年前后，韩国采用 16mm 电影胶卷拍摄的非物质文化遗产影片进行了修复作业和数字化工作"①。

图 4 - 7　韩国非物质文化遗产图文档案的修复作业

资料来源：拍摄于韩国国家记录院。

2. 采用通用型电子文件标准

为了提高电子文件的通用性和安全性，"韩国政府专门设立了电子文件认证管理员（CeDA，Certified e-Document Authority，电子文件认证管理局），它通过获信的第三方将 CeDA 的认证数据和需传输与保存的电子信息进行整合储存、同步传输，进而实现电子文件的安全储存和权限控制。"② 该项目不仅用在非物质文化遗产数字化档案的传输控制与访问控制方面，而且还可以用于电子政务、电子商务等行业环境，具有较好的通用性和兼容性。通过将韩国非物质文化遗产建档式保护的成果纳入电子文件认证管理局的管理，通过全社会均摊成本来实现对非物质文化遗产数字

---

① Yu-Fan Wu, "A Comparative Study of the President Records Management between Taiwan and Korea". *Journal of Library and Information Studies*, Vol. 5, 2013, p. 71.

② 林元尚：《CeDA：韩国无纸贸易先行者》，《电子商务世界》2008 年第 7 期。

化档案的低费高质式管理。为此，联合国电子商务与贸易便利化中心亚洲首席代表、韩国电子商务研究所电子商务标准组负责人林元尚指出，"韩国政府正不遗余力地推动 CeDA 电子文件标准成为 ISO 组织中电子文件核心标准之一"①。

3. 推行档案标准法制化进程

韩国政府于 2007 年全面贯彻实施了公众档案管理法（PRMA），要求韩国政府内有关机关对档案负有强制性责任，同时根据这一原则对相关的法规执行条例作了修订。就数字档案而言，"该条例规定了数字档案在产生、传递和保存过程中的管理标准，即采用美国电子档案管理标准（DoD 5015. 2-STD）作为韩国数字档案的基础标准。而对于数字档案的流程管理方面，则采用了澳大利亚电子档案管理标准（VERS），对韩国电子档案的鉴定、流转和保管进行管理和界定"②。

4. 组建非物质文化遗产档案信息系统

韩国的非物质文化遗产档案信息系统由档案管理系统（记录管理系统）和文件系统（档案系统）两个模块组成，主要是由非物质文化遗产保护主体在实施保护工作的过程中形成的各种文件资料和记录等载体再经由韩国国立文化财研究所筛选后，将筛选后所得信息依照相关规范和格式形成非物质文化遗产档案，并对其进行数字化转换，将非物质文化遗产数字档案交由非物质文化遗产数字档案信息系统进行保存和传递，同时将档案的正本以及相关支撑文献，如声音、照片、录像等内容分别交由韩国文化财厅和韩国国立文化财研究所保存。就非物质文化遗产数字档案信息系统的组成而言，其主要包括电子文件系统、电子文件传递中心、记录管理系统和档案管理系统。为了实现韩国电子文件管理的专业化，韩国政府实行档案数字化技术支持同档案管理分离的工作方式，具体而言，非物质文化遗产档案数字化的作业部分以及保存部分，由韩国电子文件认证管理局负责，国立文化财研究所负责非物质文化遗产档

---

① 林元尚：《CeDA：韩国无纸贸易先行者》，第三届 APEC 电子商务工商联盟论坛，2011年。

② 肖文建：《数字化民主的希望与风险——韩国电子档案管理改革及其对我国的启示》，《档案时空》2012 年第 6 期。

案的知识产权、法律法规、政策导向等内容的研究与制定，而具体的业务运作、项目管理和保护指导则由韩国国家记录院和韩国文化财厅负责。具体而言，非物质文化遗产档案信息系统负责非物质文化遗产数字档案文件产生、流通和发布工作，其中非物质文化遗产数字档案文件传递中心由韩国电子政府局负责运作，记录管理系统和档案系统则在韩国国家记录院的业务支持下，由韩国文化财厅和韩国国立文化财研究所进行管理（图4-8）。

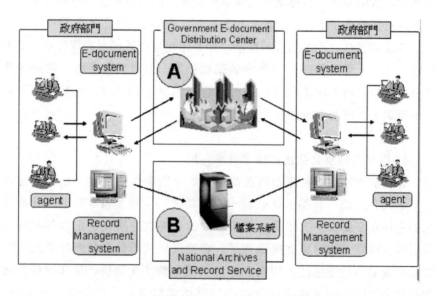

图4-8   韩国非物质文化遗产数字档案流转业务流程

综上所述，韩国非物质文化遗产数字化保存机制建立在大量新兴技术应用上，同时，为了在低成本与高效益之间获得平衡，该机制的建立还大量引入了通用性商业标准和国外电子文件生成与保管标准，同时将非物质文化遗产数字档案的前端数字化部分和后端保存部分进行分离，这种技术与应用的分离设计为非物质文化遗产数字化提供了更加专业的路径保障。但从另一个角度来看，由于韩国未投入资金和技术研发自有知识产权的非物质文化遗产数字化保存体系，在信息标准、信息系统的设计上受制于人，其信息安全风险在系统使用和信息传递过程中将会扩大。

可见，我国非物质文化遗产数字化保存机制的设计不仅要做到与国际标准兼容，增大其应用范围、降低整体应用成本，同时还要注重自有知识产权，保证我国非物质文化遗产数字信息和信息系统的整体安全。

（三）文献遗产数字化共享机制

加拿大国家图书档案馆（Liberary and Archives Canada，LAC）是根据"2004 年 4 月 22 日通过的《加拿大图书档案馆法》的要求，由原国家图书馆和国家档案馆合并而成"。① 新馆成立后，通过文献传递、综合阅览、信息发布等方式，为加拿大社会提供了大量的知识信息服务，并逐渐成为一个国家级别的学术团体和创新机构。从整体上来看，LAC 成立的主要目的在于"为了推动和实现加拿大国内具有历史价值、文化价值和应用价值的各类知识的长期保存和有效保护，使其成为加拿大社会发展和历史延续的基础，并为实现上述目标提供支持，成为加拿大政府及其机构的可持续记忆存储器"②。

LAC 目前拥有"2 千万册文献资料，其中包括：2100 万张照片（最早追溯到 1710 年）；包括完整纪录片、有声电影、无声电影、黑白影片、彩色影片等类型在内的 7.1 万余小时的影片；27 万余小时的录音（最早追溯到 1897 年）；2.6 万种可在线访问的书籍和期刊、4.5 万余份数字化论文、3 万多份出版物"③。为了实现上述文献遗产资源的数字化共享，加拿大国家图书馆自 20 世纪 60 年代末开始采用机读目录格式编制联合目录的工作，1995 年到 1999 年间完成了数字化图书馆的第一阶段工作，为加拿大各界提供了约 2000 万条书目和约合 4000 万藏品的数据查询服务。

自 2003 年加拿大 LAC 工程启动以来，加拿大政府为全国文献遗产数字化共享制定了"图书导航计划"，经过多年的调试运行，"截至 2013 年加拿大 LAC 工程已生成较为完备的加拿大虚拟联合目录"④，该目录可用

---

① 马林青：《加拿大联邦政府电子文件管理策略分析》，《档案学研究》2010 年第 6 期。

② LAC. "Our Mandate". 2013. http：//www. bac-lac. gc. ca/eng/about-us/Pages/our-mandate. aspx

③ LAC. "About Collection-Over-view", 2013. http：//www. collections-canada. gc. ca/collection/003-300-e. html

④ LAC. "Federal Libraries Coordination Secretariat（FLCS）", 2013 年 6 月，加拿大国家图书档案馆网站，http：//www. collectionscanada. gc. ca/flcs-scbgf/index-e. html。

来同步、查询和索引多个跨行业、跨部门、跨地域、跨国境的多门类数据库，显著提高了研究人员的信息获取能力，提高了馆际互借的效率和准确性，为实现跨行业、跨部门的非物质文化遗产数字化共享机制提供了宝贵的经验。

由于加拿大 LAC 工程担负着为加拿大各行业领域提供知识信息和创新支持的重要使命，为此，"该工程面向社会应用，采用任务驱动的方式对图书和档案服务进行了优化，其中知识信息的跨行业，跨部门运用是一项重要工作"①。为实现上述面向需求和应用的目标，加拿大 LAC 工程制定了包括文献遗产的有效保存、文献遗产的有效访问、文献遗产的有效传承和加拿大政府信息资源的有效管理四个方面在内的实施体系（表 4 - 2），并为此设立了 9 个常设部门（表 4 - 3）和来自于加拿大各行业领域的众多人员（图 4 - 10）为实现上述目标服务。

表 4 - 2　　　　　　　　　　加拿大 LAC 工程的内容设计

应用问题	问题表现	应对举措	应对技术	应对机构
文献遗产的有效保存	文献遗产的所有者众多，保存环境参差不齐。文献遗产的载体受到时间和环境的影响，产生了损毁和消失。	通过构建 LAC 的控股公司从个人、私人机构和商业公司购买包括政府文件、私人文件、出版物等在内的文献遗产，并将所购文献遗产纳入 LAC 的馆藏管理。基于文献遗产制定普适性数字化存储方式，同时对文献遗产进行数字化储存和实体化储存，确保文献遗产的长期保存。	使用互联网数据挖掘工具，开展 Key-stone XL 项目来识别和收集数字信息。基于多媒体的文献遗产数模转换技术，实现加拿大文献遗产的相互转换。	馆长办公室法人政策与通信部信息资源管理部研究与信息服务部

① LAC, "Departmental Performance Report 2012 - 13: Table of Contents, Message from the Minister, Section I", 2013 年 6 月，加拿大国家图书档案馆网站（http://www.bac-lac.gc.ca/eng/about-us/departmental-performance-reports/departmental-performance-report - 2012 - 2013/Pages/dpr-toc-mess-sec1.aspx#2）。

续表

应用问题	问题表现	应对举措	应对技术	应对机构
文献遗产的有效访问	现代社会对文献遗产的利用模式和文化遗产受众的信息接收方式均发生了较大变化，原有的文献遗产传递、传播和传承方式已逐渐难以适应现代社会发展的需求。	成立专门工作小组对文献遗产的价值进行鉴定、评估并形成程序化决策机制和管理发展框架，指导 LAC 对跨行业、跨部门文献的管理工作。 开展隶属 LAC 项目的原真性数字存储表达项目，旨在建立一个具有公信力的文献遗产数字储存库，为文献遗产的虚拟还原，构建支持诸如政府公文格式、Blog 格式、Wiki 格式、Facebook 格式和 Twitter 格式等以社交媒体为特色的国际文献遗产交流平台打下良好基础。	采用元数据技术构建同时支持出版商和联邦政府的信息资源评估体系，完成文献遗产的鉴定工作。 采用 Z39.50 标准实现文献遗产数字资源的跨语言、跨平台、跨系统访问，促进跨行业、跨部门文献遗产数字化共享机制的实现。	馆长办公室 国内与国际计划部 信息资源管理部 研究与信息服务部 信息技术服务部
文献遗产的有效传承		充分依托个人、私人企业和商业公司，采用数字方式开展基于加拿大 LAC 项目的文献遗产全媒体信息制作工作，从而在成本、时间、管理和表现形式上达到较好的效果。 开展对文献遗产的全媒体表达工作，运用多媒体技术和文献遗产数字化技术，以制作文献遗产纪录片为举措，以 Youtube、Facebook 等网络传媒为平台，充分利用社交媒体传播加拿大文献遗产信息。	针对现代数字媒体的发展趋势成立 LAC 数字媒体小组，专门面向互联网用户提供文献遗产信息提供的支持服务。 综合使用元数据技术和 Z39.50 标准实现与加拿大 LAC 项目与主流社交媒体的数据接口、数据格式和数据码率的兼容。	馆长办公室 信息资源管理部 研究与信息服务部 信息技术服务部

续表

应用问题	问题表现	应对举措	应对技术	应对机构
加拿大政府信息资源的有效管理	政务信息公开和政府决策支持均需要大量文献遗产和数据资源作为支撑，现阶段政府信息资源管理水平和智库支持深度有待提升。	LAC与加拿大财政部委员会秘书处合作，参与加拿大联邦政府在政务信息管理方面的业务指导，引导和督促加拿大联邦政府对政府信息资源进行有效管理。确保政府信息资源安全、有效和持久地转移到LAC。　　LAC与财政部工作委员会秘书处（TBS）和加拿大学校的公共服务合作，对联邦政府的发展政策、行政指令、培训文档、决策工具、预测模型等内容进行帮助和指导，同时协助其构建门户网站和交流空间，帮助行政机构职员分享其工作成果。　　依托LAC项目的现有成果和软硬件资源，采用全新文献转移架构组建加拿大区域信息服务中心，为政府信息储存服务。	确立《加拿大图书馆与文献法案》，通过法律明确政府公文的保管与移交责任，保证公文文献的长期保存。　　依托文献遗产、智库资源和数字技术手段，在保证知识访问、数据挖掘、电子政务等功能的基础上建立国家行政决策支持体系。	馆长办公室国内与国际计划部信息资源管理部研究与信息服务部信息技术服务部

表 4－3　　　　　　　　　加拿大 LAC 工程的组织设计

管理核心	一级组织	二级组织
馆长	馆长办公室	图书馆之友
	法人、政策和内务通信部	市场与出版小组
		政策与规划小组
	国内与国际计划部	
	信息资源管理部	
	管理服务部	主任办公室
		财务组
		设备与专项计划小组
		金融与管理系统小组

续表

管理核心	一级组织	二级组织
馆长	管理服务部	机构更新与开发小组
		人事运筹组
		安全组
		员工关系与赔偿小组
	采选与书目服务部	采选小组
		书目存取小组
		书目服务小组
		计划与管理小组
		系统小组
	馆藏信息服务部	主任办公室
		加拿大文献研究服务小组
		藏书管理小组
		雅各布·默·罗伊专藏小组
		音乐小组
		公共计划小组
		善本书收藏小组
		参考与信息服务小组
		系统小组
		资源共享服务小组（下设图书交换分组、馆际互借分组）
	信息技术服务部	馆藏应用技术管理小组
		信息分析与标准小组
		系统与电通讯支持小组
		用户支持小组

综上所述，加拿大 LAC 项目借力于全球信息技术的发展与变革，推动 LAC 实现了从传统文献资料收藏机构向文化遗产数字机构的历史性转变，同时也完成了从传统档案信息托管者向社会知识提供与服务者的取向转变。可见，LAC 项目的建设目标在于为应对未来知识经济发展，向加拿大全社会提供知识储存和价值创造的系列服务。为此，LAC 项目在政策、程序、工作流程、技术标准和人员配置等多方面对传统图书和档案服

务流程进行相应改变和革新，实现了跨行业、跨部门的文献遗产和智力支持。可见，全民参与和社会利用下的非物质文化遗产保护将是未来的主流，为此在我国非物质文化遗产保护机制构建过程中，基于我国现行非物质文化遗产保护机制的现状和特点，面向社会需求和保护利用，采用和内化国外的先进技术和成功经验，进一步推动我国非物质文化遗产保护工作向更高层面发展。

（四）非物质文化遗产信息资源共享机制

为满足我国城乡居民不断增长的文化需要，从 2002 年起由文化部牵头，国家多部委联合组织了以文化惠民为主要内容，以提供良好社会风尚、保护传统文化、推动社会发展为目的的惠民工程——文化信息资源共享工程。

文化信息资源共享工程运用互联网、广播电视网和无线通信网三网融合技术，通过覆盖全国的各级文化机构、图书馆、博物馆、展览馆、社区文化中心等公共文化服务设施，在全国范围内传播我国优秀的文化资源，并致力于推动上述资源的共建与共享。经过十余年的持续开展，该项目已经建立了一个以国家、省、市、县、乡、街道、村（社区）为主体的七级数字文化服务结构体系，形成涵盖艺术、专题、讲座等内容，包括大量非物质文化遗产数字资源的数字化资源库。"十二五"期间，文化信息资源共享工程计划在原有基础上进一步运用先进的数字化保存与传播技术，拓展服务网络和技术平台，"实现数字资源总量 530TB、服务网络覆盖城乡，公共电子阅览室覆盖全国，信息入户率达 50% 的整体目标。"①

文化信息资源共享工程的管理机制实行国家中心、省级分中心和基层中心的三级垂直模式，通过在网上建立信息系统导航和信息共享服务来完成非物质文化遗产信息资源的共享（表 4－4、表 4－5）。此外，共享工程在技术实现上采用了 B/S 架构，在上述三级中心中搭建了高速服务器和快速信息网，从而为有效发挥各级中心的服务职能提供了良好的硬件保

---

① 国家数字文化网：《全国文化信息资源共享工程介绍》，2015 年 8 月，国家数字文化网站（http：//www.ndcnc.gov.cn/gong cheng/jieshao/201212/t20121212.htm）。

障，"初步满足了基层群众'求知识、求富裕、求健康、求快乐'的需求"①。此外，通过对各级文化共享中心的网络互连，采用数字化储存、构建数据库、实现数字传播等举措，推动并实施文化信息的共融共享，为"推进公共文化服务均等化，提升全民文化信息素质，保障广大人民群众基本文化权益等工作"② 提供文化支持。

表 4 - 4　　　　　　　　　　文化信息资源共享工程的系统构成

系统组分	内容模块	主要功能
网络平台	数通模块 压缩模块	通信与压缩功能：利用现有主干信息网络和信息技术，采用数字化传输技术和保存技术，实现文化信息的资源共享和快速传递。
国家中心系统	数字化产出模块 信息资源标准模块 信息传播查询模块 数据信息支持模块 多媒体数据传输模块	产出功能：通过资源加工软件和系统储存设施，构建文化中心数据库和目录库。 转换功能：运用数据列表和数据规范，将各类格式的数字化信息转化为数据库标准格式。 服务功能：对文化信息的相关元数据提供定位和查询。 支持功能：对文化信息的对象数据进行分析、提取、传递和反馈等一系列应用服务。 传输功能：根据下级中心的信息需求，结合本级中心的现有数据，提供相应数据服务。
省级分中心系统	数据查询模块 资源服务模块 资源传输模块 资源索取模块	资源获取功能：向国家中心提出数据查询，通过资源服务模块和资源传输模块对资源提出索取和传输请求，得到所需数据后装入本地资源库。
基层中心系统	查询模块 支持模块 索取模块	资料表现功能：将国家中心的数据信息通过多种方式传播到社会受众面前。

---

①　国家数字文化网：《全国文化信息资源共享工程介绍》，2015 年 8 月，国家数字文化网站（http：//www. ndcnc. gov. cn/gong cheng/jieshao/201212/t20121212. htm）。
②　同上。

表 4 – 5　　　　　　　　　　文化信息资源共享工程的共享模式

层次	业务内容	数据存储	共享方式
国家中心	国家中心是全国相关信息的汇集中心、处理中心和管理中心。它既要负责文化信息的整体汇总，也要为下级机构提供文化信息的更新、传递和服务支持。	整合全国数字文化资源，具体内容包括，数字图书馆资源库、图书期刊资源库、素材资料库等方面。制定全国数字文化资源共享标准与实现平台，其数字资源形式主要包括，MARC、TXT、DataBase、等文件。	网络条件较好的地区，可采用需求定制的模式，由国家中心提供数据库，由下级中心按照自身需要针对性下载和在线获取文化资源信息。网络条件较差的地区，采用卫星广播的方式发送整体打包文件来进行传输。无网络地区，国家中心根据下级中心的定期请求和不定期申请，将其所需的数字化文化信息刻录为光盘，通过邮政或快递发往所需地区。
省级分中心	在省级、市级、区级地区建设分中心，通过该地区的互联网服务为用户提供信息资源，同时根据现实需求建立行业归口的分中心，负责对以学校、企业、机关等行业用户提供服务。	在互联网基础条件较好地区，通过获取国家信息目录，并根据目录的内容，结合自身需求进行选择和同步。网络条件较差地区，通过卫星微波通信通道来同步国家信息目录，然后将需求汇报给省级中心，再由省级中心将该区域需要的信息下载后送交到需求方。	不具备网络条件的地区，将国家信息目录存放在本地计算机中，需求方首先在目录中选定需要的信息资源，再通过定期与国家中心同步下载选定信息资源。具备网络服务条件的地区，除了可以采用上述信息获取方式之外，也可采用网络直接点播和选取的方式，将需求方的信息直接链接到国家中心服务器索取服务。
基层中心	依托互联网接入系统和局域网系统，以不同行政级制的单位、学校等机构为主体，建立基层中心。	网络设施设备完善的基层中心，可在省级分中心上使用互联网下载信息。网络设施设备较差的基层中心，应根据服务对象的需求，先通过省级分中心获取相关信息的数字化目录，然后根据目录的内容进行选择性下载，从而降低国家中心系统的运行压力。没有任何网络设施设备的偏远基层中心，可定期接受上级中心发布的各类数据包，采用光盘的形式通过邮政体系进行传递。	基层中心的相关信息放在本地计算机上，需求方只能访问本地计算机。

综上所述，共享工程的实施是我国首次采用数字化技术，在全国范围内进行文化普及和信息传播的积极尝试，它是顺应全国广大人民群众对文化迫切需求的重要工程，它对提升我国民众的文化素养，具有重要的意义。对比国际先进水平可以发现，现阶段中国文化信息共享工程的核心还是信息传输技术，一方面在信息标准方面虽采用了自主开发"内容定位（VCL）开关元代码软件系统和'移播宝'内容盒硬件系统"，[①] 但其与国际先进水平相比还存在一些差距；另一方面，在传输内容的整合上还处在简单罗列阶段，信息挖掘和信息分析的水平较低。可见，未来中国文化信息资源共享工程提升与发展的空间都十分巨大。

（五）文化与科技融合的非物质文化遗产保护机制的总结

1. 推动法规建设

文化遗产法根植于特定国家的历史文化发展过程，是保存国家和民族精神和文化传统的基本规则和总体制度。我国非物质文化遗产保护法规是中国特色社会主义法律体系的一个重要组成部分，自 1949 年新中国成立以来，我国在非物质文化遗产保护方面的法规主要包括两个方面："其一，是《宪法》和《民族区域自治法》所确立的基本法律依据和准则；其二，是非物质文化遗产保护的专门性法律、法规和规章等"。[②]

通过对国外非物质文化遗产保护案例的分析，结合我国非物质文化遗产保护法规的现状，我国非物质文化遗产保护法规应在如下方面加大实施力度。

（1）尽快完善非物质文化遗产法律法规体系

以韩国国家非物质文化遗产数字化档案记录工程为例，其以"公众档案管理法"为核心，并为此设立了一套较为完备的保护体制和法规体系。它采用以登记保护和分类保护为核心的、层次分明的保护体制，通过整体管理、政策引导、资金帮扶等举措实施保护工作，从而对非物质文化

---

① 李幼平、陈谋松：《共享数字化的播存技术》，2015 年 8 月，国家数字文化网站（http：//www. ndcne. gor. cn/gong cheng/jiesheo/201212/t2012214_ 498327_ 3. htm）。

② 王云霞：《文化遗产法：概念、体系与视角》，中国人民大学出版社 2012 年版，第 7 页。

遗产进行科学管理和有效利用。现阶段，我国虽已颁行了《中华人民共和国非物质文化遗产法》，但它只从全国层面对我国非物质文化遗产保护提出了总体性要求，但在省市层面的非物质文化遗产法规制定方面尚有较大空白。可见，我国应在《非物质文化遗产法》的大原则下，应尽快将保护标准、保护体制和保护举措纳入到各级行政区域的非物质文化遗产立法进程中来。

（2）尽快统筹全国非物质文化遗产保护行政体系

统一和有效运转的行政管理，是构建文化遗产法律法规体系的重要基础。从欧洲 ECHO 项目经验来看，专门的文化行政管理部门对全国文化事业的有序开展至关重要。此外，欧洲 ECHO 项目为了解决域内各国在非物质文化遗产保护上出现的管理冲突和行政矛盾，专门设立了"联合协调办公室"对上述问题进行协调。从我国现行的非物质文化遗产管理与保护体系来看，行政化程度较高、科技化程度则较低，具体表现为交叉管理、界限不明等问题，可见，我国应借鉴欧盟经验，尽快建立一个行之有效、高效运作的非物质文化遗产行政管理体系。

（3）尽快设立专业性非物质文化遗产保护专门机构

非物质文化遗产保护专门机构是保证非物质文化遗产保护工作在实施过程中，能按照科学、有效的方式对被保护对象实施保护，同时该机构也是全社会共同参与非物质文化遗产保护的基础，即推动科研院所、研究机构、大专院校和私人团体等在同一个非物质文化遗产保护目标下形成结合点。就我国非物质文化遗产保护现状来看，现行体制和现行制度都只对非物质文化遗产保护的管理能级和管理范围进行了界定，而对非物质文化遗产保护的科学性和有效性则涉及较少。此外，我国非物质文化遗产保护机构的组成和来源亦较为单一，尚未充分吸纳科研院所和各类高校的研究资源。为此，应借鉴加拿大 LAC 工程经验，在我国各级各类文化行政管理部门中设立非物质文化遗产保护专门机构，一方面从学科研究和系统保护角度组建专门委员会，对非物质文化遗产的摸底调查、评选登录等工作进行指导和监督，另一方面也以该机构为纽带，促进社会各界参与和融入非物质文化遗产保护工作之中。

2. 构建保护体系

整体性保护有助于客观全面地保护非物质文化遗产，而融合新兴科学技术实施整体保护是全球非物质文化遗产保护的总趋势。为此，联合国教科文组织大会第 17 届会议通过的《保护世界文化和自然遗产公约》第 5 条第 2 款和第 5 条第 3 款分别指出，"建立一个或几个负责文化和自然遗产保护、保存和展出的机构，并为上述机构配备适当的工作人员和职能手段，发展科学和技术研究，并制定出能抵抗威胁本国文化或自然遗产危险的实际办法。"① 从上述建议中我们可以看出，保护技术与保护体系天然相关：

（1）采用数字化保护技术推动非物质文化遗产整体保护

从韩国构建"国家非物质文化遗产数字化档案记录工程"的历程中可以看出，非物质文化遗产数字化整体保护平台是未来非物质文化遗产保护和利用的基础，它以档案学的成熟理论为基础，采用多种数字化保护方法保存包括图像、影像、声音、文字等非物质文化遗产信息。这种数字化的非物质文化遗产存储管理方式，不仅方便了非物质文化遗产信息的远程应用和传递，改进了组织形式、提高了信息传播速度、扩大了非物质文化遗产信息的利用范围，而且能基于数据库大数据分析和评价监管技术，实现非物质文化遗产资源的动态保护与决策支持，从而为实现非物质文化遗产整体保护奠定基础。

（2）全面推进非物质文化遗产数字化信息的社会利用

从欧洲 ECHO 项目和加拿大 LAC 项目的数字化保护工作中均可发现，利用非物质文化遗产数字化信息的基础数据，采用元数据技术、虚拟现实技术和资源图谱技术等先进科技，整合老数据，规范新数据，形成非物质文化遗产数字化信息库，可使公众在一站式服务的支持下较为全面地了解非物质文化遗产所反映的历史文化信息。同时，非物质文化遗产数字化保护还可以通过互联网，采用网站、微博、微信、Twitter 等传播平台，不断提高非物质文化遗产信息传播的广度，提升非物质文化遗产公众信息的传播效率，降低公众获取相关信息的难度。

3. 开拓参与机制

上述案例和经验均对我国非物质文化遗产保护机制的构建具有一定的

---

① 北京大学世界遗产研究中心编：《世界遗产相关文件选编》，北京大学出版社 2004 年版，第 4—5 页。

启示作用，即解决非物质文化遗产社会化保护的关键，就是应该面向社会需求，构建出相应的决策与支持机制。

（1）提高公众参与遗产保护的积极性

为提高公众参与非物质文化遗产保护的热情，我国可以借鉴欧洲ECHO项目传播传统文化、普及非物质文化遗产知识、发掘传统精髓的方法，开展类型多样、受众广泛的社会化非物质文化遗产认知活动。为此，应该根据我国非物质文化遗产的特点，结合各地不同的自然环境和人文背景，通过开展各类非物质文化遗产保护活动，推动非物质文化遗产社会化保护和生产性保护，促进社会公众对非物质文化遗产的体验和感知，促使公众关注非物质文化遗产、认识非物质文化遗产、研究非物质文化遗产，在潜移默化中逐步既提升非物质文化遗产的社会认知度和认可度，也教授给社会公众众多非物质文化遗产保护方式，不断激发社会公众的保护行为。

（2）拓展我国公众参与遗产保护的渠道

目前，我国公众参与非物质文化遗产保护的实际工作主要有三个方面：一是各级各类官方活动；二是民间社团组织的保护活动；三是公众个人的遗产保护行为。由于我国非物质文化遗产管理一直由政府主导，非物质文化遗产民间组织的发展还不完善，如果照搬外国的非政府组织的"自下而上"公众参与经验，极有可能在组织活动过程中偏离非物质文化遗产保护倡导目标，反而对我国非物质文化遗产保护产生消极作用。可见，应根据我国非物质文化遗产保护的现状和需求，本着"文化行政管理部门主导、社会多方共同参与"的基本原则，群策群力地从多方面为非物质文化遗产保护提供包括行政、技术、资金等多方面支持。同时，大力发展以非物质文化遗产保护为主要职能的非政府组织和民间团体，在吸收大量社会力量形成非物质文化遗产保护合力的同时，优化我国非物质文化遗产保护体系，推动我国非物质文化遗产保护的非政府组织和民间团体成为文化行政管理部门和非物质文化遗产保护行业的有益补充，促进非物质文化遗产全社会共同保护、共同传承的发展态势。

4. 推动生产性保护

就现阶段我国非物质文化遗产资源的开发利用状况来看，有一些地方还存在"重经济效益、轻非物质文化遗产保护"的现象，具体表现为按照现代人的审美标准随意篡改非物质文化遗产、以非物质文化遗产为噱头开发旅游度假村和旅游地产、罔顾传统民俗人为改变节庆内涵等方面。如若对上述破坏非物质文化遗产的开发利用行为不加以改正制约，将对我国非物质文化遗产保护事业带来巨大的危害。可见，从体制和意识两个层面对非物质文化遗产开发利用进行导向和制约，推动社会效益和经济效益相结合是我国未来非物质文化遗产开发利用的重点方向。

结合欧洲 ECHO 项目在推动非物质文化遗产保护利用方面的成功经验，即在"欧洲文化遗产在线标准"的制度体系与技术框架下，将非物质文化遗产的研究保存机构（如，档案馆、图书馆、研究院等）和非物质文化遗产的传承、展示、利用机构（如，行业协会、艺术中心、社会团体等）进行整合。在保障社会效益的基础上，促进非物质文化遗产的生产性保护，推动非物质文化遗产的传承与振兴。反观我国某些行业协会和社团组织在非物质文化遗产保护工作中的作用，与欧洲 ECHO 项目的实施成效间尚有较大差距。其中，既存在行为协会对非物质文化遗产保护认识不足，非物质文化遗产利用兴趣不高的现象，也存在社团组织缺乏非物质文化遗产研究保存机构的专业指导，无法将非物质文化遗产的保护与利用同社会进步和经济发展进行适当结合。

可见，我国非物质文化遗产保护的现行机制还需进一步调整和完善，应在合理适当的基础上推动我国非物质文化遗产生产性保护工作，逐步使我国非物质文化遗产保护由单纯依靠政府财政拨款，改为依靠非物质文化遗产生产性保护和社会化利用产生经济价值，推动非物质文化遗产融入现代社会和人民生活。

五　基于文化与科技融合的非物质
文化遗产保护机制的模型构建

　　《中共中央关于深化文化体制改革推动社会主义文化大发展大繁荣若干重大问题的决定》中提出"文化与科技融合"重大战略,为推动我国非物质文化遗产保护指明了方向。文化部《全国艺术科学研究"十二五"规划》提出要大力推动非物质文化遗产与自然科学、社会科学的交叉研究,这为中国非物质文化遗产保护领域的相关研究指明了方向。有鉴于此,基于上述两大文件的精神内涵,在对我国非物质文化遗产保护机制进行分析的基础上,将文化与科技融合的研究思路、理论构建和实现路径引入非物质文化遗产保护机制的研究之中,将对我国非物质文化遗产保护事业起到较好的推动作用。

（一）文化与科技融合的非物质文化遗产保护
机制的构建原则

　　从词源学的角度来看,机制是"结构和机器的操作原理"[1],即一种在运动过程中各种化学、物理性质变化的因果关系和结构关系。从管理学的角度来看,机制是"多个系统之间相互影响、相互作用、相互制约的要素集合"[2]。从文化遗产学的角度来看,非物质文化遗产保护机制是为了满足非物质文化遗产保护的需要,通过对保护工作中各类要素的推动引导和相互作用,进而形成的方式集合。其中,非物质文化遗产保护机制的

---

①　崔援民:《现代管理学原理》,中国经济出版社 2013 年版,第 214 页。
②　吕晓斌:《基于产权视角的自然文化遗产保护机制研究》,硕士学位论文,中国地质大学,2013 年,第 11 页。

界定要素包括名称、含义、作用方式、作用强度、作用范围和支撑要求（表5-1）。非物质文化遗产保护机制的内涵则包括以下四个方面。

第一，非物质文化遗产保护机制根据一定的既定规则进行自动运转，并随之产生可预见性的结果；第二，非物质文化遗产保护机制是为了实现非物质文化遗产保护的整体目标，是整合社会各方资源的中介物；第三，非物质文化遗产保护机制同非物质文化遗产保护工作直接相关，它是该项工作顺利开展的前提和基础；第四，非物质文化遗产保护机制是在非物质文化遗产保护工作中，根据非物质文化遗产运动变化的规律，基于我国非物质文化遗产保护现状和特点，根据文化行政管理部门的相关精神，从而总结出来的社会各部门在非物质文化遗产保护工作中的相互关系。

表5-1 非物质文化遗产保护机制的界定要素

内容	因素
名称	机制的名称是对机制的概括性界定和命名，表达了机制实现和运行的方向。
含义	机制的含义是机制实现的阐释，也是对机制内涵的限定与解答。
作用方式	机制的作用方式是机制在实现过程中的媒介和载体，即机制的系统功能与运行模式。
作用强度	机制的作用强度是在机制实施过程中的阶段性反应，同时调整非物质文化遗产保护过程中的实施范围和作用强度。
作用范围	机制的作用范围是机制在实施过程中所涉及的功能设置和持续时间。其中，功能设置是指在机制作用过程中，内部因素的交互程度和交互方法，持续时间是指机制作用过程的时间度量。
支撑要求	机制的支撑对机制的所处环境与组织系统提出了标准，并对机制的实施过程提出了要求。

文化与科技融合下非物质文化遗产保护机制运用文化与科技融合的研究方法和跨界成果，对我国现行非物质文化遗产保护机制进行优化和提升。文化与科技融合下非物质文化遗产保护机制借助我国现有体制要素的良好支撑，不断加大了文化与科技的融合范畴、加快了文化与科技的融合速度。促使我国非物质文化遗产保护事业在新时期能有效吸收和内化新兴技术的管理经验，推动我国非物质文化遗产保护向纵深发展。可见，文化与科技融合下非物质文化遗产保护机制的构建原则包括以下四个方面：

1. 规范化保护原则

经过多年摸索，我国已积累了大量包括文字、音频、视频等多种格式在内的非物质文化遗产数字化信息。但设备、标准和操作流程的多样性导致数字信息相互不兼容和"信息孤岛"现象时有发生。为保证非物质文化遗产信息的原真性和非物质文化遗产资源的活态性，应引入元数据研究的有关成果，结合档案学的成熟方法，对非物质文化遗产数字化信息的收集、整理、鉴定、保管、编目和检索提出指导性意见，引导非物质文化遗产数字化信息从无序走向有序，减轻人为主观因素对非物质文化遗产保护的影响，实现非物质文化遗产信息的档案化管理和数字化应用，提升非物质文化遗产数字化保护的有效性。

2. 平台化保护原则

"我国非物质文化遗产保护工作已经初具规模，它已具有系统性、科学性和规范性的特征。"① 但现有保护体系偏重于对非物质文化遗产项目和非物质文化遗产项目代表性传承人的保护，并为此构建了"非物质文化遗产名录"和"非物质文化遗产项目代表性传承人名录"两大名录保护体系。但在保护工作中，对影响保护成果推广应用的数据体系、保存方式、映射关系等关键要素尚未给予足够重视。为此，应在开放性、兼容性和普适性的前提下，规范非物质文化遗产数字化保护标准、研发非物质文化遗产数字化保护技术、拓展非物质文化遗产数字化保护方式、构建与之相适应的融合保护平台，使之成为全国非物质文化遗产保护机制的支撑要素，保障基于文化与科技融合下非物质文化遗产保护机制各组成部分的顺利对接和有效运行。

3. 集成化保护原则

随着中国经济社会的快速发展，急需新的保护理念和保护技术来应对非物质文化遗产保护机制工作所面临的冲击与挑战。就现状而言，现有的研究视野还局限于文化遗产学的学科领域空间内，以文化和科技融合为标

---

① 新华社：《文化部：我国非物质文化遗产保护体系初步形成》，2013 年，http：//www. gov. cn/jrzg/2012 – 06/05/content_ 2153951. htm。

志的交叉研究和融合应用较为少见。为此，应以档案学成熟理论为基础，将研究视野放大为确立非物质文化遗产的文化符号系统、文化结构系统和文化价值系统，结合全球数字化应用的发展趋势，选择并集成如虚拟现实展示技术、数据管理与分发技术等高新技术，创新非物质文化遗产保护机制的应用方式与实现途径，探索建立基于我国非物质文化遗产特性的集成技术标准和集成管理流程。

4. 社会化保护原则

面对我国分布广泛、特色各异、总量庞大的非物质文化遗产，传统的非物质文化遗产保护方式已不能完全满足我国非物质文化遗产整体保护的需要，突破性运用文化资源保护技术，加强非物质文化遗产生产性保护，实现非物质文化遗产的社会价值和经济价值已是当务之急。为此，应结合文物、民俗等各类典型非物质文化遗产的实际情况，针对各地非物质文化遗产的价值内涵和文化特征，以构建符合社会化需求的非物质文化遗产保护机制集成示范项目为举措，促进社会公众通过文化馆、图书馆、博物馆等公共文化平台分享非物质文化遗产保护机制的各类成果。

（二）文化与科技融合的非物质文化遗产保护机制的构建基础

"由于非物质文化遗产具有无形性、活态性、可接受性和目的性"[1]等特征，因此在构建文化与科技融合下非物质文化遗产保护机制的过程中，必须考虑到非物质文化遗产特点的要求和非物质文化遗产保护的需求。为此，分析非物质文化遗产及其保护工作的内涵将是制定非物质文化遗产保护机制的基础。

1. 以有效保护非物质文化遗产资源为基础

（1）非物质文化遗产资源的界定

资源在《辞海》中的解释是："在某个地区辖域内，所拥有的人、

---

① 毛巨山：《非物质文化遗产的特征及其保护的再认识》，《社会科学辑刊》2006 年第 5 期。

财、物资源要素总和"①。联合国环境规划署对资源的界定是"在特定环境和文化氛围中，能够提升人类社会劳动生产力，并能产生经济价值和提升域内人口生活质量和生活水平的因素集合体"②。马克思在《资本论》中对资源定义为"劳动和土地，是财富两个原始的形成要素。③"可见，上述界定对资源的表述都是从有形资源的角度进行阐释，即资源是一个既包括自然资源，也包括社会、经济、技术和其他要素的综合体，其中以人力资源、情报信息、知识组织等要素在内的人类劳动是组织、利用和整合资源并产生价值的能动要素。

就我国非物质文化遗产领域而言，基于上述对资源的界定和表述，结合我国《非物质文化遗产法》第四章第三十七条的规定"国家鼓励和支持发挥非物质文化遗产资源的特殊优势，在有效保护的基础上，合理利用非物质文化遗产代表性项目开发具有地方、民族特色和市场潜力的文化产品和文化服务"④，由此，笔者认为非物质文化遗产资源就是以非物质文化遗产代表性项目为主体，以非物质文化遗产代表作传承人为载体，能够被社会生活和经济发展开发利用，形成具有地方、民族特色和市场潜力的文化产品和文化服务的精神财富的总称。

（2）非物质文化遗产资源的内涵

①非物质文化遗产资源的内涵沿革

就国际而言，非物质文化遗产资源的内涵可从联合国教科文组织的有关文件中获得定性认知。第一，1989 年联合国教科文组织颁布的《保护民间合作建议案》，在"非物质文化遗产"概念尚未形成之前，对民间创作进行了初步分类，即"以民间创作为代名词的非物质文化遗产，包括文字、神话、风俗、美术等十一个大类"⑤。1998 年，联合国教科文组织在《人类口头和非物质文化遗产代表作条例》中"将'民间创作'的表述一致改为'口头和非物质文化遗产'，并且把文化场所或民间和传统表

---

① 夏征农、陈至立：《辞海》，上海辞书出版社 2009 年第 6 版编印本，第 461 页。

② 联合国环境规划署：《资源政策》，2014 年 6 月，联合国环境规划署网站（http：// www. unep. org/chinese/resourceefficiency/% E6% 94% BF% E7% AD% 96/tabid/4127/Default. aspx）。

③ 马克思、恩格斯：《马克思恩格斯选集（第四卷）》，人民出版社 1995 年第 6 版编印本，第 373 页。

④ 《中华人民共和国非物质文化遗产法》，2013 年，http：//www. gov. cn/jrzg/2011 – 02/26/ content_ 1811128. htm。

⑤ 夏征农、陈至立：《辞海》，上海辞书出版社 2009 年第 6 版编印本，第 461 页。

现形式被宣布为人类口头和非物质遗产代表作"①。2003 年联合国教科文组织基于 1948 年的《世界人权宣言》，1966 年的《经济、社会及文化权利国际公约》和《公众权利和政治权利国际公约》中对文化的相关表述，在充分考虑 1989 年的《保护民间创作建议案》，2001 年的《教科文组织世界文化多样性宣言》和 2002 年第三次文化部长圆桌会议通过的《伊斯坦布尔宣言》中对非物质文化遗产的相关表述，对非物质文化遗产的定义和内涵进行了梳理和明确，在《保护非物质文化遗产公约》中规定了非物质文化遗产包括 5 个基本类型，即"口头传统和表现形式，包括作为非物质文化遗产媒介的语言；表演艺术；社会实践、仪式、节庆活动；有关自然界和宇宙的知识和实践；传统手工艺。"②

　　就国内而言，我国对非物质文化遗产资源的认定工作主要从"十一五"期间开始着手，在吸收借鉴国际经验基础上，我国也逐步形成了一定的非物质文化遗产资源分类方法。在 2005 年颁布施行的《国家级非物质文化遗产代表作申报评定办法（暂行）》中对非物质文化遗产的类型进行了界定，即"非物质文化遗产是指各族人民世代相承的、与群众生活密切相关的各种传统文化表现形式（如民俗活动、表演艺术、传统知识和技能）以及与之相关的器具、实物、手工制品等和文化空间"③。同年 5 月，随着《中国民族民间文化保护工程普查工作手册》的正式发布，该手册在总结以往民族民间文化艺术调查研究的保护经验的基础上，采用当时先进的编码方法对非物质文化遗产进行分类，形成了"非物质文化遗产分类代码"。该分类代码是《中国民族民间文化保护工程普查工作手册》的第二部分，对我国非物质文化遗产的普查的分类产生了较强的指导作用。该分类代码将非物质文化遗产分为两层，第一层按学科领域分成 16 个基本类别（一级类）。它们分别为：

　　（一）民族语言；（二）民间文学（口头文字）；（三）民间美

---

　　① 联合国教科文组织：《人类口头和非物质遗产代表作条例》，2015 年 8 月，中国社会科学院民族文学研究所网站（http：//iel. cass. cn/news_ Show. asp? newsid = 3574）。

　　② UNESCO, "Convention Concerning the Protection of the World Cultural and Natural Heritage". 2013. http：//whc. unesco. org/en/conventiontext/.

　　③ 百度百科：《国家级非物质文化遗产代表作申报评定暂行办法》，2013 年，http：//baike. baidu. com/view/2483577. htm。

术；（四）民间音乐；（五）民间舞蹈；（六）戏曲；（七）曲艺；
（八）民间杂技；（九）民间手工技艺；（十）生产商贸习俗；（十
一）消费习俗；（十二）人生礼俗；（十三）岁时节令；（十四）民
间信仰；（十五）民间知识；（十六）游艺、传统体育与竞技。

在以上 16 个一级类的基本类别中，每一级类下又细分出二级子类，
作为非物质文化遗产分类代码结构的第二层。如，民间音乐类别下，又包
括民歌、器乐、舞蹈音乐、戏曲音乐、曲艺音乐和其他 6 个子类。

此后截至 2015 年 8 月，随着我国《国家级非物质文化遗产名录》的
四次公布，根据名录的申报要求，将我国非物质文化遗产共分为十个门
类，即"传统医药和民俗、民间美术、民间文学、民间音乐、传统戏剧、
民间舞蹈、传统手工技艺、曲艺、杂技与经济"①。

②非物质文化遗产资源的内涵表述

现阶段建构文化与科技融合下的非物质文化遗产保护机制，必须建立
在对非物质文化遗产资源进行有效认知的基础之上。同世界上多数国家一
样，"对我国非物质文化遗产资源的概念表述和内容分类，也经历了从照
搬国外经验到本土文化研发的过程，这也体现了我国非物质文化遗产保护
工作逐步完善、逐步发展和逐步成熟的历史过程"②。

非物质文化遗产资源的内涵的表述可以从宏观和中观两个层面进行展
开。宏观角度是从全国非物质文化遗产保护一盘棋的高度出发，根据我国
社会经济发展的现实条件和非物质文化遗产赋存的自身特点，充分考虑我
国各类非物质文化遗产之间存在的共性和差别，划定我国非物质文化遗产
的类型和要素，并以此作为我国非物质文化遗产分类体系的基础。现阶
段，"我国已建立起以国家、省、市、县为结构层次的四级非物质文化遗
产保护系统"③。为此非物质文化遗产资源的宏观分类如下（表 5 - 2）：

---

① 百度百科：《国家级非物质文化遗产名录》，2013 年 5 月，百度百科网站（http：//
baike. baidu. com/view/2262178. htm）。

② 周耀林、王咏梅、戴旸：《论我国非物质文化遗产分类方法的重构》，《江汉大学学报》
（人文科学版）2012 年第 4 期。

③ 凌照、周耀林：《我国非物质文化遗产保护政策的推进》，《忻州师范学院学报》2011 年
第 6 期。

表 5 – 2　　　　　　**我国非物质文化遗产资源的宏观分类**

非物质文化遗产宏观分类	非物质文化遗产总数	非物质文化遗产项目代表作
人类口头和非物质文化遗产代表作名录	30 项	昆曲、古琴艺术、新疆木卡姆、中国传统桑蚕丝织技艺、中国书法、中国剪纸、宣纸传统制作技艺等。
国家级非物质文化遗产	1372 项	荆州鼓盆歌、山西左权开花调、蒙古族长调民歌、宜昌宜都市青林寺谜语、苏州评弹（苏州评话、苏州弹词）。
省级（包括直辖市、省、自治区）非物质文化遗产	10307 项	桑植民歌、澧水船工号子、滩头木版年画、武汉高洪泰铜锣制作技艺、羌笛演奏及制作技艺等。
市级（包括副省级、地厅级市、自治州、盟）非物质文化遗产	略	潜江婚礼习俗、维吾尔族桑皮纸制作技艺、塔吉克族鹰舞、咸宁崇阳县双合莲、耿村民间故事、木板大鼓等。
县级（包括县级市、县、旗）非物质文化遗产	略	郧西三弦、石柱土家啰儿调、秀山花灯、木洞山歌、塔尔寺酥油花等。

注：统计时间截至 2015 年 7 月。

　　根据对现行各类国内非物质文化遗产资源分类标准的分析来看，对中观层面的非物质文化遗产资源分类都大体相同，只在具体的类目设置上略有不同。2006 年将非物质文化遗产划分 10 个大类的分类方法一直沿用至今，且覆盖面较广。同时，笔者更倾向于认同王文章先生在中观层面上对非物质文化遗产进行划分的分类见解（表 5 – 3）。[①]

表 5 – 3　　　　　　**我国非物质文化遗产资源的中观分类**

《保护非物质文化遗产公约》分类体系	中观类型
口头传统和表现形式，包括作为非物质文化遗产媒介的语言	语言（民族语言、方言等）
	民间文学
传统表演艺术	传统音乐
	传统舞蹈

---

① 参见王文章《非物质文化遗产概论》，教育科学出版社 2008 年版，第 253 页。

续表

《保护非物质文化遗产公约》分类体系	中观类型
传统表演艺术	传统戏曲
	曲艺
	杂技
文化空间/传统表演艺术/民俗活动、礼仪、节庆	传统体育、游艺与竞技
传统手工艺	传统美术、工艺美术
	传统手工技艺及其他技术
有关自然界和宇宙的知识和实践	传统医学和药学
社会实践、礼仪、节庆活动	民俗
文化空间	文化空间

（3）非物质文化遗产资源的保护举措

①　推动文化与科技融合创新

我国文化与科技融合创新由四个构成要素组成，即技术创新、管理创新、制度创新、机制创新。它们的发展、组合与运动方式，将对基于文化与科技融合下非物质文化遗产保护机制产生关键性影响。

第一，技术创新是文化与科技融合下非物质文化遗产保护机制的基础。"创新活动总是嵌入到有效的互动或多种社会联系之中"[1] "利用现有知识并获取、吸收外部知识成为组织提高技术创新能力的关键"[2]。文化与科技融合下非物质文化遗产保护机制的技术创新是面向非物质文化遗产保护需求，吸收和内化新兴技术实现非物质文化遗产保护目标的完整过程。它应以我国非物质文化遗产的个性属性、所属类型和文化空间为基础，构建以保护为中心、以需求为驱动、以非物质文化遗产传承与发展为内容的开放性技术创新平台，实现非物质文化遗产保护技术和保护创新应用的并驾齐驱。

第二，管理创新是文化与科技融合下非物质文化遗产保护机制的手段。"管理创新是组织实行的一种新的实践，其实践过程使得管理活动发

---

[1] 谢言、高山行、江旭：《外部社会联系能否提升企业自主创新——一项基于知识创造中介效应的实证研究》，《科学学研究》2010年5月。

[2] Thurow L. C. , *The Future of Capitalism.* London：Nicolas Brealey publishing, 1996，第76页。

生重大变革,从而促进组织目标的实现"①。文化与科技融合下非物质文化遗产保护机制的管理创新是推动实现组织结构、研究范式和人力资源的三方契合,并将其转化为非物质文化遗产保护技术、非物质文化遗产保护方法和非物质文化遗产保护流程,保障我国保护机制的顺利运行。

第三,制度创新是文化与融合背景下非物质文化遗产保护机制的保障。"制度创新是指使创新者获取最大利益的现存制度的变革"。② 文化与科技融合下非物质文化遗产保护机制的制度创新是使非物质文化遗产创新者获得社会效益和经济效益的超额利益,而对现存制度进行的一种变革,包括制度的发明、模仿与演进。由于现存制度制约了上述超额利益的产生,因而需对现存非物质文化遗产保护制度进行变革,排除其中阻碍创新的因素。这种变化既包括努力创造优质、高效的研究环境,也包括进一步完善自主创新的综合服务体系,从而在执行好已出台的政策的基础上,制定和完善相关政策,不断促进创新整合,同步激发创新能力,促进新技术、新资源和新举措的不断产生和合理配置,从而实现非物质文化遗产保护事业的均衡快速发展。

第四,体制创新是文化与科技融合下非物质文化遗产保护机制的支撑。它是指针对现阶段非物质文化遗产保护体制的深层次矛盾和问题,对非物质文化遗产保护机制内的各种组织构架和运行关系进行科学调整和优化组合,从而为提升我国非物质文化遗产保护效能开辟道路。为此,针对各地非物质文化遗产保护实际,营造鼓励创新的文化和社会环境,推行有效的激励方式和支持举措,将是基于文化与科技融合下非物质文化遗产保护机制需要解决的重要问题。

② 构建非物质文化遗产保护理论体系

我国非物质文化遗产名录体系既是联合国教科文组织《保护非物质文化遗产公约》和"人类非物质文化遗产代表作名录"的响应,也是自身在实际工作中的创新成果,其具体实施主要依靠自上而下的制度安排,其产生既非社会各群体普遍需求,也没有自然兴起的过程与坚实的理论基础。因此,在文化与科技融合的历史背景下建立我国非物质文化遗产名录

---

① Birkin J., Hamel G., Mol M. J., "Management innovation". *Academy of Management Review*, 2008, 33 (4): 825 – 826.

② 文魁、徐则荣:《制度创新理论的生成与发展》,《当代经济研究》2013 年第 7 期。

的支撑理论体系，既是我国开展非物质文化遗产保护的基础条件，也是推进我国非物质文化遗产保护进一步深入发展的基本保证。就总体而言，我国非物质文化遗产保护理论体系中尚待建立和深化的问题具体包括以下几个方面：

第一，推动基础理论建设。推动包括理论基础、科技保护、融合路径、指标体系、类型划分和项目界定等在内的非物质文化遗产基础理论建设，进一步明晰我国省级、市级和区级非物质文化遗产的界定与保护工作，为实现非物质文化遗产保护全国一盘棋打下良好基础。

第二，拓展非物质文化遗产研究层次。现阶段我国非物质文化遗产保护研究多于对保护对象的分析，而对保护主体的实施推进、先进科学技术的利用等问题的探讨则浅尝辄止。未来应将多学科、多门类的研究领域、科学技术和表现手段，通过文化与科技融合的研究方法引入到我国非物质文化遗产保护体系之中，打通文化与科技融合的实现路径。

第三，完善非物质文化遗产名录体系。推动我国非物质文化遗产保护工作与国际先进水平接轨，除现阶段中国非物质文化遗产名录体系中已包含的"非物质文化遗产代表作名录"和"非物质文化遗产代表性传承人名录"两个组成部分之外，推动"急需保护的非物质文化遗产名录"和"优秀实践名册"的建设工作，从而填补国内空白。

③ 加速非物质文化遗产数字化保护进程

非物质文化遗产数字化保护是采用数字技术对非物质文化遗产信息进行数字转化、长期保存和有效传播的过程。由于该项工作属于文化与科技融合背景下非物质文化遗产保护的重点工作，其具体内容涵盖了数字化技术和非物质文化遗产内涵的方方面面，为此特提出以下重点工作方向：

第一，推动制定数字化标准体系。由于我国非物质文化遗产数字化标准体系还不健全，缺少与非物质文化遗产数字化保护密切相关的音频数据、视频数据、GIS 数据、遥感数据、管理数据等内容的系列数据标准，同时，同类数据在不同格式下的映射关系与转换关系的元数据标准和相应规范也较为缺乏。为此，应在我国非物质文化遗产整体价值的共性维度下，以非物质文化遗产元数据标准为切入点，为整合大量多来源、多角度、多维度的具象内容所产生的复合型数字化信息打下基础。

第二，深化非物质文化遗产数据库建设。非物质文化遗产数据库由数据库和目录库组成，它是数字化非物质文化遗产信息资源的基础。档案馆、图书馆、研究所等机构通过开展联合目录数据库建设，加快非物质文化遗产信息的数字转换进程和电子档案的积累，为社会公众展示所需非物质文化遗产信息资源的地理位置和逻辑位置，满足社会各界对数字化非物质文化遗产信息资源利用的需求。可见，非物质文化遗产数据库是基于集数据管理和用户查阅为一体的应用平台，它以数字化非物质文化遗产信息资源共享为目标，集信息管理、信息利用为一体，是一个面向用户的基础系统。

第三，加大数字化非物质文化遗产信息共享。截至目前，我国数字化非物质文化遗产信息分布式储存与各自为政的图书馆、档案馆、研究机构等机构，互不联通的"信息孤岛"状况严重影响了我国非物质文化遗产保护和非物质文化遗产研究的进展①。为此，建设以"非物质文化遗产保护需求为导向"，建立以"五大中心"，即非物质文化遗产信息资源中心、非物质文化遗产信息资源加工开发中心、非物质文化遗产信息资源长期保存中心、非物质文化遗产信息资源服务中心和非物质文化遗产信息资源利用中心为支撑的区域引擎，在保证其空间合理布局的前提下，盘活存量数字化非物质文化遗产信息资源，实现层次化、多中心的数字化非物质文化遗产信息保障体系。同时，根据文化与科技融合的协同需要，以非物质文化遗产保护工作流程为基础，从标准、流程、数据三个方面来设计，采用"分布式信息保存、集中式保护利用"的思想构建公共非物质文化遗产信息中心，同时对非物质文化遗产制度进行完善和提升，推进各项保障制度的不断优化，推动非物质文化遗产数字化信息及其利用在不同社会领域内的不断聚集。此外，结合现阶段公共档案数据中心的建设经验和实施成果，建成一体化非物质文化遗产数据库，在同步消除"信息孤岛"的行业弊端的同时，通过数据挖掘，提高非物质文化遗产数据的利用率，提高行政各级管理部门的服务效率和服务水平。

第四，拓展数字化非物质文化遗产应用体系。在"保护为主、抢救第一、合理利用、传承发展"②的方针指导下，利用新兴科技推动中国非物质文化遗产应用体系的拓展与创新，实现非物质文化遗产资源的生

---

① 戴旸、周耀林：《论非物质文化遗产档案信息化建设的原则与方法》，《图书情报知识》2011 年第 5 期。

② 国务院办公厅：《国务院办公厅关于加强我国非物质文化遗产保护工作的意见（国办发〔2005〕18 号）》，2005 年。

产性保护与可持续发展。在中国，已有人利用 GIS 和现代可视化技术，研究实现非物质文化遗产资源图谱的绘制，其采用地图、图例、图示等宏观表述，同文字、数据、表格等客观表述相结合，并采用以非物质文化遗产分布地图、非物质文化遗产传承人关系图谱和非物质文化遗产网络图谱为代表的非时序图谱，以及以非物质文化遗产传承图谱、非物质文化遗产演化图谱为代表的时序图谱为载体，运用数字可视化技术阐释了我国非物质文化遗产的历史脉络和形式内容，从而达到意形合一、源流明晰的效果。

2. 以构建非物质文化遗产文化空间为保护形式

（1）非物质文化遗产文化空间的界定

"文化空间"的概念是由勒菲弗所著《空间的生产》中的概念，他提出"空间和文化之间的结合点在于，文化空间通过人体的有意识的活动而产生的"[1]。美国人类学家 K. 克拉克洪对文化空间的诠释为："源自人类历史文化系统中的，包含历史传统、语言、风俗、制度、思想、信仰和价值观的综合体。"[2] 此外，我国学者也从多角度对文化空间进行了阐释，从文化空间的自然属性来看，文化空间是"基于全面、真实、生态的社会文化生产，及其生活化的独立展现。"[3] 从文化空间的社会属性上来看，文化空间是"特定形式和环境下，特定活动方式和共同的文化的结合，其内容包括空间、时间、文化"[4]；就文化空间的文化属性来看，"空间形态和文化氛围是文化空间文化属性的重要方面，它包括文化空间的综合性、多样性、年龄、周期性、季节性、神圣的性别、种族和娱乐等多环节内容，展现了文化空间内的特定活动方式和共同文化"[5]；就空间内容来看，"它是由独特的非物质要素在特定的时空背景下形成的空间"[6]。结合

---

① 古灿忠：《传统武术"文化空间"所遭遇的抵牾及其理论调适》，《天津体育学院学报》2010 年第 11 期。

② A. 克鲁伯、K. 克拉克洪：《文化——关于概念和定义的评论》，华夏出版社 2005 年第 1 版，第 39 页。

③ 向云驹：《论"文化空间"》，《中央民族大学学报》（哲学社会科学版）2008 年第 5 期。

④ 张博：《非物质文化遗产的文化空间保护》，《青海社会科学》2007 年第 1 期。

⑤ 陈虹：《试论文化空间的概念和内涵》，《文物世界》2006 年第 1 期。

⑥ 张雷：《绿洲巴扎非物质文化空间及其保护研究》，硕士学位论文，新疆师范大学，2009 年。

上述对非物质文化遗产文化空间的界定可知，非物质文化遗产文化空间可从以下角度进行分类（表5-4）：

表5-4 非物质文化遗产文化空间类型划分

类型	划分依据	组成要素	要素阐释
非物质文化遗产文化空间	按空间等级划分	中心场所	中心场所是社会公众进行社会活动的集中场所，是非物质文化遗产文化空间内社会群体的民俗中心，各类与非物质遗产有关的社会性公众活动，如节庆典礼、先祖祭拜、歌舞表演等都在该地举行。
	按空间位置划分	日常场所	日常场所是社会生活的集中展现地，各类非物质文化遗产活动均在这一个空间内举行，是最具特色和韵味的非物质遗产区域。
		室内空间	室内空间一般指建筑内部，它是社会成员在生活中劳动、休息和交流的地方。
		过渡空间	过渡空间是室外空间和室内空间的结合区域，是非物质文化遗产空间转换的关键区域。
		室外空间	室外空间是指建筑外部的空间，大多数民俗活动、集会活动等形式的非物质文化遗产均在室外空间举行。
	按可参与度划分	观赏空间	观赏空间是以欣赏和体验各类以观看、游览为目的的场所，如戏台、花园、游园等。
		参与空间	参与空间是指公众参与和体验非物质文化遗产，产生人与人、人与社会之间互动性的场所，如晚会、晚宴、社火等。
	按表现形式划分	自然属性	自然属性是指非物质文化遗产在表现形式上与自然崇拜和自然环境相关的要素。如宗教场所、镇中心、道观、住宅街道、村落等。
		文化属性	文化属性是指非物质文化遗产在活动内容上与文化与历史相关的精神内涵，如宗教崇拜、民俗节日、周期集市等。

联合国教科文组织对文化空间定义为"具有特殊价值的非物质文化遗产的集中表现。它是一个集中举行流行和传统文化活动的场所，也可定义为一段通常定期举行特定活动的时间。这一时间和自然空间是因空

间中传统文化表现形式的存在而存在。"① 其中,"文化场所"(The Cultural Space)常在随后的一些非物质文化遗产国际文件的中文译本中被译为"文化空间"。截至 2014 年 3 月,"人类非物质文化遗产代表作名录"中已有 13 项含有"文化空间"表述的非物质文化遗产项目(表5 - 5)。

表 5 - 5 人类非物质文化遗产代表作名录含有"文化空间"词缀的项目

批次	年份	项目	申报国家
第一批	2001	圣灵兄弟会文化空间	多米尼加共和国
		索索·巴拉文化空间	几内亚
		吉马广场文化空间	摩洛哥
		塞梅斯基文化空间和口头知识	俄罗斯
		乌兹别克斯坦博逊文化空间	乌兹别克斯坦
第二批	2003	摩尔镇的马隆人传统	牙买加
		基努文化空间	爱沙尼亚
第三批	2005	圣巴西里奥文化空间	哥伦比亚
		佩特拉贝都人文化空间	约旦
		亚饶—戴高文化空间	马里
		铜锣文化空间	越南
第五批	2009	冈东贝文化空间及社区实践	乌拉圭
		亚松加的苏依提文化空间	拉脱维亚

综上所述,虽然上述观点对文化空间的表述不尽相同,但都强调其时间性、空间性和文化性。笔者较同意乌丙安先生对"文化空间"的概念界定,即"文化空间是民族活动和民族文化的集中体现,它将民族活动和民族文化的特征要素汇集在一个特定区域内,并在一个特定时间或时间段进行有规律的展示和表达。②"同时,我国丰富的非物质文化遗产类型

---

① 联合国教科文组织:《人类口头及非物质文化遗产代表性宣言》,2015 年 8 月,中国非物质文化遗产保护与研究网站(http://cich.sysu.edu.cn/files/content/guojifei yi bao hu/faguiwenjian/01.pdf)。

② 乌丙安:《孟姜女传说口头遗产及其文化空间——国家级非物质文化遗产孟姜女传说评述》,《民俗研究》2009 年第 9 期。

及其文化内涵赋予了文化空间以多样化的表现形式和资源特色（表 5 -
6），此外，我国正式公布的《国家级非物质文化遗产代表作申报办法
（暂行）》中提出，"与非物质文化遗产载体及其表现形式密切相关的'文
化空间'是国家级非物质文化遗产申报内容的重要组成部分"①。可见，
对非物质文化遗产文化空间施行文化与科技融合下非物质文化遗产保护机
制，是我国与国际接轨、推动我国非物质文化遗产保护向全面深化发展的
一条重要思路。

表 5 - 6 　　　　　　我国非物质文化遗产文化空间的资源特色

对象	层面		内容
非物质文化遗产自然环境	自然地质		光照、地质、水源、气候等不同地理特征和环境特征影响了地方民俗的产生和发展。
	山水标志		对自然山水的原始崇拜体现了朴素自然观。
	民族特色		草原文化、湿地文化、高原文化等多种类型的民族习惯和风俗文化。
非物质文化遗产人工环境	选址布局	风水格局	包括建筑走向、建筑方位、地理条件等要素。
		肌理脉络	水路走势：人们根据其自身愿望的规避、引导、掌控水路走势，是自然观、人生观，及生产生活状况的间接体现。
			陆路走势：人们根据自身居住环境和地理位置，对城镇布局和街道方位进行变化和规整，表现了人对自然的尊重和顺应。
	传统建筑	建筑环境	建筑不能脱离其生存环境而独立存在，这环境包括自然环境，也包括人文环境，故建筑环境应以一定规模进行整体联动保护。
		建筑文化	建筑除了物质实体的意义和功能外，反映了一定时期人们的经济价值、精神价值和美学价值，反映了一个群体自身及其与环境相处的模式与理念。
		建筑布局	建筑布局通常有疏密、主次和功能之分，是族权观念的直接体现；建筑布局既是街巷肌理的节奏跳跃处，也是人类活动的承接处。

---

① 《国家级非物质文化遗产代表作申报评定暂行办法（国办发［2005］18 号）》，2005 年。

续表

对象	层面		内容
非物质文化遗产人工环境	传统建筑	建筑形态	在不同的地域范围内，由于气候、文化等因素的影响，各地的民族建筑都各有不同，其外形差别相当大。
		建筑构造	基础、砌墙、墙身防潮、屋面、木架、火坑、台基、开窗等的造建方法和技艺。
		建筑材料	建筑材料与建筑形式、建筑主体直接相关，由于各地自然环境的差异，各种民族建筑的材料都各有不同，常常体现出当地居民生活的智慧。
		建筑装饰	建筑装饰是为了保护建筑物的主体结构、完善建筑物的物理性能、使用功能和类化功能，采用装饰材料或饰物对建筑物的内外表面及空间进行的各种处理过程，同时表现社会等级和权力归属等内容。
		其他规矩	在传统建筑的选址、建造、竣工、装修等一系列过程中，有各种各样的民风民俗，它们与时间、环境、地点和自然崇拜有着千丝万缕的联系。
	传统工具	生活器皿	各类生活器物是各族人民生活状态和生活方式的体现，是与自然环境相适应、相结合的成果。
		生产工具	各类生产工具是各民族人民在生产生活中的必需品，同时也是社会控制自然的尺度和生产关系的指示器。

（2）非物质文化遗产文化空间的构建模式

通过对非物质文化遗产文化空间的界定可以看出，非物质文化空间构建的目的在于通过整体性和立体性的保护，避免现代社会的生活方式对非物质文化遗产的人为割裂，从而推动非物质文化遗产的保护与发展。就整体性而言，由于非物质文化遗产因循其内在文化脉络，"文化空间以人类学角度来看，它是指传统或民间的文化表达方式有规律的活动地区或系列地点"①，因此，非物质文化遗产文化空间在地理区划上明显有别于现行行政区划边界，这就要求打破条块分割体系、联合区域力量，在对其进行整体保护的条件下才能获得较好的保护效果；就立体性而言，非

---

① 乌丙安：《非物质文化遗产保护中文化圈理论的应用》，《江西社会科学》2005 年第 1 期。

物质文化遗产的价值和意义均体现和保存在其所属社区及环境之中，如果将非物质文化遗产从其所属区域单独割裂出来做"盆景式"的真空保护，势必割裂非物质文化遗产与环境、非物质文化遗产与社会、非物质文化遗产与人类之间的联系，阻断文化遗产与现代社会有效融合的积极性与主动性。

可见，非物质文化遗产文化空间的构建是以生态学的视野，通过系统化、联系化的方式对非物质文化遗产存在区域进行整体保护，逐步对非物质文化遗产的传习活动、文化传播等工作进行正面引导和整体支持，促进非物质文化遗产的有效保护和合理利用，推动区域经济与社会的协调进步。现阶段，从文化空间角度对非物质文化遗产实施相关保护举措的方式主要有以下三种类型。

①　生态博物馆

1979 年 6 月国家文物局发布的《省、市、自治区博物馆工作条例》和 2015 年 3 月国务院颁布的《博物馆条例》中规定，"在我国社会科学文化体系中，博物馆是我国历史文物和相关标本的主要收藏地、展览地和研究地"。[①] "博物馆是指以教育、研究和欣赏为目的，收藏、保护并向公众展示人类活动和自然环境的见证物，经登记管理机关依法登记的非营利组织。"[②] 随着社会经济的不断发展和对非物质文化遗产理解的不断加深，从前仅保存"可移动文化遗产"的传统博物馆已不能满足社会发展和文化认知的需求。由此，在其相对集中的特定社区及环境之中对非物质文化遗产进行保护的"生态博物馆"应运而生。它采用系列展区和区域展览的形式涵盖了一个区域内所有非物质文化遗产，展品内容兼顾非物质文化遗产和物质载体。可见，生态博物馆的理念与生态环境保护意识相契合，强调了非物质文化遗产原生地和原住民对非物质文化遗产拥有的权利，倡导可持续发展的要求。这种非物质文化遗产保护方式对文化生态环境有较好的保护作用和较强的操作可行性，因而被各国政府广泛采用。在实践中，生态博物馆以政府行政力量为主导，从而集中力量对已处于弱势的文化进行保护。在这一驱动模式下，专家、地方政府和非物质文化遗产项目代表性传承人是生态博物馆运作中的三股主要力量。

---

① 国家文物局：《省、市、自治区博物馆工作条例》，1979 年。
② 《博物馆条例（国务院令第 659 号）》，2015 年。

② 文化生态保护区

文化生态保护区是指"为避免文化全球化和经济全球化的影响，通过文化行政管理部门和地方行政管理部门共同划定的一个传统文化保存区。①"这种保护方式与传统的博物馆保护不同，它所强调的不是将非物质文化遗产变成博物馆中物化展品，而是通过有意识的保护将非物质文化遗产同传统文化与日常生活结合在一起，并使其成为居民社会生活的一部分。在设计和构建文化生态保护区过程中，首先应对域内的非物质文化遗产载体进行保护和保存，它们包括建筑群、房屋、街道等，也包括对区内各类非物质文化遗产和风俗习惯的整体保护，它包括传统庙会、集市、传统节日、传统仪式等民俗活动。

③ 历史文化名城

"历史文化名城"是"保存文物特别丰富，具有重大历史文化价值和革命意义的城市"②。截至 2014 年 3 月，我国已确定了 7 大类，123 个历史文化名城（表 5 - 7、表 5 - 8）。在 2008 年，我国还颁布了《历史文化名城名镇名村保护条例》，结合从前已经颁布的《中华人民共和国文物保护法》《中华人民共和国城乡规划法》等法案，我国已形成了较为完备的历史文化名城、名镇、名村的保护制度。

表 5 - 7　　　　　　　　我国历史文化名城的特征类型

类型	内涵	举例
古都型	以都城历史遗留物为内容，表现古都的风貌为特点的城市	北京、西安、南京等
传统风貌型	保存有一个或多个具有历史价值建筑群的城市	商丘、大理、平遥等
风景名胜型	表现人类建筑和社会形态同自然环境之间的和谐关系	苏州、桂林等
地方及民族特色型	独具鲜明的民族风格和地方文化的城市	丽江、拉萨、喀什等
近现代史迹型	在现代社会发展历程中具有重要地位和历史遗存的城市	上海、天津、延安等

———————————

① 苑利、顾军：《文化空间类遗产的普查申报以及开发活用》，《原生态民族文化学刊》2009 年第 4 期。

② 《中华人民共和国文物保护法》，1982 年。

续表

类型	内涵	举例
特殊职能型	某种特殊职能在城市发展中具有独特且不可替代的作用，同时在城市风貌与建筑中得以展现	自贡、景德镇等
一般史迹型	以大量历史文化古迹为主要遗留物的城市	郑州、徐州等

表5-8   1982—2013年我国历史文化名城统计

批次	时间	数量（单位：处）
第一批	1982年	24
第二批	1986年	38
第三批	1994年	37
增补	2001年	2
	2004年	1
	2005年	1
	2007年	7
	2009年	1
	2010年	1
	2011年	6
	2012年	2
	2013年	4
合计		124

    历史文化名城在遗产保护理念上强调发展与继承。首先，历史文化名城的保护工作体现了区域大局观。具体表现为，文物保护单位是个体，历史文化街区是脉络、城区整体保护则是空间维度，从而实现了空间布局上的点、线、面结合。此外，历史文化名城的保护项目涵盖了域内历史文化信息及其载体，它们包括历史水系、街巷格局、城市景观、街道对景、名木古树等。

    （3）非物质文化遗产文化空间的构建举措

    ① 推行非物质文化遗产文化空间的构建规划

    对非物质文化遗产文化空间的构建进行整体规划是为了实现一定时期内非物质文化遗产保护和社会发展的综合目标，确定非物质文化遗产原生

地的社会发展规模和城镇发展方向。它既是非物质文化遗产保护工作的重
要组成部分，也是体现非物质文化遗产文化内涵及人与自然和谐共生的具
体应用。

从整体上来看，非物质文化遗产文化空间构建规划在实施过程中需体
现综合性、社会性和政策性的要求。其中，综合性是指在非物质文化遗产
文化空间的构建过程中，需要基于非物质文化遗产保护需求，广泛运用社
会调查工具，寻找社会变量之间的互动关系；社会性是指非物质文化遗产
文化空间除了要通过科学合理的空间布局满足人们的物质生活需求外，还
要从非物质文化遗产文化特质、非物质文化遗产文化符号、非物质文化遗
产文化活动等方面体现区域文化的公共性；政策性是指非物质文化遗产文
化空间构建规划作为一项公共政策，需在优先保证非物质文化遗产保护工
作正常开展的前提下，对非物质文化遗产文化资源进行适度开发，从而在
规划过程中兼顾经济效率与社会公平。

② 实施非物质文化遗产文化空间的整体保护

第一，提炼非物质文化遗产文化空间的文化符号。"非物质文化遗产
文化符号体现非物质文化遗产内涵的抽象表现，它包括表述型、会意型、
综合型等多种类型"，[①] 非物质文化遗产文化符号既可以附着于非物质文
化遗产载体之上，又可以重新解构提炼，因此在恢复非物质文化遗产赖以
存在的历史文化环境上具有极高的保护价值和利用价值。非物质文化遗产
文化符号主要有以下两种类型（表 5 – 9）：

表 5 – 9   我国非物质文化遗产文化空间的文化符号类型

类型	内涵	包含内容	应用范围
依赖型符号	直接与传承人相融合，人类通过对这类符号进行操作，完成其排列和组合。	口语、表情、体态、眼神、姿势、手势、歌声等	多用于表演互动中
独立型符号	可以提炼并脱离原有的载体和内容，具有独立的形式、内容和结构。	徽记、纹饰、图画、植被等	用于非物质文化遗产文化空间的设计与复原

① 李龙：《传统符号与建筑外部空间处理——谈传统庭院空间对外部空间设计的启示》，
《重庆工业高等专科学校学报》2004 年第 6 期。

可见，非物质文化遗产文化符号是一种具有物质形态稳定性，正如美国人类学家格尔茨在《文化的解释》中所指出的，"文化是指从历史沿袭下来的体现于象征符号中的意义模式，是由象征符号体系表达的概念体系，人们以此进行沟通，延存和发展他们对生活的知识和态度。"① 通过对历史文化的系统凝练，以非物质文化遗产为典型代表的文化符号，获得占据社会主导地位的文化价值体系的认可，并最终成为该体系的结构性要素，推动了以非物质文化遗产为核心价值的文化空间的形成。在非物质文化遗产文化空间构建过程中，"采用建筑美学、建筑心理学、建筑传播学等技术对非物质文化遗产文化空间进行构建"②，从而推动传统文化与现代科技的较好融合，促进对非物质文化遗产的原真性保护。

第二，保护非物质文化遗产文化空间载体。我国非物质文化遗产的种类形式繁多并具有无形性的特点，为实现对非物质文化遗产的充分认识和把握，"将非物质文化遗产从'非物质'到'外化物质再现'十分必要"③。为充分保护非物质文化遗产及其依存的外部环境，"需要通过有形的载体来实现对非物质文化遗产安全有效的保护"④。由于我国各民族流传积累的非物质文化遗产内容丰富、门类众多且分布广泛，因而其存在和依托的特定文化空间也存在着复杂和多样的特征。如"村落（社区）、宗教场所、自然生态环境都是产生口头和非物质文化遗产的重要的文化空间"⑤。上述文化空间作为"非物质文化遗产不可或缺的生存、传续和发展的载体，关于文化的种种表现形式都必须存在、依托于某个特定的'空间'，并且依赖相应的资源和其他社会、自然结构。所有的学习过程、知识、技术和创造力及其创造的产品如果脱离了这个空间，都将无法存活和继续衍生、发展"⑥。从整体上来看，我国非物质文化遗产文化空间载体主要包括以下三类，见表5－10：

---

① 参见［美］格尔茨：《文化的解释》，纳日碧力戈等译，上海人民出版社1999年第1版，第103页。

② 杨颖：《符号——情感——形式》，博士学位论文，河北大学，2005年，第37页。

③ 覃凤琴：《从"非物质"到"外化物质再现"——非物质文化遗产档案式保护及其价值考察》，《山西档案》2007年第5期。

④ 吴平：《非物质文化遗产的载体化保护与传承》，《贵州社会科学》2008年第11期。

⑤ 邢莉：《口头非物质文化遗产的物质层面——兼谈口头和非物质文化遗产的保护》，《中央民族大学学报》（哲学社会科学版）2006年第6期。

⑥ 李荣启：《浅论非物质文化遗产的分类保护》，《广西民族研究》2006年第6期。

表 5 – 10　　　　　　**我国非物质文化遗产文化空间的物质载体类型**

类型	内涵	子类	举例
传统建筑物类	最普遍、最具象的非物质文化遗产物质载体，也是其他类型非物质文化遗产载体依存的基础。	略	房屋、塔楼等
文化载体类	文化与历史的抽象表现，与当地的人文风俗、自然特征具有紧密的联系。	内化与建筑空间之中	祭祖神位、门楣门框等
		处于建筑空间与外部空间的结合处	戏楼、水榭、花厅等
		在建筑群或建筑物的外部	道场、集市、文化广场等
其他物质载体类	依存于前两者所构筑的物质环境当中，以获得展示、交流的场所空间。	略	传统工艺、生产工具、口头文化等

　　第三，非物质文化遗产文化空间整体保护举措。非物质文化遗产文化空间的整体保护是基于精神和物质两个层面，通过保护文化遗留、展出非物质文化遗产物化载体、运用虚拟现实技术对非物质文化遗产进行展示、再现、恢复等九种保护方式对非物质文化遗产文化空间进行保护的工作方式，其具体内容如下（表 5 – 11）：

表 5 – 11　　　　　　**我国非物质文化遗产文化空间的整体保护举措**

保护层面	保护方式	保护对象	保护举措
精神层面	保护文化遗留	生活方式	坚持区域原住民保有率 60%，保护地区生活方式和社会关系网络。 对承载传统生活方式的大部分传统建筑予以保留，在视野可及范围内风貌统一而完整，建筑修建与修复工作也应遵循"修旧如旧"原则。 加强与原住民的思想交流，了解其生活习性及其对地域发展设想。
	展出非物质文化遗产物化载体	物化非物质文化遗产载体	通过收集、研究、整理各类可移动非物质文化遗产物化载体，将其放置在各类博物馆中进行陈列和展示。

保护层面	保护方式	保护对象	保护举措
精神层面	运用虚拟现实技术对非物质文化遗产进行展示	物化非物质文化遗产载体	运用信息技术和现代虚拟还原手段,对非物质文化遗产及其依存的社会环境、历史背景等进行复原,并将其置入文化空间内进行陈列和展示。
	再现	非物质文化遗产	利用象征化的手法,运用多种艺术手段对于非物质文化遗产相关的历史环境、历史场景、历史人物等内容进行象征性、表意性的展现。
	恢复	非物质文化遗产	对于已经消失的非物质文化遗产,应结合历史文化脉络,在保证其历史价值的前提下,根据条件进行复原和恢复。
物质层面保护	符号	依赖型符号	为非物质文化遗产项目代表性传承人创造良好的技艺,创造环境和系统传承条件。
		独立型符号	为各类非物质文化遗产提供适宜的活动空间,并注重场景意境的布置和文化氛围的烘托。
	物质实体	传统建筑物	尊重建筑物的原始用途,力求不挪作他用。 严格控制新建筑的高度与体量。 采用多种办法展现建筑结构的文化信息。
		文化空间	对构成及影响非物质文化遗产文化空间的物质要素进行保护。 推动非物质文化遗产与物质遗产的融合保护,推动形成非物质文化遗产文化空间。 对不合理空间结构进行改良,拓展新的非物质文化遗产文化空间。
	其他物质实体	物化非物质文化遗产载体	就地安置保护,即根据修旧如旧原则,对非物质文化遗产物化载体进行修复,在保护原有社会文化氛围和历史积淀信息的基础上,体现非物质文化遗产文化空间的内容;集中展示保护,即通过将非物质文化遗产载体进行移动和集中,采取园区展览的方法对其进行保护;旧物新用保护,即通过对无法展现原有非物质文化遗产价值的物质载体,赋予新的历史含义和文化价值。
	保护传承人	重点保护国宝级传承人	提供经费支持和场地支持。 在研究所、工作室和学校中提供专门教学传承机会。 制定专门的保护法规和行政政策,对传承人的保护工作进行保障。
		鼓励挖掘一般民间传承人	

③ 实施文化空间的生产性保护

"对非物质文化遗产的保护重在保存其重要的文化内涵、历史价值、艺术成就和科学知识，同时对上述内容的抽象载体——知识和民俗进行提炼和保护，把构成民族文化特征和民族精神内核的载体，如剪纸、服饰、建筑等内容进行良好的保存，使人类的文明得以传扬和继承"。① 可见，非物质文化遗产生产性保护是"在保证非物质文化遗产原真性、整体性的基础上，延续和采用传统的生产方式和手工技艺，使非物质文化遗产项目得以传承的同时，也能为社会继续创造财富"②。

现阶段，我国非物质文化遗产文化空间内的生产性保护主要依托旅游产业（表5-12），它主要针对传统技艺、传统医药中的药物炮制技艺和部分传统美术类非物质文化遗产项目的保护，其保护方式既包括将非物质文化遗产项目直接转化为商品、艺术品、旅游产品等形式进入市场进行流通的行为，也包括借助于现代的科技手段，进行调查、记录、摄制、制作成一些有形的非物质文化遗产载体产品，让其参与到现代社会领域的发展。只要上述产品是按照传统的工艺技术来进行加工和制作的，并能体现传统文化的特色，就能够得到社会的认可，从而获得传播、发展和传承的动力。

表5-12　　　　　现阶段我国非遗文化空间可采用的旅游开发类型

类型	阐释	特点
非遗观光旅游	非遗景观浅层次旅游形式，以离开常住国或地区去另一国或地区，以感受、参观非物质文化景观为主的游览活动。	游者以接触新事物新知识，增加新体验为乐，满足于对异域风貌、民风民俗等追求，耗时不长，回游概率小，但乃是旅游主力市场。旅游开发要注意对象的普适性、节目的多元性、视觉的刺激性等原则特点。
非遗度假旅游	非遗景观较高层次旅游形式，以离开常住国或地区至另一国或地区，以体验非物质文化景观为主度假休闲旅游活动。	游者获取身心放松快感，强调对异域非遗文化氛围的感受，周期1~2周左右，时间较长，地点较为固定，回游概率较高。这类旅游开发以内容的休闲性、感受的重体验性以及内涵的深度性等原则为特点。

① 黄凤兰：《民俗影视片在保护非物质文化遗产过程中的作用》，《非物质文化遗产学论集》，学苑出版社2006年版，第144页。

② 陈兴贵：《再论非物质文化遗产保护的几种方式》，《传承》2009年第8期。

类型	阐释	特点
非遗主题旅游	非遗景观高层次旅游形式，以离开常住国或地区至另一国或地区，以学习、体验非遗文化景观为主的专题性旅游活动。	游者文化旅游需求目标明确、特色鲜明，有商务旅游、婚嫁旅游、朝圣旅游等，针对性强、文化浓郁；市场相对较窄，但也为旅游市场单一化、个性化、专业化的深度开发提供可能，开发以学习性、专题性、深刻性、重心领神会等原则为特点。
非遗特种旅游	一种少数文化层次较高，具有特殊偏好的游客对非遗文化景观深层次旅游形式：离开常住国或地区至另一国或地区，以深度、研究学习非遗文化景观为主的专业型旅游活动。	这是一种高度专业化、高度个性化的现代旅游方式，不再仅仅是单纯意义上的观光和度假，而是以文化为主导的，集发现、探险、创新等深层次旅游形式为一体的高级旅游活动。这类旅游开发集探究性、专业性、领悟性、重精神境界等原则为特点。

此外，非物质文化遗产生产性保护必须与现代生活结合在一起才能有延续和发展的生命力，这就要求在传统的非物质文化遗产生产性项目的合理利用方面融入或引进现代的设计理念，关注到当代人的审美心理和审美观念，从而"在保留传统非物质文化遗产产品生产方式的基础上，要设计研发一些具有时代感和现代气息的产品，赢得年青一代人的喜爱，从而在现代市场竞争中占有一席之地[①]"。

通过对我国民俗文化村的经验总结可知，现阶段我国非物质文化遗产文化空间的旅游开发有以下模式抓手（表5-13）：

表5-13　　　　　　　我国非遗文化空间旅游开发的模式抓手

典型模式	发展抓手	潜在隐患
公司加农户型	• 以公司良好的产业素质，将完善的产业结构嫁接到相对落后的少数民族地区，快速促进当地民俗文化产业向规模化、集约化发展。 • 以资产为纽带，调整结构，优化配置，从环境文化、资源开发和接待素质3方面着手进行系统规划，将民俗村建设成个性鲜明、民族文化氛围浓厚的旅游目的地。	• 利益主体的权益保障机制、农村土地政策和商业开发利用的衔接等层面的问题上，不能充分尊重居民意愿和维护居民合法权益。 • 居民的正常生活可能受到严重干扰，过度商业化和伪民俗的出现将带来负面影响。

① 马盛德：《非物质文化遗产生产性方式保护中的几个问题》，《福建论坛》（人文社会科学版）2012年第2期。

典型模式	发展抓手	潜在隐患
专家扶持型	● 在专家指导下制定高水平的规划和项目策划，重点挖掘原生态文化内涵、民族风俗以及生产生活特色。	● 在市场拓展、规划实践、宏观把握上有一定的局限性。
政府主导型	● 依靠政府制定有关法令法规，设置必要机构，对旅游业实行法制化管理。 ● 政府通过制订计划以及财政、金融、税务、价格、工商管理、招商引资、交通运输、出入境管理等方面的一系列产业政策，引导与鼓励旅游业实现快速、持续的跳跃式发展。	● 可能会使居民产生等、靠、要的依赖思想。 ● 居民的个人意愿难以得到充分表达。
村民自主型	● 依赖于村主任及村委会的威信来处理各类运营事务。 ● 建立能顺应旅游发展的乡规民约，以及处理公众矛盾的民主协商机制。	● 可能出现盲目、短视的经营行为。 ● 可能存在村民之间、村民与政府之间的利益冲突、宰客现象严重等问题。

六　文化与科技融合的非物质文化
遗产保护机制的实现方式

通过对上述文化与科技融合下非物质文化遗产保护机制的内涵分析与模型构建，本章从非物质文化遗产保护机制构建基础着手，从管理创新、制度创新和技术创新三个层面，对文化与科技融合下非物质文化遗产保护机制的实现进行阐释。同时，结合我国现阶段文化体制改革和市场经济发展趋势，提出适应我国非物质文化遗产保护需求的非物质文化遗产保护机制及其实现举措。

（一）文化与科技融合的非物质文化遗产保护
机制的驱动模型

1. 非物质文化遗产保护机制模型的生命周期分析

根据雷蒙德·弗农提出的生命周期理论①，结合文化与科技融合下非物质文化遗产保护机制驱动模型中动力因素的相互作用和阶段转换，对影响和推动我国非物质文化遗产保护机制的阶段性演化、非物质文化遗产保护事业的全局性成长进行预测。根据生命周期理论可知，我国文化与科技融合下非物质文化遗产保护机制的发展历程可以归纳为以下四个时期（图6-1）。

（1）驱动机制探索期

在此期间，复合形态的非物质文化遗产保护机制还尚未成型，全国非

---

① R. Vernon, *International Investment and International Trade in the Product Cycle*, London: Quarterly Journal of Economics, 1966, pp. 190-207.

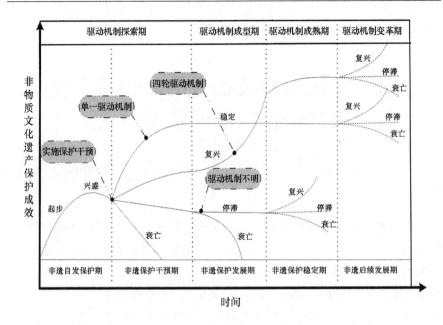

图 6-1　非物质文化遗产保护机制的演化进程

物质文化遗产保护工作尚处于初步实施阶段。所有非物质文化遗产保护工作全部由政府行政主管部门一手包办，但由于政府资源的有限性，难以对全国所有非物质文化遗产给予全面充分的保护，使我国非物质文化遗产面临保护不足和逐步衰亡的危险。

（2）驱动机制成型期

在此期间，在保护工作中逐步出现两种非物质文化遗产保护驱动机制，即以政府为唯一主体的单一驱动机制，和以政府驱动为核心，辅以科技保护驱动、公众保护驱动和文化产业驱动为要素的四轮驱动机制。由于四轮驱动机制能够调动更多资源，发动更多人力，扩大更广宣传，产生更大效益，因而在保护过程中应逐步实现非物质文化遗产的社会化保护，将非物质文化遗产内化为保护地区经济社会生活的重要组成部分。

（3）驱动机制成熟期

在此期间，两种非物质文化遗产保护驱动模式已呈现出不同的保护成效。在单一驱动机制条件下，由于政府资源的有限性和边际效用的递减性，其保护成果已不能呈现更好的发展态势。在以"四轮驱动"为特点的文化与科技融合下非物质文化遗产保护机制的调控下，由于社会化保护的深入开展以及新兴科技成果的应用，推动了非物质文化遗产资源与地方文化产业的高度融合，政府的工作重点由单一投入非物质文化遗产保护经费，向非物质文化遗产的行政管理和生产性保护市场监管转移，初步建成非物质文化遗产生产性保护示范区和区域性非物质文化遗产文化空间保护区。

（4）驱动机制变革期

由于社会环境和政策环境变化的积累，社会文化和经济背景的不同促成了文化活动多样化的空间组合，刺激了各类群众进入文化领域，与此同时，在信息化的经济模式下，文化产业出现了与计算机产业的聚合现象，文化商品全球化和数字化的兴起，刺激非物质文化遗产驱动机制应采用更加开放和创新的姿态对待文化的多种表达形式和文化功能的实现，从而推动了非物质文化遗产驱动机制通过全球化的资源配置，推动文化发展与经济发展。

2. 非物质文化遗产保护机制驱动模型的内容阐释

从世界范围来看，由政府主导文化遗产的保护是一种通行的做法，它既有利于从宏观高度提升非物质文化遗产保护的水平和层次，也有利于通过国家推动法律法规建设，在最短的时间内从制度上形成一整套非物质文化遗产保护举措。但是，这种做法也存在一定弊端，主要表现为政府全盘背负非物质文化遗产保护的开销，并由此导致行政赤字增大，另外，采用行政管理模式对非物质文化遗产进行管理，可能会导致工作效率下降、行政成本上升。通过对国内外非物质文化遗产保护政策、案例和研究的分析，结合我国文化与科技融合历史背景和非物质文化遗产保护的特点，对文化与科技融合下非物质文化遗产保护机制提出机制模型。

该机制模型的设计以"四核驱动"为特点，在以政府主导驱动为核心的前提下，采取激励引导、监管仲裁相结合的方式，辅以科技保护驱动、公众保护驱动和文化产业驱动三大辅助驱动，形成文化与科技融合下非物质文化遗产保护机制的机制模型（图6-2）。上述模型展示了由单一驱动机制向多元驱动机制逐步演化的结果，也展示了非物质文化遗产保护进程中发展变化的动态过程。可见，政府驱动、资源驱动、科技驱动和社会驱动是文化与科技融合下非物质文化遗产保护机制的核心要素和主导动力，环境驱动、市场驱动和经济驱动则是其关联要素和辅助动力。

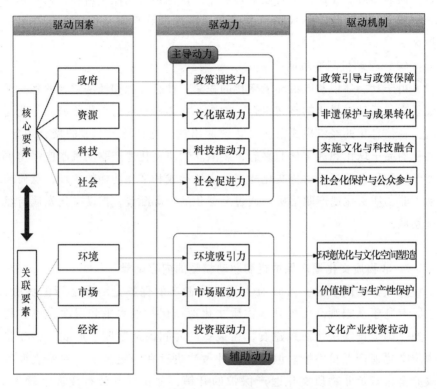

图 6 - 2   文化与科技融合下非物质文化遗产保护机制模型

就核心要素和主导动力而言，政府要素是驱动机制的主导，政府要素是政府借助公信力和权力资源，通过政策引导和政策保障推动全社会参与非物质文化遗产保护的重要因素。政府要素的主要目的是实现政府主导下的行政资源和保护资源的有效配置，持续释放行政驱动能力，并同步推进非物质文化遗产保护领域内的行政体制改革，以适应不断深化发展的非物质文化遗产保护事业的需要；资源要素是驱动机制的本底基础，我国非物质文化遗产资源数量庞大、特色各异、种类繁多，通过挖掘其文化价值对其进行有效保护，并通过多种手段实现其社会价值，实现我国非物质文化遗产的有效传承；科技要素是驱动机制的发展先导，科技要素是通过吸收国内外非物质文化遗产保护的先进经验和先进技术，在我国非物质文化遗产保护现状和价值特色的基础上，通过政策引导、行业管理、资金调控等技术方法和政策手段形成的结合体。科技要素的主要目的是充分发挥我国非物质文化遗产保护事业的后发优势，从文化与科技融合的高度实现全国非物质文化遗产保护整体水平的提档升级；社会要素是驱动机制的蓬勃基础，社会要素是通过行政、科技、经济等手段激发社会公众对非物质文化遗产保护的关注度，提升公众对非物质文化遗产资源和传统文化的认可程度。

就关联要素和辅助动力而言，环境要素是指非物质文化遗产资源所在的自然环境和人文环境的状况。环境要素的优劣与否直接关系到非物质文化遗产生产性保护和文化空间塑造的成功与否。市场要素是指非物质文化遗产资源是否具有社会化应用的价值和前景，将非物质文化遗产重新融入社会生活是非物质文化遗产活态保护的基础。只有通过市场要素的不断发展和价值推广，发挥市场驱动力才能有效达成非物质文化遗产社会化保护和生产性保护的目标。经济要素是指非物质文化遗产保护的成果能否及时转化为文化产业成果的可能性。经济要素的主要目标是通过经济规律和市场规律的应用，从而产生更大的经济价值和社会价值，为全国非物质文化遗产保护事业提供更多资金支持。

3. 非物质文化遗产保护机制模型的优势分析

从我国非物质文化遗产保护的现实条件来看，以"四轮驱动"为特点的文化与科技融合下非物质文化遗产保护机制的驱动模型，其在应用的过程中需针对各地不同的非物质文化遗产保护现状和非物质文化遗产禀赋特色进行修订和考量。在非物质文化遗产文化遗存丰富的地区，在政府驱动的前提下，文化驱动力将成为重要驱动因素，其丰富的文化魅力将成为非物质文化遗产保护的助推器。而对于非物质文化遗产文化遗存较少的地区，应重点发挥社会促进驱动力的作用。具体来看，文化与科技融合下非物质文化遗产保护机制驱动模型的优势，主要集中在以下四个方面：

（1）易于集聚社会各界力量

在非物质文化遗产保护进程中，集聚社会各级力量推动区域非物质文化遗产保护是构建非物质文化遗产文化空间的基础。通过非物质文化遗产保护机制的革新与变化调动各方积极性，从而实现政策、资金、技术和人员在非物质文化遗产保护工作中的富集，进而可以推动全国非物质文化遗产保护工作迈向一个新台阶。

（2）易于文化与科技融合发展

以四轮驱动为特色的非物质文化遗产保护机制，一方面体现了文化与科技融合的指导思想在非物质文化遗产保护领域中的运用，另一方面为文化与科技融合的过程提供了必要的社会环境和产业基础，促进了保护对象、技术人员、管理人员、企业家、厂商代表等多方互相广泛接触与知识交流，促进了互信环境和协作环境的产生，从而导致学习速度的提升和全新创意的产生。

（3）促进保护集群的相互合作

通常社会资本越多，交易成本越低，越有利于在不同历史认同的基础上形成协同效应和具有较强竞争优势的非物质文化遗产保护协同集群。在开放与合作的环境下，四轮驱动非物质文化遗产保护机制能够突破纯粹市场关系及短期目标的局限性，从而利于制定长期决策。并通过形成相对稳定的关系连接，共同面对环境需求不确定性、承担文化项目风险和分担资本投入、降低系统风险和政府投入。

（4）有利于形成活态保护的文化空间

以"四核驱动"为内容的非物质文化遗产保护机制能够为网络内企业提供更好的服务和更多的协作机会，为文化集群的生存和成长提供了各种公共机构的支持，例如媒体开发代理商、培训组织、职业实体以及出口促销代理商等。随着文化集群的逐步发展壮大，各类围绕非物质文化遗产保护和传承的社会机构、公益组织、企业单位等组织将从不同角度、采用多种方式在非物质文化遗产文化空间中形成活态保护的局面，从而推动我国非物质文化遗产对现代社会环境的不断融入。

（二）文化与科技融合的非物质文化遗产保护机制的实现路径

文化与科技融合下非物质文化遗产保护机制的驱动力源于"以文化行政管理部门为主管、以科技管理部门为主导、以高新技术企业为主体"的管理驱动体系，它将非物质文化遗产保护中的行政管理、科技研发、市场需求和社会传承结合在一起，形成一个互生互动的有机整体，进而有效推动我国非物质文化遗产保护事业向纵深发展。

1. 以文化行政管理部门为主管

（1）文化行政管理部门主管的内涵界定

以文化行政管理部门为主管，即是指我国非物质文化遗产保护工作，必须在文化行政管理部门的管理之下，依赖其行政能力及行政权力，以实现非物质文化遗产保护事业在政治、经济、文化等多方面的发展与进步为目标进行的一系列制度安排。

文化行政管理部门主管的内容，包括"行政强度"和"行政能力"两个部分。其中行政强度是指文化行政管理部门的"权力密度或组织强度"①，它包括行政逻辑和行政自主性两个内容；行政能力是指"基于社会机能和社会需求发展出的一套完整体系，它通过经济、文化、习惯、规范等手段来对社会进行调整和管理，是一种综合机制的体现"②。在社会运行与管理方面，文化行政管理部门的作用体现在对非物质文化遗产进行整体管理，并进而实现其社会公共价值，并进而在保证非物质文化遗产保护正常进行的前提下，为非物质文化遗产保护构筑适宜环境。

文化行政管理部门主管的方式，主要体现为对非物质文化遗产保护环境的治理手段，即运用强制举措或柔性手段来实现管理目标，从而引导非物质文化遗产保护环境的不断优化。第一，柔性间接方式，即文化行政管理部门对社会公众的非物质文化遗产保护需求加以引导，利用各种行政手段、经济手段来推动非物质文化遗产保护向文化行政管理部门期望的方向发展；第二，强制直接方式，即文化行政管理部门"根据自身的权力归属和职责划分，通过制定各项文化行政政策、组织动员各种社会力量，完成文化行政管理部门所辖职责，同时实现非物质文化遗产管理的整体目标"③。从施政理念上来看，综合运用柔性间接方式和强制直接方式是文化行政管理部门推动非物质文化遗产保护政策长效实施、拓展我国非物质文化遗产保护事业发展空间的重要举措。

（2）文化行政管理部门主管的核心要素

综合上述问题并结合对文化行政管理部门的分析可以看出，所谓文化

---

① ［英］B. 罗素：《权利论——一个新的社会分析》，吴友三译，东方出版社1983年第1版，第89页。

② 王沪宁：《英国反对美国》，上海文艺出版社1999年第1版，第128—129页。

③ 辛向阳：《新政府论》，中国工人出版社1990年第1版，第182页。

行政管理部门主管具有其特定的需求和语境。从需求上看，文化行政管理部门需要在文化与科技融合的背景下，根据非物质文化遗产保护的需求对文化行政管理工作提出客观要求；从语境上看，文化行政管理部门是运用国家权力对文化事务进行管理活动的专门机构，它对我国一切与文化相关的社会组织、单位团体和个人进行治理和管理，同时也执行国家对文化领域的政治目标。结合上述分析可知，文化行政管理部门作为我国文化事业的管理者，其对非物质文化遗产保护事业也同样起到支配作用和管理作用。推动我国非物质文化遗产领域内的文化与科技融合进程必须依赖文化行政管理部门的支持。其中，文化行政管理部门主管的核心要素可以从意识、资源和能力三个方面来表述（表6-1）。

表6-1　　　　　　　　　文化行政管理部门主管的核心要素

核心要素	界定表述	主要内容
意识	加强意识形态领域的引导和管理，培育和践行社会主义核心价值观，加强思想道德建设，形成向上向善力量是文化行政管理部门的核心工作，也是文化与科技融合下非物质文化遗产保护开展的基础。	意识形态认知、管理意志认知、社会环境认知、非物质文化遗产保护认知等。
资源	在管理过程中，对与文化与科技融合下非物质文化遗产机制的产生与运动的要素进行提炼和整合。	政治领袖、官僚群体、中央和地方的权力分配体制、行政手段合法性等。
能力	文化行政管理部门运用自身的行政权力，通过行政管理、政策导向、机构组织等形式，创新文化体制机制，繁荣发展文化事业和文化产业，传承弘扬优秀传统文化，提高国家文化软实力，实现全国非物质文化遗产保护的整体目标。	政府自身维护能力、宏观经济管理能力、社会动员能力和社会控制能力。

　　综上所述，文化行政管理部门主管的作用从本质上来看，就是上述三个核心要素对基于文化与科技融合下非物质文化遗产保护机制进行作用的过程与总和。同时，三个核心要素处于不同地位，在文化行政管理部门的实际工作中既彼此影响，又发挥作用，共同制约和决定了行政管理部门管理工作。

　　（3）文化行政管理部门主管的改革方向

　　改革开放以来，虽然我国的经济社会发展与文化事业都获得了长足发展，但对于现行非物质文化遗产保护管理机制而言，其改革力度却显得相对滞后，其集中体现在现有非物质文化遗产保护机制中的文化行政管理部门，仍属计划经济基础上形成的条块分割体系（图6-3），其体制性弊端具体表现在：机构设置冗余复杂，条块分割的行政机构导致工作效率低下；相互交叉，多头管理的管理责权导致工作很难协调统一，上述问题导致了我国非物质文化遗产行政主管部门在开展工作过程中，常常在具体细节上消耗大量时间，而在宏观层面上的考虑不足。同时，国有非物质文化遗产保护机构在内部管理上依旧实行大锅饭，不利于调动从业人员的积极性；社会性非物质文化遗产保护机构较少，造成非物质文化遗产保护的投资渠道单一、资金匮乏等问题。

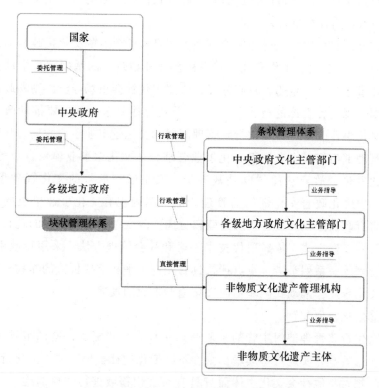

图6-3　以条块分割为特征的现行非物质文化遗产保护管理机制

可见，文化行政管理部门在工作中如要克服上述困难需进行针对性改革，即构建基于文化与科技融合下非物质文化遗产保护机制的构建，促进我国非物质文化遗产保护事业的不断开展与拓新，不断推动行政体制改革。具体举措包括：

①转变政府职能

我国文化行政管理部门现行的管理方式，容易形成非物质文化遗产保护的管理与实施"两张皮"的状况，从而不利于对全国非物质文化遗产保护工作的统一管理和有效实施，因此应尽快通过改革推动我国非物质文化遗产保护与文化产业的融合发展。为此，全国各级人大应积极面向非物质文化遗产保护的现实需求，尽快制定相关法律法规并形成体系，在法律框架下对非物质文化遗产行政管理部门和执行部门均予以规范，在保障非物质文化遗产项目代表性传承人和各类非物质文化遗产保护主体利益的同时，开拓非物质文化遗产保护的渠道和方式，改变目前非物质文化遗产文化产业放任自流的状况。

此外，非物质文化遗产保护管理工作是检验政府的文化执政能力的重要方面，"转变政府工作职能、建设社会服务型政府的基础就是推动实现政务和事务分开，企业和政府分开，依照现代社会市场经济原则和政府治理原则来规范各主体的行为"①。可见做到上述要求，首先要推动政企分开和文化事业改革，即文化行政管理部门和文化企事业单位脱钩，让文化行政管理部门将精力专注于文化事业管理，让文化企事业单位自负盈亏、市场化发展，放弃从前"既是裁判员，又是运动员"的文化管理思路；其次，要强化政府文化部门的管理职能，明确现有文化事业单位的责权利，将行政执法权和监督权及经营权分离，改变过去政企不分的现状；再次，转变工作方式，依靠现代技术手段和社会管理方法，采用行政引导、制度管理等一系列举措，重点帮扶具有先进水平和重要价值的非物质文化遗产文化企业，推动我国非物质文化遗产事业的发展。

②强化权力配置

文化行政管理部门主管的本质是运用权力配置资源，遵循市场规律，追求长远效益并实现可持续增长。在不断变化的社会环境中，文化行政管理部门相对其他社会文化主体而言具有对文化领域进行调控的绝对权力，导致其若采用权力替代市场来进行管控，势必导致用主观的个人意愿替代客观的市场需求，从而造成社会资源的低效配置和浪费。应强调发挥市场

---

① 李沛君：《文化产业发展研究十论》，《生产力研究》2004 年第 3 期。

在权力配置资源中的决定性作用，让市场成为推动非物质文化遗产保护发展的发动机和指南针，并遵循市场配置资源的机制，改变过去只求政绩、不问成本、不谈收益的计划经济做法，针对投资对象和投资主体的整体实力和运营能力，通过市场机制推动非物质文化遗产相关利益主体的转型与升级。

③理顺政企关系

现阶段，根据中央理顺政企关系的要求和文化市场综合行政执法改革的进程，各级文化行政管理部门应对所辖文化部门、广电部门和新闻部门进行整合，对工作内容进行梳理、对工作流程进行再设计、对工作职责进行认定，从而推动政企分开、政事分开的改革，把文化行政管理部门该做的事情做好。为此，为了推动文化与科技融合下非物质文化遗产机制的构建与发展，需要从统一、精确、简化和效能的思路出发，分析、安排和推动政府职能转变，对文化行政管理部门的各类机构、部门和人员进行再设置，从而确保文化行政管理机构有效履行相关职能。

④提升法制能力

为适应我国公共文化服务体系建设和非物质文化遗产社会化保护的需求，文化行政管理部门在我国文化与科技融合的历史机遇下，应结合文化产业快速发展的新形势，依法对非物质文化遗产保护主体、保护组织和文化产业进行管理，探索并构建一套适合我国非物质文化遗产保护实际情况和工作特点的管理体制。为此，应加快各地区、各层次的非物质文化遗产保护立法，在提高非物质文化遗产保护的法制化水平的同时，进一步落实辖区管理原则、强化监督管理、提高行政效率，从而确保我国非物质文化遗产保护领域的正常秩序。

2. 以科技管理部门为主导

（1）科技管理部门主导的内涵界定

纵观人类历史，社会生产力的发展主要取决于两大因素，即人类社会需求的不断增长和科学技术的进步。在我国科技管理部门的主导下，始于1985年的四次指导思想的拓新变革不断推动着我国科技事业的发展和进步（表6-2）。在文化与科技融合战略思想指导的新时期，我国科技发展事业又进入了一个新的阶段。

表 6-2　　　　　　　　我国科技管理部门主导的历史进程

历史阶段	时间跨度	标志事件	主导方向
科技体制改革启动阶段	1985—1995 年	对科技制度和科技体制作出了明确要求。 提出引入竞争机制。	重点解决科技与经济无交叉、无支持的问题。
科研机构转制改革阶段	1995—2006 年	提出"科教兴国"战略。 提出深入实施"科教兴国"战略。	调整科研院所的管理机制和归口类型,推动以人、财、物为内容的机构改革。
科技管理体制改革阶段	2006—2011 年	推出了自主创新、重点跨越、支撑发展、引领未来的科技发展方针。 提出推进国家创新体系建设,推动制造业、能源和生物等战略产业发展。	优化科技结构,构建科研体系,形成以研究机构、大专院校、科技企业为内容的多元化模式。
深化科技体制改革的新阶段	2012 年至今	提出通过文化与科技融合的战略手段,推动社会主义文化大繁荣大发展。 提出以创新为核心的企业战略。	进一步解放思想,加快科技体制改革的步伐和进度,推动文化与科技融合战略的落地实施。

　　可见,通过对科技管理部门的历史成绩和工作内容的归纳可以看出,科技管理部门主导是指其综合运用经济手段、法律手段、行政手段等系统性方法,不断完善自身对科技研发、技术转化和保护利用等方面的主导能力、鼓励非物质文化遗产科技的持续创新、营造良好的非物质文化遗产研究环境,进而调动社会各方的科技创新积极性,增强我国非物质文化遗产保护科技创新的整体实力。

　　(2)科技管理部门主导的必然原因

　　正确认识科技管理部门在文化与科技融合进程中的作用,是制定相关科技政策、引导科技进步的前提。笔者认为文化与科技融合下非物质文化遗产的相关科学进步与技术研发具有公共产品特性,这主要由非物质文化遗产保护的必须性、非物质文化遗产利用的社会性和非物质文化遗产研究的多功能性等所决定的。因此,如果仅将非物质文化遗产保护作为一项单纯的行政管理下的保护行为,忽视非物质文化遗产保护技术的跟踪和引入,将对非物质文化遗产保护的实施规模和产业利用产生不利影响。可见，科技管理部门的主导作用对文化与科技背景下非物质文化遗产保护机制的发展有着重要影响。其主要内容则体现在以下方面：

①公共产品性

根据公共经济学理论，公共产品是"一种效用扩展于他人的成本为零，同时也就无法排除与他人共享的一种特殊产品"[①]，它们包括如公共设施、科学教育、环境保护、国防、外交等社会活动。同时，公共产品具有受益非排他性，即"产品生产完成后，生产者无法完全决定其最终归宿和分配方式"[②]，这将逐步导致社会公共产品的生产成本日益提高，即越来越少的人愿意提供公共产品。由于非物质文化遗产科技创新不同程度地具有公共产品性质，加之其在研发、调试、实验等阶段均需要高额投入，在得不到充分补偿的情况下，潜在的非物质文化遗产创新主体均可能会通过技术引进，而非自主创新来对现有非物质文化遗产保护科技进行提升，而当所有非物质文化遗产创新主体都选择这种策略时，就会导致非物质文化遗产科技创新的停滞和失灵。

因此，在遇到上述创新扭曲的情况时，为协调社会利益与非物质文化遗产创新主体之间的利益关系，科技管理部门的主导干预非常必要。

②科技创新外部性

非物质文化遗产科技创新外部性是指"企业或个人向非物质文化遗产保护科技研发之外的其他人所强加的成本或利益"[③]，从经济学的角度来看，创新的外部性既独立于现代市场机制，也不能简单地通过市场机制来弱化或消除，在现实环境中常常要借助行政管理来予以纠正和弥补。在文化与科技融合背景下，非物质文化遗产科技创新所表现出来的外部性主要体现为溢出效应，即非物质文化遗产创新主体从事研究开发活动是为了获得非物质文化遗产科技创新成果并将其转化为生产力，但由于科技创新成果具有公共产品的特性，导致科技创新成果并非完全由非物质文化遗产创新主体所独占，从而产生了科技创新的溢出效应。可见，正向的非物质文化遗产科技创新外部性将会给全社会创造更高的边际收益，而由于科技

---

① Paul A. Samuelson. "The Pure Theory of Public Expenditure". *Review of Economics and Statistics* 36, Vol. 4, 1954, pp. 387 – 389.

② 陶学荣：《公共行政管理学》，清华大学出版社 2010 年版，第 70 页。

③ Paul A. Samuelson, *William Nordhaus. Economics: An Introductory Analysis*. McGraw-Hill, p. 36.

创新溢出效应的存在，获得非物质文化遗产创新的相关效应可以降低非物质文化遗产研发、创造和革新的总体费用，提高非物质文化遗产保护的整体水平和社会化程度。

因此，必须依赖科技管理部门对非物质文化遗产创新的外部效应进行修正和改变，在保证非物质文化遗产科技创新的可持续发展与可持续收益的前提下，不断引导非物质文化遗产创新主体在加大科技研发和应用服务的同时，降低科技创新的社会成本、拓展新兴技术在非物质文化遗产保护领域内的转化范围，使非物质文化遗产科技创新得以不断发展和进步。

③干预限制性

我国政府在优化非物质文化遗产科技创新环境、提高非物质文化遗产科技创新整体实力、促进高新技术转化应用等方面均发挥了巨大的作用。但由于条块分割和政府机制的定位不合理，非物质文化遗产科技创新中政府失灵的现象也颇为明显。一般认为，"政府失灵是指由于政府机制的扭曲，政府行为作用的结果损害了市场组织的效率或达不到预期的社会公共目标或带来自身的高成本及低效率。"[①] 在非物质文化遗产科技创新方面，政府失灵主要表现在两个方面：第一，在非物质文化遗产科技创新方面未作为，即科技管理部门实施的科技创新政策无法有效发挥作用，不能充分贯彻国家或政府的意向、方针和策略，导致非物质文化遗产科技创新的研究停滞不前、研究目标难以实现；第二，在非物质文化遗产科技创新方面过度作为，即科技管理部门对非物质文化遗产创新活动过度干预，对非物质文化遗产创新主体的生存环境造成"挤出效应"和"替代效应"。其中，"挤出效应"是指科技管理部门通过增加公共类非物质文化遗产研究的经费支出，该类项目将降低以人力资源为代表的边际效用和社会收益，排挤以个人为代表的非物质文化遗产科技创新活动；"替代效应"则是指在政府职能转换期，由于一些特殊因素的影响，导致非物质文化遗产科技创新在科技管理部门的支出比重较一般时期更高，从而替代了一部分非物质文化遗产科技创新主体的研究支出，从市场角度上扭曲了以个人为代表的非物质文化遗产科技创新资源配置方式。

可见，只有不断推动科技管理部门的行政体制改革，发挥科技管理部

---

① 陈凤娣：《论科技创新的运行机制》，博士学位论文，福建师范大学，2008 年，第 49 页。

门对非物质文化遗产科技创新理解能力的天然技术优势，立足我国文化与科技融合的历史机遇和非物质文化遗产科技创新的社会需求，在对非物质文化遗产创新进行管理的过程中，不断推动我国非物质文化遗产保护事业向更深层次发展。

（3）科技管理部门主导的具体职能

在我国文化与科技融合发展的新时期，非物质文化遗产科技创新不仅关系到基于文化与科技融合下非物质文化遗产保护机制的实现，更关系到创新型国家战略目标的实现。为了推动科技创新的全面展开，急需建立一套行之有效的运行机制，在科技部门的主导下推动各种非物质文化遗产创新要素向非物质文化遗产创新主体集中，从而激发其科技创新的积极性，加速非物质文化遗产创新的实现。为了达到上述目标，科技管理部门应综合采用市场经济和计划控制两种手段，在充分发挥前者优势的基础上，根据行政管理的原则和市场经济发展的方向，结合非物质文化遗产保护需求，找到科技引导的定位和方向，同时克服完全市场化带来的问题和弊端，防止过度行政管理阻碍非物质文化遗产创新情况的出现。可见，科技管理部门的职能定位主要是克服市场失灵和矫正政府失灵。

①克服市场失灵

综合来看，我国非物质文化遗产科技创新的市场失灵主要源于两个方面，一方面由于受到传统计划经济体制影响，市场机制无法有效发挥其在非物质文化遗产科技资源配置中的应有作用，另一方面则由于市场本身存在缺陷，其难以克服非物质文化遗产科技创新的社会性和不确定性所导致的问题。可见，为避免市场失灵对我国经济社会发展的不利影响，继续深化经济体制改革和推动政府向服务型政府转型，应优先确保市场机制合理配置非物质文化遗产科技资源的作用。其中，克服市场失灵的具体举措包括：

第一，调和公共产品与私人产品之间的矛盾。在科技管理部门的主管下，对非物质文化遗产科技创新进行规划和安排。属公共产品领域的非物质文化遗产科技创新，应由科技管理部门直接提供资金资助，保证社会供给；属公共产品和私人产品之间的混合产品，应由科技管理部门鉴别其成果构成，并运用知识产权的方式对综合利益进行保全；对于私人产品领域产生的非物质文化遗产科技创新及其产生的价值而言，科技管理部门应创造良好的非物质文化遗产科技创新环境，制定法律法规、维护市场秩序，使各非物质文化遗产创新主体在公平的环境下开展竞争。

第二，推动创新成果由外部性向内部性转化。首先，科技管理部门通过向非物质文化遗产创新主体提供知识产权保护，采用行政手段对非物质文化遗产创新成果的归属、利用和收益进行界定和规范，在保证创新主体获得收益的同时，兼顾非物质文化遗产创新的社会收益，逐步让社会成员享受到非物质文化遗产科技创新带来的好处，即通过法律法规的约束，将科技创新的溢出效应控制并内化在产权关系体中。此外，科技管理部门可通过各类行政手段，如财税激励、经济支持、政策引导等系列举措，以市场需求为导向吸引外部投资者对非物质文化遗产科技创新注入资金，以吸收全社会各类资金为目标，强化非物质文化遗产创新企业的投融资能力，推动其对资金面的吸收广度与利用深度。再者，通过研究机构、高等学校和企事业单位之间的通力合作，推动以共赢为基础，以优势资源互补为条件的合作模式，在运行过程中对目标、规则等关键要素进行界定和规范，明确合作各方在非物质文化遗产创新过程中责权利关系，实现科技创新外部性的内部化。

②矫正政府失灵

综合来看，矫正科技管理部门失灵的思路可以从两个方面来考虑，即发挥市场机制配置资源的作用和建立健全国家创新体系。

就发挥市场机制配置资源的作用来看，科技管理部门失灵也可以用市场机制来缓解和克服。如，科技管理部门在对非物质文化遗产科技创新的主管调节过程中，尽量减少行政干预、增强经济引导，将政策引导内化于财政政策、货币政策等经济手段之中，运用市场机制或利益驱动机制实现政府的政策目标，从而实现文化管理部门从"直接干预"向"间接干预"转变，由"干预行为"向"干预质量"转变。此外，科技管理部门在自身建设中亦可引入竞争机制，打破条块分割的官僚体系对公共产品垄断供给的局面，将公共产品类的非物质文化遗产科技创新工作交给社会企业或私人来承担，使科技管理部门从公共产品的唯一生产者，转变为公共产品的协调者和组织者。这一角色的转变，不仅可促使科技管理部门提升工作质量，同时还可以大幅降低政府对非物质文化遗产科技创新的投入总量。

就建立健全国家创新体系而言，它是指"社会、国家或组织机构内部相互关联、共同作用的以创新为目的的网络体系，这一体系的推动要素则是经济发展和科技知识"①。这种创新体系的建立将有效推动全社会科技资源的合理配置与高效转化，促进非物质文化遗产科技创新在理论和实践之间的互动过程，有效防范和克服市场失灵和政府失灵。首先，它通过强调市场在非物质文化遗产科技创新中的主体地位，从而克服科技管理部门的过度干预或错误干预对非物质文化遗产科技创新活动的干扰；其次，它为科技管理部门干预非物质文化遗产科技创新提供了一套系统的行为原则和分析框架；再者，它通过非物质文化遗产创新活动将政府、大学、研究机构和企业等非物质文化遗产创新主体有机结合成一个非物质文化遗产创新链。在该创新链上，各非物质文化遗产创新主体为寻求一系列共同目标而相互作用、优势互补，从而最大限度地避免了非物质文化遗产创新的外部性，有效推动了非物质文化遗产科技创新活动的发展。

3. 以高新技术企业为主体

（1）高新技术企业主体的内涵界定

"以企业为研发主体、以市场需求为研发导向，逐步建立以生产、学习、研究、开发和引进为一体的研发系统，推动各级各类企事业单位成为技术研究的主体和技术收益的主体，让企业享受到科技研发和技术进步带来的超额效益。"② 这一政策的提出标志着在构建完善和科学的、基于文化与科技融合下非物质文化遗产保护机制过程中，应重视高新技术企业在非物质文化遗产保护机制中的重要作用，从根本上改变研发与应用脱节、科技与保护分离的现象，从而激发我国非物质文化遗产保护的科技化浪潮和社会化保护。高新技术企业作为基于文化与科技融合下非物质文化遗产保护机制的主体，可以从下列四个方面表现出来：

①非物质文化遗产保护的实施主体

在基于文化与科技融合下非物质文化遗产保护机制中，各类非物质文化遗产实施与实践主体都与非物质文化遗产保护活动相关。所谓"非物质文化遗产保护主体"是指"那些处于传承圈之外，虽与传承无关，但却对非物质文化遗产传承起着重要推动作用的外部力量。这一群体包括我

---

① 冯之浚：《国家创新系统的理论与政策》，经济科学出版社1999年版，第2—3页。
② 国务院：《国家中长期科学和技术发展规划纲要（2006—2020）》，中国政府网站，2015年9月23日，http：//www.gov.cn/jrzg/2006－02/09/content_ 183787.htm。

们的各级政府、学界、商界以及新闻媒体等。"① 现阶段，政府是负责中国非物质文化遗产保护工作的行政主体，自 2006 年以来，文化部分别设置了非物质文化遗产处和非物质文化遗产司，全国非物质文化遗产保护的有关行政工作主要由上述两个部门负责。地方非物质文化遗产保护工作则由当地文化行政部门所辖的社会文化处负责。学界是保护非物质文化遗产的研究主体，从 2003 年启动的民族民间文化保护工程可以看出，中国非物质文化遗产的各项研究均与国内学界的鼎力支持密不可分，此外，由各级学者发起、参与和建立的各类非物质文化遗产保护团体和研究机构，为各级行政管理部门针对非物质文化遗产保护的各类行政决策提供了良好的智力支持。商业团体是保护非物质文化遗产的利用主体，目前国内非物质文化遗产的产业化运行与生产性保护均需遵循商业化运行规律，同时，充分调动各类信息媒介对非物质文化遗产进行宣传推介也是提升非物质文化遗产社会认知程度、提高公众保护非物质文化遗产积极性、提升非物质文化遗产社会经济价值的有效途径。通过对上述现状的分析可以看出根据主体之间的互生互动关系，高新技术企业的主攻方向在于对非物质文化遗产保护各环节进行分析和比对，找出最易攻坚和最易盈利的部分加以重点关注和投入，再融合人、财、物等生产要素，从而迎合非物质文化遗产社会化保护的各类需求，为非物质文化遗产保护提供所需的各类专业化服务。

由此可见，高新技术企业是基于文化与科技融合下非物质文化遗产保护机制的实施主体，但由于文化与科技融合背景下非物质文化遗产保护工作是一项创新性事业，其市场风险较高、投资力度较大，因此在一些关键性的基础研究中，文化行政管理部门需要牵头对其进行合理安排和调控，不能完全放手让市场来运营处理。因此，高新技术企业因为受限于利润回报和人力资源，目前尚未完全成为基于文化与科技融合下非物质文化遗产保护机制的实施主体，现阶段该领域的实施主体依然还应是政府、学界和商界。

所以，文化与科技融合下非物质文化遗产保护机制的实施主体在本书中是指高新技术企业，它们成为基于文化与科技融合下非物质文化遗产保护机制的实施主体，不仅是我国经济体制改革的必然结果，同时也是非物

---

① 苑利：《非物质文化遗产保护主体研究》，《重庆文理学院学报》（社会科学版）2009 年第 2 期，第 2—3 页。

质文化遗产保护科技化、现代化的现实需求，更是高新技术企业应对市场环境的现实选择。同时，在文化与科技融合背景下非物质文化遗产保护事业的基础性研究和公益性研究同样要坚持以非物质文化遗产保护为需求基础、以市场运作为实施方式，通过行政引导和经济激励，积极争取企业的支持及参与。

②体制改革的发展结果

从文化与科技融合的实施过程来看，它既是一种创新行为，同时是也是一种社会行为，即是一种文化与科技一体化的典型社会活动，其中非物质文化遗产保护需求是其驱动力的源泉，经济效益和社会效益的共赢是其最终目标，非物质文化遗产保护技术的成功转化则是其成功推动的标志。在现阶段，我国非物质文化遗产保护的研究和实施主要依赖科研院所和大专院校，非物质文化遗产科技创新也因循政府投入、政府管理和政府实施的思路来运作，各类企事业单位沦为纯粹的实施单元，无法有效激发其对非物质文化遗产保护的积极性，即企业的非物质文化遗产保护活动和非物质文化遗产科技应用完全是在政府行政指令下被动地发生和取得的，上述现象导致了我国非物质文化遗产保护和非物质文化遗产研究的脱节，非物质文化遗产保护研究成果难以得到充分转化。

在全面推进行政体制改革的大环境下，中央提出文化与科技融合战略正是解决上述症结的有效举措，这同时也对非物质文化遗产保护实施主体提出了新的要求，包括：第一，非物质文化遗产保护的实施主体应该对非物质文化遗产保护需求保持敏感，能够根据市场原则确定融合方向，获取一定效益，保证有序稳定；第二，非物质文化遗产保护的实施主体应该有一定的研发、生产、销售和服务能力，从而保证非物质文化遗产研发成果能够顺利转化和长期运行；第三，非物质文化遗产保护的实施主体应该有一定的资金实力和金融能力，能在不完全依赖国家投入的前提下保证非物质文化遗产研发的投入，承担文化与科技融合进程中可能存在的风险。由此可见，高新技术企业作为天然的市场主体，其在我国非物质文化遗产保护过程中的地位将随我国体制改革步伐的不断加快而日益提升。

③市场竞争的迫切要求

进入经济全球化时代以来，国际竞争已由冷战时期的政治交锋逐步转变为经济实力的竞争，而经济实力则源于市场经济的发展和科学技术的进步。由此，大力发展社会主义市场经济，加快完善体制结构、转变经济发展方式、推动科学技术的不断进步都是实现文化与科技融合的重要支撑。

通过前文对高新技术企业市场经济主体地位的阐述，可以看出创新与社会需求之间存在相互作用的良性过程，但从我国高新技术企业的现状来看，其非物质文化遗产保护产品的科技含量、技术水平和竞争实力均较国际先进水平有着一定差距，究其原因，主要是我国高新技术企业的创新能力较弱，同文化产业的结合度不紧密，导致其生产方式还未有效突破人口、资源和环境的整体制约，从而在产品上缺乏国际竞争力，无法获得竞争优势与主动权。可见，只有充分确立高新科技企业在非物质文化遗产保护实施中的主体地位，充分发挥我国高新技术企业的本土优势，走文化与科技融合道路，才能在非物质文化遗产保护领域获得竞争的主动权。

④企业发展的现实选择

改革开放三十余年来，我国早已摆脱了计划经济体制，逐步建成了中国特色的社会主义市场经济体制，以企业为主体的市场竞争也已成为社会经济中的常态现象。在非物质文化遗产保护领域，非物质文化遗产保护工作的实施主体——高新技术企业为了在全球化环境中获得技术优势、成本优势和成果优势，必须不断创造出满足非物质文化遗产保护需求的新产品和新服务，不断培植非物质文化遗产保护应用的新热点和新方向。可见，从高新技术企业的整体发展来说，非物质文化遗产保护需求、市场竞争环境和项目运营收益都在不断增强企业对科技创新的动力，企业只有拥有了非物质文化遗产保护实力和研发技术才能确保在市场环境中立于不败之地，因此，必须确立其在基于文化与科技融合下非物质文化遗产保护机制中的主体地位。

（2）高新技术企业主体的特征要素

就内容而言，高新技术企业作为文化与科技融合下非物质文化遗产保护机制的实施主体，其具有以下六个方面特征。

①创新决策主体

现代市场经济的发展和科学技术的进步，使非物质文化遗产科技创新及其成果转化成为与市场密切相关的资源配置活动，在市场需求导向的前提下，非物质文化遗产科技创新活动的方向、方式、时机均以市场机制提供信息为基础。为此，只有处于市场竞争前沿的高新技术企业才能对市场需求做出最迅速的反应，对非物质文化遗产保护科技及其现实应用保持最敏锐的洞察力，结合技术战略和市场分析对企业自身的研发方向和现有成果进行有效筛选，最终确定适宜的非物质文化遗产科技创新决策。

②研究开发主体

现阶段，我国非物质文化遗产研发行为多集中于科研院所和高等院校，但由于体制束缚，其科研模式和研究成果与非物质文化遗产保护的现实需求仍有相当差距，这也导致其研究成果与高新科技企业的生产研发脱节，难以面向非物质文化遗产保护需求实现科研成果成功转化。同时，有一些在行政主导背景下的非物质文化遗产研发项目仅强调概念的超前和技术的先进，其研究成果缺乏产业上的可行性，大量非物质文化遗产保护成果难以转化为社会生产力。为此，必须面向非物质文化遗产保护需求和市场竞争，在打破现有非物质文化遗产研究机制和管理机制的基础上，确立高新技术企业在非物质文化遗产研发过程中的核心地位，积极推动产学研联合，从而形成实现基于文化与科技融合下非物质文化遗产保护机制的产学研链条。

③创新投入主体

科学和技术的创新需要物质基础和资金投资，只有合理地调整资本投入与知识投入的比例，使其能够促进科学技术的创新发展，才能取得创新性成果。以美国为例，"在 2013 年度，美国全国科技研发投入总额超过1.1 万亿美元，其中企业占近 70%，政府占 30%"[①]。从我国高新技术企业投入创新的数据来看，我国高新技术企业创新具有以下几个特点。第一，整体投入偏低，同时，我国高新技术企业尚未成为科技创新的投入主体。从投入数据来看，2013 年"全社会研究与试验发展经费支出占国内生产总值的 1.97%"[②]，远低于发达国家占国内生产总值 4%—6% 的平均水平。第二，企业投入总额较低。截至 2013 年，"我国大中型企业科技研发费用占其总主营业务收入的比重仅为 1%，与发达国家大企业 5% 的水平有很大差距"[③]。第三，企业定向帮扶不足。截至 2013 年，"国家财政

---

①　新华网：《2013 年全球科研开支评析》，新华网网站，2015 年 9 月 28 日，http：//news. xinhuanet. com/world/2014 – 01/02/c_ 118802156. htm。

②　温家宝：《2013 年国务院政府工作报告》，中国政府网站，2015 年 9 月 28 日，http：// www. gov. cn/test/2013 – 03/19/content_ 2357136. htm。

③　张晓强：《怎样把科技创新摆在核心位置》，《经济日报》2014 年 1 月 7 日第 6 版。

科技支出中拨付给企业的部分仅占 15%，远低于发达国家 40% 的水平"①，大量科技拨款给予了科研院所和大学。可见，要使高新技术企业成为基于文化与科技融合下非物质文化遗产保护机制中的创新投入主体，一方面需要文化行政管理部门和科技管理部门通力合作，在金融、财税等多方面，运用市场机制和政策引导，对引导政策性经费向高新技术企业转移；另一方面，高新技术企业也需结合非物质文化遗产保护需要，根据自身情况多方筹措研发资金，自觉加大对科技创新的资金投入，逐步降低对政府资金投入的依赖，使自身成为非物质文化遗产科技研发的主要投入者和提供者。

④成果转化主体

从基于文化与科技融合下非物质文化遗产保护机制的组成要素来看，融合在形式上看是指由社会组织、经济基础和科学技术通过一定的制度、体制进行关联，它既有社会分工的专业性，又具有社会协作的整体性。在文化与科技融合的关系上，文化处于融合的上游，它向科技提出需求，重点在于内化和应用科技成果，科技则处于融合的下游，它向文化提供服务，重点在于不断研发和应用新的科技成果，从而满足不断产生和增长的社会文化需要。

可见，在文化与科技融合过程中，对文化需求和科技创新的要素整合是其核心内容，其中涉及社会、文化、历史、政治等文化要素，也涉及研究、开发、实证、转化等科技要素，上述两类要素在不同时代背景、自然环境和人文环境中将产生不同的整合路径，而整合的结果就是在某一领域内文化与科技融合的成果，它具有高度的个性化、实用性和综合性等特点。为此，在文化与科技融合的前期需要做大量的准备工作，对非物质文化遗产实现的环境、需求和现有技术等一系列问题进行分析和研究。而从市场角度来看，高新技术企业恰好具有高度的市场敏锐性和灵活机动性，在非物质文化遗产保护领域内的研发、设计、行销和维护上具有先天优势。可见，以企业为核心，社会多方共同参与的产学研结合，是建构我国文化与科技融合下非物质文化遗产保护机制的关键，而这种结合方式将成为连接文化产业与科学技术的良好纽带，推动科学技术不断在非物质文化遗产保护领域内实现转化。

---

① 张晓强：《怎样把科技创新摆在核心位置》，《经济日报》2014 年 1 月 7 日第 6 版。

⑤风险承担主体

由于基于文化与科技融合下非物质文化遗产保护机制的发展和创新都具有一定风险，其中最为常见的就是非物质文化遗产科技创新具有不确定因素，它在给高新技术企业带来潜在收益的同时，也会因非物质文化遗产在工艺技术、市场环境和分配制度上的不确定性，从非物质文化遗产保护技术研发到成果转化并推向市场的每个环节都充满了风险。从实际情况来看，追求稳健的大学和科研机构既不能也不愿承担这样风险，而高新技术企业在认识到非物质文化遗产科技创新所带来的巨大潜力和巨额收益的前提下，常常愿意承担失败的风险，从而推动高新技术的不断诞生和发展。

⑥收益主体

企业存在的目的就在于提供产品或服务，并为此获得生存发展所必需的利润。根据这一原则，在文化与科技融合下非物质文化遗产保护机制中，高新技术企业作为投入主体、研发主体、转化主体和风险承担主体，其创新收益和融合价值的税后利益分配权应归高新企业所有。同时，文化行政管理部门和科技管理部门应从有利于高新技术企业成长的角度出发，通过行政手段推动税收、投入、监管、知识产权等方面的优化与改善。

（3）高新技术企业主体的实现方式

①营造融合创新氛围

过去在计划经济体制下，企业对政府存在明显的依赖倾向，缺乏创新意识和创新动力。在我国现阶段的社会主义市场经济条件下，市场机制成为高新技术企业进行各项创新的基础，成为文化与科技融合创新的主角。面对国际先进技术和非物质文化遗产保护装备，我国高新技术企业在非物质文化遗产保护工作中应加强以"融合创新"为核心的企业文化建设。

②坚持需求导向原则

满足非物质文化遗产保护需求是高新技术企业实施非物质文化遗产保护工作的动力源泉，也是检验高新技术企业科技成果转化的重要标准。国际经验表明，只有面向非物质文化遗产保护一线的实用性、易用性和通用性良好的非物质文化遗产保护技术及其产品才能获得市场的一致好评。可见，高新技术企业在文化与科技融合进程中，必须以科技管理部门为导向，以我国非物质文化遗产保护需求引领高新技术企业的创新、融合和进步。

③建立现代企业制度

按照现代企业制度的有关规范，逐步构建与世界接轨、与市场适应的管理模式和经营方式，扎实有效地推进内部管理的制度化、规范化和现代化，通过各项规章制度的完善和建立，使企业适应非物质文化遗产保护的需求，形成法人实体和竞争主体。此外，还需根据我国各项文化政策和技术规范的要求，结合企业自身条件和经济状况，选择适合企业拓展自身业务、提高社会服务效果的发展道路，让企业享有充分的自主权。

第一，推进企业改革，实施股份经营。产权明晰的高新技术企业能使不同产权的拥有者与其相应的责权利紧密结合，从而调动起各方在文化与科技融合进程中的积极性。股份制改造则是解决其产权问题的理想方式，它能使大多数国有企业转变为混合所有制、多元化投资的企业，同时综合各方责权利，使企业管理更加贴合社会实际。

第二，完善规章制度，构建法人治理。推进实施法人治理是克服过去"政企不分"的办法，它通过分离行政权和经营权，采用现代企业管理模式引入职业经理人对企业进行运营，行政管理部门则对企业进行监督和管理。

第三，完善考核制度，推动科技创新。为切实推动非物质文化遗产科技创新的进程，文化行政管理部门应根据高新企业的整体实力和发展方向，从行政投入上加强引导，其中值得一提的方式就是加大对企业的行政投入和项目支持，而对企业的遴选标准则基于对企业技术实力、投入产出、资源赋存等因素的考核，并形成相关考核制度。在企业内部运行层面，应在总结业绩和经验考核的基础上，根据考核制度和相关标准，对照自身条件创建相关考核制度、鼓励制度，同时鼓励企业内部各部门、各成员进行科技创新。

第四，推动科研队伍建设。科技创新的能动主体是人才，为此各类高新技术企业必须重视人才培养和引进，从工资制度、员工培训、激励机制等多方面为各类人才提供良好的职业环境和发展空间，同时在内部建立起合理、有效的选拔机制，在人事任免上应倾向于选择具有较强创新意识的人才。从文化与科技融合的角度考量，推动科研队伍建设可以从以下方面着手：

其一，整合内外部科研力量。在文化与科技融合背景下非物质文化遗产保护工作的进程中，高新科技企业经常会遇到自身研究资源不足的情况，因此企业必须对其内部科研力量和外部社会性科研力量进行整合并形成合力，通过为引入外部科研支持来弥补自身科技研发的短板，加快推进实施各类非物质文化遗产研究中心的项目建设，不断提升企业的科技水平和转化能力。其二，要重视和强化知识产权工作。从人才队伍、制度建设、文献利用、培训教育等四个方面来做好知识产权保护的有关工作，加大引进吸收力度，不断提升高新科技企业的服务水平和产品质量。

（三）文化与科技融合的非物质文化遗产保护机制的实现制度

合理有效的制度是构建文化与科技融合下非物质文化遗产保护机制的基础，就现代管理学发展趋势来看，管理制度创新、体制制度创新和科技制度创新是机制构建的重要因素，下文就围绕三大制度的创新内涵、实现路径和具体举措进行阐述。

1. 以管理制度创新为基础

（1）非物质文化遗产管理创新的界定与沿革

① 管理创新的界定

1912 年，熊彼特指出，创新是一个经济范畴内的概念，并由此阐述了创新在社会经济发展中的重要作用。[①] 由于熊彼得所提出的创新理论是基于经济学领域，重点围绕企业经营的理论，在其去世后，学界将他的理论发展为当代创新经济学的两个分支，即以技术和市场为核心内容的技术源，和以制度和变革为核心内容的体制源。

此后，中外学者皆从各自的研究领域入手，对创新理论（表 6 - 3）及其外延（表 6 - 4）进行了多层面、多角度的阐释。其中，德维克里斯托夫·弗里曼提出了"国家创新系统"理论，提出"创新是一个涉及多部门、多领域、多行业、多层次的复杂集合和整体系统"[②]，同时论证了制度创新和组织创新在信息提供、规则制定、发展激励等多方面为社会活

---

① 参见 Joseph A. Schumpeter. *The Concise Encyclopedia of Economics*. Library of Economics and Liberty（2nd ed.）（Liberty Fund），2008，p. 472。

② Wikipedia. "National innovation system". 维基百科网站，2015 年 10 月 7 日，http：//en. wikipedia. org/wiki/National_ innovation_ system。

动提供支撑和推动作用。德鲁克则从管理学角度提出了对创新的界定，即"创新是由技术创新和社会创新构成系统，前者是新发明和新发现在社会领域中的应用，后者则是从管理角度出发，对结构、体制和制度等内容的调整、优化和革新，从而追求效率的最大化和资源配置的最优化。"[①]

表6-3　　　　　　　　　　创新理论的发展历程

时间	研究者	观点	创新点
1912 年	熊彼特	创新是新技术及发明在商业上的首次应用，是经济过程的一个特殊阶段。	提出"创新理论"
20 世纪 60 年代	梅尔斯·施穆克勒	创新是一个从基础科学→应用科学→设计试制→制造销售的单向逐次渐进的线性过程。	提出线性分析观点
20 世纪 70 年代	罗森伯格·克莱恩	创新是一个包含了众多相互作用和反馈的过程。	提出线性联系分析法
20 世纪 80 年代	弗里曼	创新是多个创新主体间，相互影响、相互作用的复杂过程。	提出系统分析法

表6-4　　　　　　　　　　创新外延的发展历程

研究者	观点	创新点
熊彼特	采用新的生产方法、新的企业组织、新的材料来源、开辟一个新的市场。	企业技术创新
纳尔逊·卢森博格	企业技术创新不仅是技术的首次引入或使用，而且包括该技术的扩散应用。	企业技术创新
德鲁克	创新的内容包括技术创新和社会创新。	技术创新 社会创新
弗里曼	创新是关乎政府、机构和组织等多部门的复杂现象，它对政策体制和制度框架的改革具有很大的意义。	技术创新 制度创新
伦德华尔	创新不仅包括技术创新、产品创新、组织创新和体制创新。	综合创新

[①] Peter. Drucker. *Management*：*Tasks*，*Responsibilities*，*Practices*. New York：Harper & Row，2009，p. 476.

　　通过对上述分析可以看出，创新可从广义和狭义两个层面来理解。从广义上来看，创新是以物质资源、精神资源和社会资源为本底，以创造和实现更高价值为目标，在社会应用层面实现的超越过程。从狭义上来看，创新是一个经济概念，即指一项新产品、新服务、新要素在设计、实验、生产、销售、售后等一列市场化活动的总称。综上所述，创新是一个动态的、历史的过程，在不同的社会历史时期，其含义均在变化和发展。

　　如前所述，基于文化与科技融合下非物质文化遗产保护机制的实现需要依靠政府管理部门，即文化行政管理部门全程管理，可见，文化与科技融合背景下非物质文化遗产管理创新实质上就是各级文化行政管理部门的管理创新。由于文化行政管理部门是政府对文化领域实施管理的专门机构，因此文化行政管理部门的管理创新也可以理解为政府管理创新在文化管理领域内的集中体现。现阶段，政府管理创新是一项新兴的研究领域，尚未有学者对文化行政管理部门管理创新进行界定，但学界对政府管理创新已有一些前沿性的探讨。

　　结合基于文化与科技融合下非物质文化遗产保护机制的内涵，笔者认为所谓文化与科技融合背景下非物质文化遗产管理创新就是在对我国非物质文化遗产保护过程中，各级文化行政主管部门对部门内部的管理理念、文化行业的管理模式、文化产业的管理方式方法的创新改革。

　　②　管理创新的沿革与意义

　　实现公共利益最大化是世界各国政府的首要目标，作为以谋求全民利益为己任的中国政府自1978年以来，一直从多方面推动管理创新进程（表6-5）。

表6-5　　　　　　　　　　　我国政府管理创新的历史沿革

历史阶段	工作主题	主要内容
改革探索阶段（1978—1991）	实行政府机构改革	减少国务院所辖各部委总数，精减机关工作人员。
	转变政府职能，实现政企分开	废止人民公社制，实行行政权与生产经营权分离；以转变政府职能为核心，加强政府宏观管理、减少直接控制。
	调整中央与地方各级政府间关系	对中央与地方各级政府间经济关系进行调整；扩大地方经济管理的财权和事权；发挥城市作用，扩大城市权限；对中央与地方各级政府间政治关系的调整。

续表

历史阶段	工作主题	主要内容
渐进发展阶段 （1992—2002）	深化政府机构改革	建设社会主义市场经济体制，实现政企分开； 理顺国务院各部门的关系，合理划分职责权限。
	推动政府管理 能力提升	实行行政审批制度改革，促进政府职能转变； 改变政府直接管理企业的方式，建立现代企业制度； 改进政府管理手段，建设电子化政府。
	改善中央与地方 各级政府间关系	改善政府与社会企业的关系，通过行政手段进行分税制改革； 推动人事改革，实施公务员制度。
管理创新阶段 （2003 年至今）	改革行政机构， 促进政府管理创新	逐步实施大部制改革； 关注人民生活，推动各级政府向服务型政府转变。
	转变政府职能， 推动政府管理创新	突出政府服务功能，建设服务型政府，努力建设透明政府； 加强危机管理，构建和谐社会，强化政府社会管理职能。
	规范政府间关系	打破条块分割，调整行政权限和管理体制。

通过对上述历程的分析可知，我国政府的管理创新主要集中在转变职能和调整关系两大方面。从文化行政管理部门的角度来看，管理创新具有以下重要意义：

第一，实现文化法制化管理的基础。文化法制化管理是指文化行政管理部门在对非物质文化遗产进行行政管理和整体导向的过程中，必须依照非物质文化遗产发展的客观规律和法治精神进行依法管理。随着我国《非物质文化遗产法》的颁布推行，我国非物质文化遗产法制化管理已取得了巨大进展，但在非物质文化遗产立法和非物质文化遗产执法过程中，文化行政管理部门还需要与其他行政管理部门如工商、民政、海关、税务等部门的通力合作，同时应制定行之有效的法律法规来约束和规范我国非物质文化遗产的保护和利用行为，切实落实《非物质文化遗产法》的各项规定与要求。可见，从法制的定义来看，管理创新是"一种社会的博弈规则，即由社会关系决定的行为约束条件"①，文化行政管理部门也正是通过这种持续不断变化来实现发展与更新，来适应非物质文化遗产保护需求和社会文化发展需要。总体而言，文化行政管理部门应在上位法的约束下，对我国非物质文化遗产保护的方向、标准和要求进行界定并使其法制化、规范化。

第二，应对文化全球化挑战的需要。文化全球化是指"在世界范围内表现出的一种标准化，它受到世界范围内的商品流通、电子商务和无线通信的影响，共同推动了全世界人类经验的趋同。"② 文化全球化是现代科技和社会发展的必然产物，也是我国打开国门之后文化行政管理部门必须面对的重要课题，它在给我国带来诸如技术共享、信息交流、文化交流等积极影响的同时，也带来了诸多负面影响。这一局面对我国文化行政管理部门提出了一系列管理挑战，它们集中在"管理能力挑战、政府职能挑战、政府权力挑战、治理结构挑战、管理方法挑战"③ 五个方面，可见，作为世界最大的发展中国家，文化行政管理部门所存在的各类问题将成为制约我国非物质文化遗产保护的重要因素，从国际分工和技术竞争的角度来看，如果不推行管理创新，适应多边非物质文化遗产文化交流的国际模式，未来将很难在激烈的国际文化竞争中获得"后发优势"、发挥"比较优势"。

第三，推动文化体制改革的关键。经过三十余年改革开放，通过对中央集权的改造和对体制机构的改革，我国社会经济获得了较大的增长和发展，经济水平得到了有效提高。在这一历史阶段下，我国文化体制改革从总体上滞后于经济体制改革的问题就日益受到社会各界的关注。经济文化发展与文化体制改革是一对紧密相连、相互促进的共同体，经济发展是文化体制改革的基础，文化体制改革则是经济基础的保障。从我国非物质文化遗产保护工作来看，由于市场经济本身的短板和缺憾，无法利用"看不见的手"在社会领域内对非物质文化遗产保护的资源配置、生产性保

---

① North, Douglass C. *Institutions, Institutional Change and Economic Performance*. Cambridge University Press, 1990, pp. 3–4.

② 维基百科：《文化全球化》，2014 年，http：//zh. wikipedia. org/wiki/% E6％96％87％E5％8C％96％E5％85％A8％E7％90％83％E5％8C％96。

③ 罗自刚：《挑战与回应——全球化背景下公共行政变革的生态学解析》，《北京行政学院学报》2001 年第 6 期。

护、整体保护等方面进行长远调控，这就要求必须发挥文化行政管理部门的作用，在新时期，在既依托于市场又不依赖于市场的前提下对我国非物质文化遗产保护进行主管和监督。

第四，提升文化行政管理效能的途径。文化行政管理效能是基于文化与科技融合下非物质文化遗产保护机制得以推行的重要影响因素，它主要从能力、效率、效果和效益四个方面体现文化行政管理部门对非物质文化遗产的管理和介入。随着我国非物质文化遗产保护工作的日渐深入，过去传统、落后的行政文化和管理模式已逐渐无法适应文化与科技融合下非物质文化遗产保护的需求。为此，党中央在十八大报告中提出"深入推进政企分开、政资分开、政事分开、政社分开，建设职能科学、结构优化、廉洁高效、人民满意的服务型政府。"①　目的是消减文化与科技融合下非物质文化遗产保护机制运行过程中各类不利的行政因素，构建和推行符合十八大报告要求的文化行政管理体制。可见，为了实现上述文化行政改革目标，最基本的途径还是从文化行政管理部门的管理创新入手，通过改进文化行政管理流程和管理内容，优化文化行政管理方式，创造适应文化与科技融合发展的文化环境，为逐步实现向服务型政府转型打下基础。

第五，构建非物质文化遗产社会化保护的前提。非物质文化遗产社会化保护实施的基础就是关注非物质文化遗产保护的普通民众、社会团体、私人机构和高新企业等社会力量。现阶段，政府已成为非物质文化遗产管理和非物质文化遗产保护的唯一主体，在体制上和制度上未对上述社会力量给予充分的利用和引导，不利于我国非物质文化遗产社会化保护的开展和实现。在我国持续推进行政体制改革，加大文化与科技融合力度的新形势下，随着文化行政管理部门在非物质文化遗产微观领域的逐步退出，社会力量参与非物质文化遗产保护的愿望和热情都在不断提升。据此，文化行政管理部门不可能也没必要对非物质文化遗产保护的全部事务进行大包大揽式的管理，而应通过行政主管、科技引导、市场运作、社会保护的新方式，打破传统的管理模式，将以前大包大揽的政府职能逐步分解到社会组织中，把大量的带有社会性、公益性的公共服务职能交给社会力量来完成，进而通过实现非物质文化遗产社会化保护工作不断推动服务型政府的

---

① 胡锦涛：《胡锦涛在中国共产党第十八次全国代表大会上的报告》，新华网站，2015 年10 月 7 日，http：//news. xinhuanet. com/18cpcnc/2012 - 11/17/c - 113711665. htm。

构建。

（2）非物质文化遗产管理创新的原则与目标

①　管理创新的原则

第一，规范性原则。"在政府治理领域中，创造性和规范性是一对互生互动的概念，只有在政府治理活动中将两者结合起来，才能适应社会环境变化和政府职能转换的需要。"① 可见，在制度框架内实施规范化管理是文化行政管理部门实施非物质文化遗产管理创新的基础，通过文化行政管理部门的行政管理行为的有效实施，将文化行政部门在非物质文化遗产管理创新过程中所涉及的问题进行整合，并形成一个解决上述问题的标准和流程，使非物质文化遗产管理受到全程的监控和反馈，推动文化行政管理部门对非物质文化遗产的管控过程形成规范、有序的行为系统，保证我国文化与科技融合下非物质文化遗产保护机制的有效实施。

第二，系统性原则。就文化与科技融合下非物质文化遗产保护机制而言，它包括了我国非物质文化遗产资源的决策制度、监督制度、人员制度等内容。然而，由于我国非物质文化遗产总量庞大、分布地域广泛、差异较大、区域经济发展不平衡等因素的影响，我国文化行政管理部门很难用一种模式对全国非物质文化遗产进行有效保护。可见，文化行政管理部门作为一个面向全国非物质文化遗产保护的管理机构，必须在统筹兼顾、因地制宜的基础上对全国非物质文化遗产保护现状做出准确评估，避免因武断决策导致不良后果。

第三，有效性原则。从非物质文化遗产管理的角度来看，文化行政管理部门的有效性是指上述部门能否有效对全国非物质文化遗产进行管理。从静态来看，文化行政管理部门必须具备与非物质文化遗产管理职能相适应的权力体系，包括合理的机构设置、健全的制度体系、完善的法规体系等；从动态来看，文化行政管理部门还需具备行使管理行为所需的各项能力，其中最为重要的是文化行政管理部门的政策管理能力和财政支持能力。只有在上述静态和动态条件同时满足的条件下，文化行政管理部门的管理才是有效的。可见，文化行政管理部门需要充分考虑并合理构建非物质文化遗产保护工作中投入与产出的逻辑关系，从而提升非物质文化遗产

---

① 唐铁汉：《学习邓小平论政府管理的创造性与规范性思想》，《中国行政管理》1997 年第3 期。

保护的有效性。

第四，先进性原则。在文化全球化的世界中，我国文化行政管理部门只有凭借开放的心态，吸纳多层次、多类型社会力量的参与，同时将国内外非物质文化遗产保护、非物质文化遗产管理和非物质文化遗产利用的成功经验，因地制宜地纳入和内化到我国非物质文化遗产保护的实际之中，从而保证我国非物质文化遗产能够在不断变化的世界环境中得以延续和发展。可见，文化行政管理部门在非物质文化遗产管理创新过程中坚持先进性原则，对国内外非物质文化遗产保护事业的有关经验进行认真吸取，可极大降低试错成本，避免不必要的管理损失，充分提高管理效能。

② 管理创新的目标

第一，推行法制化管理。依照《非物质文化遗产法》的相关要求，应对我国各级文化行政管理部门的机构设置、工作流程、权力构成等方面进行界定和限定，实施规范合法的管理，即"基于专门法律法规的要求，对政府的各项行政行为的规范、合法进行界定、要求、监督和反馈。"①文化部门法制化管理的基本目标包括：第一，在我国宪法和专门法的权力赋予下，基于我国非物质文化遗产保护的现实需求，在文化行政管理部门中推行规范的行政程序；第二，构建和完善我国各级各类非物质文化遗产法律、法规、条例、规章体系，做到下位法与上位法的统一；第三，文化行政管理部门的行政命令、管理举措、决议文件均不违背既定的非物质文化遗产法律法律条款；第四，文化行政管理部门所辖组织、机构、团体和个人均能按照法律法规和部门规章，对非物质文化遗产保护行使管理职权。

第二，建设服务型政府。服务型政府是"建立在合适的政治基础上，与现代社会和市场经济相适应的基本政府模式。它以服务社会、服务公众为主要目标"②。可见，文化行政管理部门在向服务型政府转型的过程中，可将非物质文化遗产保护作为整体转型的突破口，进而将成功经验向全系统进行推广，从而实现本部门的转型升级。文化行政管理部门建设服务型政府的基本目标包括：第一，文化行政部门在非物质文化遗产保护工作中的主要职能是向社会提供公共产品，重点在于引导非物质文化遗产社会化

---

① 李文良：《中国政府职能转变问题报告》，中国发展出版社 2003 年版，第 197 页。

② 徐衣显：《转型期中国政府经济职能研究》，中国财政经济出版社 2007 年版，第 4 页。

保护工作，监督市场体制条件下实施非物质文化遗产保护工作可能带来的破坏性效果；第二，非物质文化遗产保护是基于非物质文化遗产保护需要，和人民群众不断产生和提升的文化生活需求的社会性工作，而不能仅凭市场需求和相关利益集团开发利用非物质文化遗产进行获利的需要来制定非物质文化遗产保护政策；第三，非物质文化遗产保护工作的成败优劣是考核文化行政管理部门在非物质文化遗产行政成果上的唯一标准。

　　第三，实现社会多方合作。逐步缩小行政管辖范围、逐步放开行政审批权限、逐渐构建专业化政府，一直以来都是我国行政体制改革的重要方向。政府与社会多方合作，从内容上来看就是放弃过去一言堂式的垄断管理，逐步从引入外脑、齐抓共管的角度入手，将一部分社会管理职能分担给除政府之外的其他社会团体和民间组织，从而实现对社会公共事务的共同管理，从而实现政府的减员增效。文化行政管理部门实现社会多方合作的基本特点可以表现为：其一，对社会多方一视同仁地开展合作，它们不仅包括文化行政管理部门与非政府组织、非营利组织、社区组织、公民自组织等类型合作，也包括其与政党、企业、私营机构等组织的合作，还包括其与政府间的合作。其二，合作的层次不仅包括部委层次的合作，还包括地方层次的合作，以及部委与地方之间的合作。其三，合作的本质是稳定发展，它既表现在合作时间的长期性，也表现在合作内容的规范性和广博性之上。

　　（3）非物质文化遗产管理创新的实施举措

　　文化行政管理部门的管理创新是个系统工程，涉及部门管理的各个领域、各个层次，需要通盘考虑、整体设计、统筹兼顾、全面落实。从基于文化与科技融合下非物质文化遗产保护机制的运行要求来看，我国文化行政管理部门非物质文化遗产管理创新的实施举措主要集中在以下方面：

　　①　依法管理

　　第一，明确行政管理主体。文化行政管理部门作为对我国非物质文化遗产保护事业的行政管理主体，是各类非物质文化遗产法律、法规、规章和规范性文件的制定者和执行者，这一地位的特殊性就要求其自身加强规范建设、实行依法行政。2004 年颁布施行的《行政许可法》对我国行政管理部门依法行政提出了制度化的要求。随后，为了配合该法案的实施，2003 年国务院发布了《贯彻实施〈行政许可法〉的通知》，提出"依法清理行政许可实施机关"的要求。由此可见，文化行政管理部门在对非物质文化遗产进行管理的过程中，须遵循国家法律法规的授权，在非物质文化遗产管理的特定领域和特定场合行使自己的行政权力，而不是采用"凭经验、凭感觉、依惯例"的方式来进行管理。在具体工作中，要首先根据部门职责和法律条款，理顺自身的管理层次和责权归属，做到有法可依、有法必依、执法必严。同时，上级主管部门需定期对各级各类文化行政管理机构的合法性、有效性进行甄别、判断和清理，并通过一定载体定期向社会公布。

第二，合理分解管理职权。由于我国非物质文化遗产保护的对象多样、分布广泛，因此文化行政管理部门必须依照行政管理的能级原则将非物质文化遗产管理工作逐层分解、逐级推进，才能在全国范围内保证非物质文化遗产管理权、非物质文化遗产监督权和非物质文化遗产执法权的实现。在文化与科技融合背景下，对我国文化行政管理部门执法权进行分解需注意以下方面：其一，划定管理边界。明确的管理边界是各级文化行政管理部门依法行政的依据，为了避免边界不明、执法随意的问题，需按照现代社会"权力法定"的原则，根据我国非物质文化遗产保护的现实需要，逐项列出文化行政管理部门的"权力清单"，让管理主体和管理对象均知晓相应的管理边界和权力限定，这样既增强了文化行政管理部门的管理意识，也有利于增强被监管方的监督意识，有利于我国非物质文化遗产保护工作的更好开展。其二，确定管理跨度。在对文化行政责权进行分解下放的过程中，为提高我国非物质文化遗产保护的监管效率和指导效果，要尽可能减少行政管理层次，在兼顾管理幅度和协调配合的基础上，避免文化行政管理系统内部不同管理机构和管理岗位的责权交叉。为此，应充分发挥政府机构中直线职能制组织机构的优点，在保证统一指挥的前提下，开拓横向联合和职能综合，充分发挥管理组织的整体效能。同时，根据相关法律法规的要求，对部分管理部门之间存在的不合理行政关系与隶属关系进行改革，通过管理创新来实现科学管理。

第三，规范行政管理行为。规范行政管理行为具体表现在：其一，防止行政不作为。《中华人民共和国行政诉讼法》第十一条规定："人民法院受理公民法人和其他组织对下列具体行政行为不服提起的诉讼"。①

---

① 《中华人民共和国行政诉讼法》，http://www.gov.cn/flfg/2006-10/29/content_1499268.htm。

这一法律条文明确规定了文化行政管理部门需要承担对行政不作为承担法律责任。从法律规定来看，行政不作为在我国现行法律对行政不作为的地位缺乏明确、统一的规定。行政诉讼法和行政复议法只是在有关条文中规定了某些行政不作为的具体表现形态。《中华人民共和国行政诉讼法》第十一条第四项规定："认为符合法定条件申请行政机关颁发许可证和执照，行政机关拒绝颁发①或者不予答复的"；第五项规定："申请行政机关履行保护人身权、财产权的法定职责，行政机关拒绝履行或者不予答复的"；第六项规定："认为行政机关没有依法发给抚恤金的"；《中华人民共和国行政复议法》在有关行政复议范围的第六条第八项规定："认为符合法定条件，申请行政机关颁发许可证，执照，资质证，资格证等证书，或者申请行政机关审批，登记有关事项，行政机关没有依法办理的"；第九项规定："申请行政机关履行保护人身权利，财产权利，受教育权利的法定职责，行政机关没有依法履行的"；第十项规定："申请行政机关依法发放抚恤金，社会保险金或者最低生活保障费，行政机关没有依法发放的。"在第十九条首次将行政复议不作为这种不作为形式纳入行政诉讼的受案范围，该条规定："法律、法规规定应当先向行政复议机关申请行政复议、对行政复议不服再向人民法院提起行政诉讼的，行政复议机关决定不予受理或者受理后超过行政复议期限不作答复的，公民、法人或者其他组织可以自收到不予受理决定书之日起或者行政复议期满之日起十五日内，依法向人民法院提起行政诉讼。"1999 年出台的最高人民法院《关于执行〈中华人民共和国行政诉讼法〉若干问题的解释》第 27 条、第 56 条，则首次将行政不作为以专门的法律术语形式予以规定。随后在《最高人民法院关于行政诉讼证据若干问题的规定》第四条第二款中规定了有关行政不作为案件的举证责任问题。从学界界定上来看，中国行政法学界对行政不作为的界定有十几种观点之多，可谓是仁者见仁，智者见智。笔者就其中一些有代表性的观点介绍如下：罗豪才认为"行政不作为是指行政主体对行政相对人的合法申请，应当履行也可能履行拥有的法定职责，但却不履行或拖延履行的行为形式②。"

---

① 行政不作为是否包括拒绝行为，在理论界还存在着很大的争议。依笔者的观点，拒绝行为不是行政不作为而是否定性的行政作为。为了保证引用法律条款的完整性，故在此予以保留。

② 罗豪才主编：《中国司法审查制度》，北京大学出版社 1993 年版，第 168 页。

黄曙海认为"行政不作为是指行政机关不履行法定职责的行为①。"吴偕林认为"行政不作为是行政主体赋有作为的法定义务而在程序上消极的不为状态。"② 陈小君、方世荣认为"行政不作为是行政机关在方式或内容上有积极作为义务,但其不为的状态。"③ 朱新力认为"行政不作为违法是指行政主体有积极实施法定行政作为的义务并且能够履行而未履行(包括没有正确履行)的状态。"④ 孙琬钟、江必新认为"行政不作为是指行政主体未履行具体的法定作为义务,并且在程序上没有明确意思表示的行政行为。"⑤ 胡建淼认为"行政不作为违法是指行政主体赋有积极实施法定行政作为义务,并且能够履行而未履行的行政行为状态。"⑥ 黄金富认为"行政不作为是指对行政法律关系的产生,变更,或消灭不发生任何影响的行政行为。包括:行政不作为违法和行政不作为合法。"⑦其二,规范裁量行为。由于在非物质文化遗产保护过程中,各地保护环境、保护基础和社会经济条件各有特点,因此在非物质文化遗产保护工作实际中需要文化行政管理部门对工作进行量体裁衣、管控裁量,这就要求对管理行为的自由度进行规范。首先,对非物质文化遗产保护工作需要有一个整体性的安排,并对自由裁量过程中可能出现的问题作出原则性规定;此外,要在各级各类文化行政管理部门中根据工作实际,建立一套较为完整的自由裁量基准管理制度,对自由裁量行为的指导标准进行完善和细化,使其更能因地制宜、符合非物质文化遗产保护的时代要求。其三,遵从法定程序。法定程序是指"行政执法机关在执法过程中法律规定应遵循的步骤和方式,它是检验具体行政行为是否合法的标准之一"⑧。

---

① 黄曙海主编:《行政诉讼法 100 问》,法律出版社 1989 年版,第 79 页。

② 吴偕林:《关于不作为行政行为与不作为行政案件范围的思考》,《行政法学研究》1995年第 1 期。

③ 陈小君、方世荣:《具体行政行为几处疑难问题的识别研析》,《中国法学》1996 年第 1期。

④ 朱新力:《行政违法研究》,杭州大学出版社 1999 年版,第 133 页。

⑤ 孙琬钟、江必新主编:《行政管理相对人的权益保护》,人民法院出版社 2003 年版,第 183 页。

⑥ 胡建淼主编:《行政违法问题探究》,法律出版社 2000 年版,第 243 页。

⑦ 黄金富:《行政不作为及其诉讼中的几个问题研究》,《华东政法学院学报》2003 年第 5期。

⑧ 蔡尚义:《当前行政机关败诉现象透析》,《中国行政管理》1994 年第 7 期。

②　民主管理

第一，完善民主决策。非物质文化遗产保护的民主决策是指为了规范非物质文化遗产保护的决策行为，通过预定的程序、规则和方式。为此，文化行政主管部门可在如下方面着手，推动民主决策工作。它们包括：其一，完善听证制度。随着我国非物质文化遗产保护事业的不断发展，社会各界同非物质文化遗产之间的关系日益紧密，同时在非物质文化遗产保护工作的开展过程中，社会公众也不仅是被管理的对象，同时更是文化行政管理部门行政权力行使的监督者和受益对象。为唤起社会公众的非物质文化遗产保护热情，文化行政管理部门应进一步扩大非物质文化遗产保护听证制度的应用范围，推动听证制度的发展和拓展。其二，建立社会参与制度。非物质文化遗产社会化保护的内涵就是在公众参与和稳定政策的前提下，引导和依靠社会公众对非物质文化遗产进行保护的过程。社会参与制度的有效建立将推动文化行政管理部门在保证社会各方利益的基础上，最终实现非物质文化遗产保护决策的民主化、公开化、公正化和法制化。其三，建立民意调查制度。文化行政管理部门在对非物质文化遗产进行管理决策之前，可通过对特定项目的民意调查，一方面获取社会公众的支持与理解，另一方面还可以获得宣传政策、掌握舆情的效果，从而提高社会公众对文化行政管理部门施政的理解与支持。

第二，加强民主监督。其一，确定监督要点。在非物质文化遗产保护工作中存在大量需要自由裁量的管理个案，但不恰当的自由裁量又可能会滋生行政管理不公，使公众怀疑文化行政管理部门的公平性，同时对管理工作和管理人员采取不配合的态度与方式，进而导致违法事件和行为的增加。因此，在给予行政管理人员自由裁量和管理权限的同时，要发挥民主监督职能，对非物质文化遗产保护工作的关键环节和事件节点进行监督，并创建严格的违法责任追究制。其二，健全监督主体。要推动文化行政管理部门提高管理效能，须强化管理公开和政务公开，建立健全科学规范的监督法规体系。就其内容来看，文化行政管理部门的监督内容包括四个方面：一是加强党内监督，充分发挥党内纪检机关的职能作用，定期对行政管理工作开展检查；二是加强国家机关的监督工作，充分发挥法规体系赋予各级人大的法律监督作用，以及大力发扬政协机关的民主监督作用；三是加强群众监督，通过主题开放日、网络媒体、广播电视等渠道主动接受社会监督，提高社会公众对非物质文化遗产保护的知晓率和满意度；四是加强新闻监督，充分发挥新闻媒体的公开性、及时性和群众性的特点，坚持正确的舆论导向，充分发挥对文化行政管理部门的监督作用。

③　服务导向

第一，发展电子政务服务。文化行政管理部门利用互联网作为管理载体，对全国非物质文化遗产进行管理是我国电子政务工作的一个重要组成部分，它是基于文化与科技融合下非物质文化遗产保护机制的实施基础和传播手段。发展电子政务对文化行政管理部门的管理工作具有重要的意义。其一，提高管理效率。由于互联网信息传递的便利性、跨地域性，采用电子政务系统实现全国非物质文化遗产保护的整体管理既可以节约办公成本，又可以提高非物质文化遗产保护效果；其二，实现权力监督。电子政务系统在日常操作过程中要求责权到人，通过信息化管理流程再造使权力分散化、管理均衡化、权力制衡化的组织目标得以实现。为此，文化行政管理部门应首先抓紧部门信息和通信网络的基础建设，同时对现有的电子公务系统进行整合，对原有数据库进行归档、迁移或转化，构建一个全国范围的基础管理数据库，实现文化行政管理部门的信息共享，同时根据我国非物质文化遗产保护和人民群众的需要，适时、适度、分阶段地对社会开放各类非物质文化遗产保护信息，促进政府信息流通，提高行政效能和服务质量。

第二，构建绩效考评体系。由于计划体制下的文化行政工作只注重过程，而不注重结果。从美国《政府绩效与成果法》的实施效果来看，文化行政管理部门绩效考核内容应包括"绩效目标、绩效过程、绩效指标、技能技术、信息资源、人力财力、价值手段等方面"①。从我国行政绩效考评现状来看，我国文化行政管理部门非物质文化遗产保护工作考核机制存在的问题主要包括：考核内容不明确、指标设置不科学、程序流程不规范、结构模式单一、评价方式流于形式。为避免上述情况的发生，应在工作中做到：其一，要明确考核内容。针对不同部门、不同职务和不同层次的考核对象进行以德、能、勤、绩、廉为基础的系统考核。其二，要完善指标体系。在对基层公务员的非物质文化遗产保护工作进行职位分析的基础上，对其所从事工作的内容、性质、责任、环境等因素进行研究，以此为基础构建基层公务员考核指标体系。其三，要改进考核方法。根据组织

---

①　张成福：《公共管理学》，中国人民大学出版社 2001 年版，第 283—284 页。

权变理论的定义，将定性评价和定量评价相结合，充分考虑非物质文化遗产保护的社会需求和公众利益，采取灵活的方式对不同岗位进行界定与评价，提高评价结果的透明度和公正性，发挥考评体系的正面引导作用。

第三，完善基层培训制度。从科学实用、提高能力的角度出发，不断推动文化管理部门集成公务员的培训工作。从内容上采用按需培训的方式，突出培训工作的专业性和针对性，在定期对各地非物质文化遗产保护需求进行摸底调查的前提下，本着有用、适用、管用、够用的宗旨，有针对性地制定培训内容。在方法上需采用多种培训理念、技术相结合的培训模式，针对非物质文化遗产保护的基层工作，面向问题和难点运用多种学习方法和训练方式来调动基层公务员的参训积极性。在保障上需遵照《公务员法》的要求，要求各级文化行政管理部门出台相应的实施细则和时间安排，将培训效果与公务员激励机制相结合，将培训的质量和效果作为公务员考评、考核、定级等工作的依据之一。

④ 合作管理

第一，理顺党政关系。从党政关系的内涵来看，"党"是指执政党，在中国则是中国共产党；"政"首先是指国家政权，在中国就是各级人民代表大会。从《选举法》的要求来看，政府是由人大产生、对人大负责的，所以不能越过人大谈论党政关系。现阶段，我国还存在党或党委一把手对于文化行政管理部门的工作干预过多，或直接包办现象，这就要求党政双方需深刻理解其在国家生活中的地位和应承担的责任，同时将党政分开落到实处，以人大为中介来实现党对文化行政部门进行领导的理想党政关系。为了实现上述目标，需从以下四个方面着手：其一，明确责任。政党和政府机构是不同性质的组织，党政分开就是党务与政务要遵循组织结构和组织管理的规律性，在把握各自角色、分清工作界限基础上，才开展工作。为此，应重新界定党政部门的角色定位、改善党的执政方式和领导方式。其二，区分权力。党的权力是政治权力，文化行政管理部门的权力是行政权，这就意味着，党委不能代替文化行政管理部门对非物质文化遗产工作作出直接管理和控制，而是应该一方面通过政治领导、思想领导、组织领导，另一方面通过政治原则和政治方向的控制，影响各级领导的重大决策，实现对文化行政管理部门的监督和检查。其三，独立行政。文化行政管理部门应围绕上述准则开展工作，在接受党的领导的同时，就依照政务工作要求具体实施非物质文化遗产保护的具体行政工作，从而独立自主地开展管理工作。其四，加强沟通。在现阶段，我国既不能笼统地讲党政分离，也不能笼统地讲党政合一，这样既可能弱化党对工作的领导，也可能导致党政不分、以党代政。可见，党务和政务应在职能上做出合理分工，在两者之间形成一种良性的沟通合作机制，采用"党政联席会议""党政交叉任职"等方式形成政务载体分开，党务参与政务、监督政务的良好态势。

第二，融洽政企关系。当前，在文化与科技融合的历史背景下，不断引导和推动高新企业参与非物质文化遗产保护工作是未来文化行政管理部门需要切实推动的重要工作。为融洽政企关系，推动非物质文化遗产保护事业的深入发展，可以从如下方面加大力度：其一，政企分开。文化行政管理部门不应参与微观经济活动的监督，而应将主要精力集中在国有资产的保值增值之上。此外，在对企业进行权力下放的同时，文化行政管理部门应将工作重点从企业的投资主体向服务主体转变，引导高新科技企业通过市场获得自身发展所需的资金，把文化行政管理的工作重点切实放到宏观管理、非物质文化遗产的保护传承和公共服务上。其二，政出一孔。按照现代政府组织结构的职能要求，按照责权一致的原则，根据非物质文化遗产保护企业管理需要调整文化行政管理部门的责任权限和责任归口，克服政出多门的行政弊端。同时，文化行政管理部门应本着市场经济原则，对行业管理进行抓大放小，充分发挥企业的自主能动性，同时充分发挥行业协会的作用。其三，规划先行。为保证我国非物质文化遗产保护工作的前瞻性和有效性，同时避免市场的短视心态的影响，文化行政管理部门在确定了非物质文化遗产保护的行政管理目标之后，应从最大化发挥政府宏观调控职能的角度出发，因地制宜地制定各级非物质文化遗产保护工作规划，从而引导社会各部门将资源、技术和人力通过最优方式集中到非物质文化遗产保护领域之中，保证微观利益与宏观利益的共同实现。

第三，推进政社关系。文化行政管理部门和社会公众之间是相互依存的关系，一方面文化行政管理部门的服务对象是社会公众，保护非物质文化遗产也是为了延续和传承社会文化，另一方面社会公众是文化行政管理部门实施非物质文化遗产保护的重要参与者，同时也是文化行政管理部门的工作监督者。为了加强文化行政管理部门和社会公众之间的联系，可采取以下举措：其一，明确文化行政管理范畴。积极推动社会公众参与文化行政管理事务，将文化行政的各类职能分散于多个由文化行政管理部门扶持的外部社会服务机构，推动文化行政管理部门从管制行政走向服务行政的管理创新，逐步实现文化行政管理部门退出市场运营的目标。将市场主体变为社会公众和企业单位为主导，最终实现打破政府行政垄断，激发社会齐抓共管的目标。其二，发挥社会组织作用。在文化行政管理创新的过程中，应本着"少花钱、多办事"的原则，发动社会力量为公众提供便捷高效的服务。为此，可以采取政府服务招标的形式，由文化行政管理部门整理并核定非物质文化遗产保护的资金投向和所用额度，同时确定所需保护服务的数量和质量，而后，中标的承包商与文化行政管理部门签订合同，并严格按合同规定提供各种公共服务。通过上述方式，文化行政管理部门可以根据既定合同对服务内容和服务效果进行监督和检查，从而可以对非物质文化遗产保护的工作进展进行量化考核。此外，可以采用公私合作的方式。对某些短期不盈利或长期投资收益不高的非物质文化遗产保护项目，文化行政管理部门可以采用公私合作方法，利用优惠政策为企业带来一些实惠。其三，创新社会组织培育方式。为培育非物质文化遗产保护类社会组织发展，应该建立非物质文化遗产保护的公益孵化集群，进一步完善创意投资与合同招标的相应机制，同时鼓励各地方政府通过成立基金会的形式增加对非物质文化遗产社会组织的投入，促进其在与文化行政管理部门和高新技术企业之间的互动中得到发展。

2. 以体制创新为重点

（1）非物质文化遗产体制创新的界定与沿革

①　体制创新的概念

一是体制的界定。体制是国家基本制度的重要体现形式，它为基本制度服务。基本制度具有相对稳定性和单一性，而体制则具有多样性和灵活性。而从历史唯物主义角度上来说，体制是联系社会有机体三大子系统——生产力、生产关系和上层建筑之间的结合点，是三者之间发生相互联系、发生作用的桥梁和纽带。基于上述认知，从文化与科技融合下非物质文化遗产保护机制的角度来看，体制是国家机关、企事业单位根据我国非物质文化遗产保护需求，从文化与科技融合角度进行的机构设置和管理权限划分的关系制度。

从社会管理体制包含的内容上来看，党的十七大报告提到社会管理体制包含公共服务、社会保障、社会组织建设和管理等十大体系。诚然，学界也提出了多种不同的观点。如，根据区划条件，将社会管理体制分为

"社团管理体制、社会治安体制、社会服务体制"① 等七个体制类型；根据社会学原理，有学者也提出社会管理体制包括"社会政策体制、社会控制体制和社会服务体制"②。

二是非物质文化遗产体制创新的界定。从我国文化管理部门的非物质文化遗产体制创新来看，文化创新不等同于一般意义上的对传统的继承与延续，而是在思想、观念、内容和形式上的创新，是传统文化向现代文化、精神内涵不断外化更新的发展过程。可见，文化与科技融合背景下非物质文化遗产体制创新是在遵循社会主义精神建设的特点和规律，面向我国非物质文化遗产保护的发展和需要，对非物质文化遗产保护的制度、制度、法规、组织、机制等内容的综合性系统进行的提升、完善和革新。根据党的十七大报告对社会体制的论述，结合学界对体制内容的阐释，笔者认为非物质文化遗产体制创新的内容主要包括：非物质文化遗产公共服务体系、非物质文化遗产传承保障体系、非物质文化遗产社会组织管理体系、非物质文化遗产基层管理体制等部分。

② 体制创新的沿革

新中国肇始至今，我国政府体制创新历经了 60 余年的改革实践，密珊在博士学位论文《党领导社会管理体制创新研究》中，对我国政府体制创新进行了如下总结（表 6 - 6）：

表 6 - 6　　　　　　　我国政府体制创新的历史沿革③

历史阶段	时间跨度	工作主题	主要内容
认知阶段	1949—1956 年	巩固行政权、改造旧社会	确立中央人民政府的法理基础 在军事和经济上采取措施，稳定社会形势 建立各级地方人民政权
		发挥传统优势，借鉴苏联经验	充分学习苏联经验和体制模式
		构建社会主义社会，完善行政领导格局	完成"三大改造" 调整城乡关系、党政关系

---

① 俞可平：《推进社会管理体制的改革创新》，《学习时报》2007 年 4 月 23 日第 6 版。
② 陆学艺：《中国社会建设与社会管理：对话·争鸣》，社会科学文献出版社 2011 年版，第 59—60 页。
③ 密珊：《党领导社会管理体制创新研究》，博士学位论文，中共中央党校，2013 年。

续表

历史阶段	时间跨度	工作主题	主要内容
传统社会管理体制形成	1956—1978 年	基于社会主义认识构建社会管理体制	片面追求"一大二公" 片面追求"斯大林"社会主义模式
传统社会管理体制形成	1956—1978 年	传统社会管理体制的不均衡发展	施行农村资源向城市集中 采用政策导致城乡隔离 运用户籍施行严格人口管理
传统社会管理体制改革	1978—2002 年	改革开放初期的局部调整	放松管制、放宽政策 促进城乡流动，促进社会就业 探索行政管理体制改革
		理念和原则发生重大转变	社会管理思想从过去的"一大二公"，转变为放权搞活 改革开放推动执政理念、管理原则和社会结构的全新变革
		推动市场经济发展	社会管理市场化 构建市场法制体系
新型社会管理体制的构建	2002 年至今	提高执政能力，构建和谐社会	加强执政能力建设，形成良性循环 积极应对社会转型，构建和谐社会
		推进科学发展，更加关注民生	坚持科学发展观和走群众路线的方向指引 加快转变政府职能 以改善民生为重点内容

（2）非物质文化遗产体制创新的目标与要素

①　体制创新的目标

文化与科技融合背景下非物质文化遗产体制创新的目标，就是要立足于文化发展与科技进步，在更新非物质文化遗产保护与管理理念，构建新的非物质文化遗产融合管理模式的基础上，整合相关的社会资源，提高非物质文化遗产的管理水平，强化各级文化行政管理部门的管理与服务职能。

非物质文化遗产体制创新是根据现代社会的结构变化，在利益协调和整合、利益表达和诉求、矛盾化解与调处等方面构建科学化的体制，正确处理非物质文化遗产保护与经济发展、社会稳定之间的关系。此外，文化与科技融合背景下非物质文化遗产体制创新不仅体现在对非物质文化遗产的管理上，更体现在对非物质文化遗产的服务上，即"寓管理于服务、寓服务于管理"，要达到这一目标要求文化行政管理部门转变政府职能、提高行政效能、增强服务意识、规范管理标准，结合非物质文化遗产社会化保护的发展趋势，在服务中不断完善自身的发展，发挥好社会管理的积极作用。

②　体制创新的要素

文化与科技融合背景下非物质文化遗产体制创新的要素，主要包括主体界定、客体内涵、管理要素和制度功能等方面（表6-7）。

表6-7　　　　　　　　非物质文化遗产体制创新的要素框架

构成组份	组份阐释	构成要素	要素阐释
主体	在体制运行过程中的行为发出者、实施者、管理者。	执政党	总揽全局、协调各方，为实现施政方针和执政理念而行动。
		政府	实施非物质文化遗产保护的责任主体。
		社会组织	政府与公众之间的媒介，协助处理和调整政府、社会、组织和民众之间的关系，起到调和矛盾、和谐关系的作用。
		社会公众	既是非物质文化遗产保护活动的参与主体，也是非物质文化遗产保护和传承的主要受益者。
环境	在体制运行实践中与非物质文化遗产保护相关的环境状况。	直接环境	与非物质文化遗产保护工作直接相关的内容。如，非物质文化遗产保护组织、非物质文化遗产保护工作、非物质文化遗产保护保障制度等。
		间接环境	与非物质文化遗产保护工作间接相关的内容。如，非物质文化遗产保护事务、非物质文化遗产公共服务、非物质文化遗产环境建设等方面。
制度	在体制框架内，保证非物质文化遗产保护工作有序有效开展的规范体系。	运行制度	与非物质文化遗产保护工作直接相关的制度体系。如，非物质文化遗产名录管理体制、非物质文化遗产工作体制和非物质文化遗产政策决策体制等。
		保障制度	与非物质文化遗产保护工作间接相关制度体系。如，非物质文化遗产经费保障体制、非物质文化遗产人才培养保障体制。

通过对上述创新要素的分析可知，文化与科技融合下非物质文化遗产体制创新有如下突破方向：

第一，整合全社会各方资源。非物质文化遗产参与主体是在非物质文化遗产社会化保护活动过程中的实施者、参与者和行为发出者。执政党是非物质文化遗产保护的领导核心，起到整体管理、协调部门的作用；文化行政管理部门作为非物质文化遗产保护的管理核心，应将工作重点放在制定规则、创造环境、提供服务之上；各级各类社会组织作为前两者的桥梁与中介，既发挥其专业优势提升非物质文化在社会公众中的认知度，也有助于协调政府与社会各部门之间的关系。

第二，更新非物质文化遗产管理理念。非物质文化遗产管理理念的创新是文化与科技融合背景下非物质文化遗产体制创新的先决条件，正确的非物质文化遗产管理理念是推动我国非物质文化遗产保护的内在基础。通过与国际先进水平的比较研究可以发现，计划经济时期的"大一统式"管理已不适合现代社会的非物质文化遗产管理与保护。因此，应树立服务理念、保护理念和法治理念，把法治和德治相结合，治标与治本相结合，结合国际非物质文化遗产保护的成功经验，形成具有中国特色的非物质文化遗产管理体制。

第三，转变非物质文化遗产管理方式。进入现代社会之后，全球各国的非物质文化遗产管理方式逐步呈现整体性、科学性和现代化的发展方向，特别是在非物质文化遗产保护工作中引入社会力量，发动公众对非物质文化遗产进行保护是一项可资借鉴的成功经验。可见，文化行政管理部门需逐步改变对非物质文化遗产保护进行大包大揽的管理方式，逐步转变为依靠市场经济的力量，通过多方协商、协作共赢的管理思路，将非物质文化遗产保护的多方主体纳入到非物质文化遗产保护机制中来，实现和谐发展。

第四，吸纳非物质文化遗产管理人才。文化与科技融合背景下非物质文化遗产体制创新离不开人才队伍建设，只有建设一支高素质、懂业务的管理骨干队伍，为推动文化与科技融合背景下非物质文化遗产体制创新的具体实现打下良好的基础，促进创新进程的滚动发展。

第五，推进非物质文化遗产保护评估。为了提高非物质文化遗产保护成效，避免不计成本、不计绩效的短视做法和恶性循环，应对非物质文化遗产保护的成果从有形产出和无形价值两方面进行检验。其中，有形产出是指文化行政管理部门在非物质文化遗产管理活动中，通过投入人、财、物等资源，在实施非物质文化遗产保护过程中形成的各类物质载体。无形价值是指从群众拥护度和公众认可度等方面来对非物质文化遗产保护成效进行评估，反映了非物质文化遗产社会化保护的水平。

（3）非物质文化遗产体制创新的实施路径

非物质文化遗产作为我国历史文化的载体和人文精神的结晶，是连接全国各族同胞的历史纽带和社会载体，提升我国非物质文化遗产保护意识是非物质文化遗产体制创新的核心，也是应对文化冲突和文化更替的重要举措，更是构建我国文化安全环境的重要步骤。为此，推动非物质文化遗产文化创新体系建设可以从以下方面着手：

第一，观念创新。观念是行动的先导，非物质文化遗产保护观念的创新是构建非物质文化遗产文化创新体系的核心和前提，即"要突破和摆脱陈旧过时、不切实际的观念和思维定式的束缚，敢于打破常规、解放思想、与时俱进，创造新的文化观念并顺应时代的发展和社会的实践"①。可见，构建非物质文化遗产文化创新体系要自觉地从不符合非物质文化遗产保护和适度利用的观点、做法和制度的束缚中解脱出来，从构建和谐社会、满足人民群众文化需求的要求出发，从深化非物质文化遗产文化感召力和吸引力上着手，推动非物质文化遗产文化保护与传承，实现其社会文化吸引力的不断增强。

第二，内容深化。非物质文化遗产文化创新体系的构建需从精神与物质两方面入手。其一，重视规范建设。形成与非物质文化遗产社会化保护相适应的自主、平等、法治的契约精神。同时，提倡和推崇中华民族传统美德，促进公众社会道德水平的提高，从而将法治与德治相结合，推动和保障非物质文化遗产保护体制的实现。其二，弘扬民族精神。非物质文化遗产作为全国各族人民历史文化和社会生活的结晶，是体现新时期民族精神的最佳载体。面对全球各类思想文化的冲击和蔓延，保护、传承和提炼非物质文化遗产文化，在非物质文化遗产保护工作过程中体现平等精神、竞争精神、科学精神、民主精神等精神内涵。

---

① 黄承瑜：《当代文化创新的哲学思考——问题、本质与路径》，硕士学位论文，苏州大学，2008年，第49页。

　　二是推动非物质文化遗产公共文化服务体系建设

　　公共文化服务体系是"为满足社会的公共文化需求，向公众提供公共文化产品和服务行为及其相关制度与系统的总称，是公共服务体系的有机组成部分。"① 中共十七届五中全会公报提出，要"深化文化体制改革，增强文化发展活力，繁荣发展文化事业和文化产业，满足人民群众不断增长的精神文化需求，基本建成公共文化服务体系"。这再次重申和强调了加强公共文化服务体系建设的重要性。这也是继续延伸了十六大以来，党和国家对公共文化服务体系建设的关注和重视。2005 年十六届五中全会通过的《中共中央关于制定国民经济和社会发展第十一个五年规划的建议》提出："逐步形成覆盖全社会的比较完备的公共文化服务体系"。2006 年出台的《国家"十一五"时期文化发展规划纲要》也是专辟章节明确了加强公共文化服务建设的指导意见和具体规划。2007 年《中共中央办公厅国务院办公厅关于加强公共文化服务体系建设的若干意见》中也曾指出："加快公共文化服务体系建设，是繁荣发展社会主义先进文化、建设和谐文化、构建社会主义和谐社会的必然要求。"可见，建设公共文化服务体系是推动我国文化事业发展的重要举措。从上述界定中可以看出，非物质文化遗产公共文化服务体系是文化行政主管部门提供的，以满足全社会文化需求和非物质文化遗产现实保护需要为基础的服务与制度的总称。它不是以营利为目的，而是以为全社会提供非物质文化遗产公共文化产品和服务为内容的文化服务领域，与其他重要文化领域一道，构成了我国文化建设的完整内容。非物质文化遗产公共文化服务体系包括如下内容（表 6 - 8）：

表 6 - 8　　　　　　非物质文化遗产公共文化服务体系的内容框架

子体系	内容阐释	标志体现
非物质文化遗产理论研究子体系	非物质文化遗产理论研究体系是结合社会主义先进文化与和谐文化的研究，对非物质文化遗产公共文化服务体系中的基础理论进行研究并起引导性作用。	文化遗产学、非物质文化遗产分类学等。

---

　　① 夏国锋、吴理财：《公共文化服务体系研究述评》，《理论与改革》2011 年第 1 期。

子体系	内容阐释	标志体现
非物质文化遗产公共文化政策子体系	非物质文化遗产公共文化政策子体系是鼓励、保障和扶持非物质文化遗产公共文化服务的法律、法规、政策、规划和保护名录等内容的集合。通过建立这一子体系来规范非物质文化遗产生产性保护、管理非物质文化遗产文化市场，保障非物质文化遗产公共文化服务体系的有效建立和可持续发展。	《非物质文化遗产法》《江苏省非物质文化遗产保护条例》《苏州市非物质文化遗产保护条例》等。
非物质文化遗产公共文化基础设施子体系	非物质文化遗产公共文化基础设施子体系是政府投入建立的各种非物质文化遗产文化基础设施和设备。	各种基于非物质文化遗产的群艺馆、文化馆、文化站、博物馆等具有标志性特征的文化场所。
非物质文化遗产公共文化产品生产、运营子体系	非物质文化遗产公共文化产品生产、运营子体系是社会文化产品的生产部门和运营系统在非物质文化遗产保护体系中的体现和应用。	非物质文化遗产高新技术企业、非物质文化遗产演艺公司、非物质文化遗产艺术团等。
非物质文化遗产公共文化资金保障子体系	非物质文化遗产公共文化资金保障子体系包括政府的拨款、贴息贷款及融资、集资、社会捐助、赞助等。	非物质文化遗产彩票、非物质文化遗产基金、非物质文化遗产募捐等。
非物质文化遗产公共文化人才子体系	非物质文化遗产公共文化人才子体系是由参与非物质文化遗产公共文化服务的专业技术人员、业余文化队伍、辅助人员等组成的工作群体。	非物质文化遗产行政管理人员、非物质文化遗产保护技术研发人员、非物质文化遗产文化宣传服务人员等。
非物质文化遗产公共文化绩效评估子体系	非物质文化遗产公共文化绩效评估子体系是指对非物质文化遗产公共文化服务主体、非物质文化遗产公共文化服务活动进行评价，建立科学合理的评价机制。	对非物质文化遗产公共文化服务的重大决策或项目，进行评议、决策、追踪和考评的标准、流程和操作方式。

通过上述对非物质文化遗产公共文化服务体系的分析可知，推动我国非物质文化遗产公共文化服务建设的具体做法有以下三个方面：

第一，加强法治监管。现阶段，我国已逐步形成了一套行之有效的文化市场法治体系，"构建了以宪法为核心，各项文化行政法规为外围，各部门各行业的相关文化规章制度为延展的法规体系"。① 我国非物质文化遗产公共文化服务体系建设除了要遵照上述法律法规之外，还要遵守《非物质文化遗产法》的规定，利用科技手段加强市场监督，强化非物质文化遗产立法工作和知识产权保护工作，为建立一个依法经营、诚实守信的非物质文化遗产文化市场提供法律保障。

第二，完善调控机制。非物质文化遗产资源的生产性保护是推动非物质文化遗产融入现代社会并推动非物质文化遗产传承发展的首选方式，而非物质文化遗产文化市场的有效管理与调控是非物质文化遗产生产性保护健康发展的保障。可见，抓住文化与科技融合的历史契机，积极探索非物质文化遗产文化市场管理体制创新，逐步建立起一个体制健全、机制灵活、市场繁荣的非物质文化遗产文化市场体系是未来非物质文化遗产保护事业的一个重要工作。为此，应不断扩大非物质文化遗产文化市场准入范围，积极支持民营资本投资文化市场，完善投融资体制，形成以公有制为主体、多种所有制共同发展的文化市场管理模式。同时，通过文化行政管理部门的宏观调控和积极引导，以建立现代非物质文化遗产文化市场营销体系为举措，充分发挥中介机构和行业协会的组织作用，运用财政税收信贷等金融调控手段，支持非物质文化遗产文化服务体系的长效运行。

第三，健全创新要素。非物质文化遗产文化市场的创新要素是非物质文化遗产公共文化服务体系的重要组成部分，它们主要包括以下五个方面的创新因子（表6－9）：

表6－9　　　　　**非物质文化遗产公共文化服务体系的内容框架**

创新因子	创新内涵
非物质文化遗产文化市场理论创新	对非物质文化遗产文化市场与经济拉动作用的再认识，对非物质文化遗产文化市场的文化消费功能的再认识。
非物质文化遗产文化市场制度创新	在保证非物质文化遗产原真性和活态性的基础上，运用市场机制条件推动非物质文化遗产的生产性保护。
非物质文化遗产文化市场科技创新	把新时代非物质文化遗产文化需求与当代信息科技相结合，把科技手段与非物质文化遗产文化市场管理相结合。

① 宋奇慧：《健全文化市场体系，加快文化产业发展》，《人文杂志》2005 年第 4 期。

创新因子	创新内涵
非物质文化遗产文化市场主体创新	通过提高企业的自主创新能力，促进高科技通过非物质文化遗产创新获取效益，鼓励和支持各类非物质文化遗产创新开发。
非物质文化遗产文化市场竞争创新	具有较强竞争力的优势企业，要努力运用高新技术和现代化经营方式提高非物质文化遗产生产性保护的水平和社会化程度，推动非物质文化遗产在现代社会条件下的长期传承。

3. 以科技制度创新为推动

（1）非物质文化遗产科技创新的理论阐释

从宏观上来讲，科技创新是"科学技术创新的简称，也是对科学领域的研究和知识范畴、技术领域的创新的综合概括"[1]。就现状而言，科技创新同知识创新或技术创新常被当作一个概念，在本文中三者则有各自不同的适用意义和范畴。本书中界定的非物质文化遗产科技创新既强调非物质文化遗产研究对创新的推动价值，同时非物质文化遗产科技创新也包括非物质文化遗产保护新技术、新发明和新创造的突破与转换等内容。从创新主体上来看，非物质文化遗产科技创新的主体较为多样化，既包括企业在内的诸多组织机构的综合主体，如大学、科研院所和科研机构、相关联的其他企业、政府、市场和金融机构等都是其主体的组成。在上述创新主体系统中，文化行政管理部门居于主管地位、科技行政管理部门起到主导作用，各类企业、机构和组织同文化行政管理部门和科技行政管理部门进行通力合作，实现非物质文化遗产保护领域内跨部门、跨行业、跨领域的科技创新。

（2）非物质文化遗产科技创新的突破举措

① 推动制定非物质文化遗产科技创新的行政政策与行业标准

我国非物质文化遗产科技创新的政策须依照国家相关文件的精神，有计划、有步骤地对分散、庞杂的非物质文化遗产资源进行科学、合理的调配，逐步使全国级各类非物质文化遗产管理机构及相关企事业单位在政策框架和行业标准下形成一个整体。

---

① 李琳：《科技投入、科技创新与区域经济作用机理及实证研究》，硕士学位论文，吉林大学，2013年，第17页。

同时，以此为起点在宏观上建立由文化行政管理部门牵头，包括各有关职能部门和主要科技部门负责人参加的具有权威性的跨系统、跨地区的非物质文化遗产创新协调组织，从微观上采取总体规划，分步实施，分级控制的策略，本着广泛参与、渐进发展的思路，本着不断探索、不断充实、不断完善的可持续发展思想，既依靠政府以及职能部门的支持与督导，又依赖各基层企事业单位的积极参与，坚持以效益为目标，以服务促发展的操作原则，渐进式地推进非物质文化遗产科技创新的逐步实现。此外，非物质文化遗产保护的标准化和规范化是保障我国非物质文化遗产科技创新的实现基础，也是我国非物质文化遗产保护内化国外技术、创新国内应用的应用基础，更是我国非物质文化遗产创新实现信息转换、信息交流、资源共享的必备条件。为此，必须从统一配备服务软件、统一标准规范和统一管理服务的三方面着手，围绕非物质文化遗产信息的采集、组织、分类、保存、发布与使用等信息生命周期各环节来建立规范和标准，通过确立和践行统一的信息资源标准规范，实现非物质文化遗产信息相关标准的互联、互通、互享。

② 加大非物质文化遗产科技创新的资金投入

加大资金投入是推动非物质文化遗产科技创新的必要前提，企业筹措非物质文化遗产科研资金的途径有银行贷款、股市筹资、风险投资、利用自有资金等。但由于银行受制于稳健考虑，资本市场对研发项目限制较多等因素，银行贷款和股市筹资在非物质文化遗产科技创新领域的应用很少。此外，目前我国的风险投资业发展还不成熟，退出机制不完善，这使得我国非物质文化遗产科技创新企业吸收风险投资的机会并不是很多。

由此可见，企业应在积极创造条件，自觉拓宽外部筹资渠道的基础上，充分利用自有资金。此外，文化行政管理部门还要推动对非物质文化遗产保护的多元化投资渠道的建设和完善，建立各类非物质文化遗产基金、非物质文化遗产投资平台等。同时，根据国家法律法规的要求，对非物质文化遗产保护投入主体进行规范和鉴别，把好入口审核关，同时完善投资的退出机制。

③ 推进非物质文化遗产科技创新的人才培养

非物质文化遗产科技创新需要大批优秀人才的参与，为此应根据各地非物质文化遗产保护实际，结合各自经济社会状况，因地制宜地结合师徒传承、学校教育、网媒传播等手段，实施非物质文化遗产保护的各类人才培养，同步建立非物质文化遗产保护人才库。同时，为了激励人才投身非物质文化遗产保护事业，还需形成良好的激励机制，吸引高素质非物质文化遗产科技创新人才投入创新活动之中。

④　实施非物质文化遗产科技创新的融合研究

推动文化与科技融合的非物质文化遗产科技创新是我国非物质文化遗产保护领域的发展方向，为此需引入多方研究主体和技术资源，在开发合作的基础上推动我国非物质文化遗产保护事业的融合创新。具体的实施举措包括：第一，科技评估咨询。邀请社会科研力量参与非物质文化遗产保护科研项目的审定。通过这一举措，可以推动我国各级各类科研力量熟悉我国非物质文化遗产保护现状，并基于各自专业领域的特长针对性地建言，同时，在吸纳各类成熟规范的社会研究力量投身非物质文化遗产保护研究的过程中，各种良好的研究思路和科研范式将会被不断引入到非物质文化遗产研究之中，从而促进我国非物质文化遗产保护领域内科学研究的规范化。第二，跨系统研究合作。科研院所更多地参与非物质文化遗产保护科研工作中，对非物质文化遗产保护领域的了解就会进一步加深，非物质文化遗产保护学科将由此得到进一步发展并为非物质文化遗产保护科研事业的发展储备高层次人才。

（3）非物质文化遗产科技创新的实施举措

要实现非物质文化遗产保护领域的融合创新，最直接最有效的激励是"根据实施要求满足考核标准和考核内容，基于科研人员考核将上述标准和内容同非物质文化遗产保护工作对接"①。从整体效能上来看，还需建立一套较为完善和科学的非物质文化遗产科技创新动力机制。根据我国现有的科技创新环境和非物质文化遗产保护现实条件，非物质文化遗产科技创新的具体实施包含以下四个要点：

①制定非物质文化遗产科技创新的发展规划

非物质文化遗产科技创新是一项投入大、风险高、时间长的工作，因此文化行政管理部门和企业对非物质文化遗产科技创新的认识与侧重并不完全相同，引起这一现象的主要原因在于：第一，获取方式差异。企业多倾向于直接引进技术，力求规避在非物质文化遗产科技研发上可能产生的不确定性风险，而文化行政管理部门则希望企业能够自主创新，避免对国

----

① 黄克忠：《我国文物科技保护的现状及走向》，《中国文物科学研究》2006 年第 1 期。

外技术的依赖。第二，创新领域差异。企业多倾向于消费领域的科技创新，便于市场营销和收回成本，而文化行政管理部门则希望企业选择与非物质文化遗产保护关联度较大的领域进行创新，从而有助于整个行业科技水平的提升。第三，创新视角差异。企业在非物质文化遗产科技创新上多注重短期市场需求和市场供给状况，而文化行政管理部门则需考虑非物质文化遗产保护的长期变化和技术发展，希望企业能从全行业发展的角度入手，通过长期的研发和投入，推动非物质文化遗产保护事业的进步。第四，评价标准差异。企业仅从非物质文化遗产科技创新成果的销售业绩和销售利润上考察自身创新成绩，而文化行政管理部门则从全国非物质文化遗产保护的角度通盘考虑。第五，知识产权认知差异。在非物质文化遗产科技创新成果研发成功之后，企业希望在独享其超额利润的前提下对研发成果进行知识产权保护，而文化行政管理部门则希望通过非物质文化遗产科技创新成果的推广和扩散，降低非物质文化遗产保护的社会成本。可见，在非物质文化遗产科技创新的过程中，既不能完全让企业从商业利益的角度从事创新活动，同时，文化行政管理部门也不能放弃社会利益而迁就个别企业，因此有必要通过顶层设计和通盘规划形成政府、机构、企业三方合作的非物质文化遗产创新机制，通过规范三方的责任和义务实现合作共赢和共同发展。

综上所述，为避免获取方式差异、创新领域差异和创新视角差异对非物质文化遗产科技创新的影响，应在文化行政管理部门制定的"非物质文化遗产科技创新发展规划"的引导下，构建以企业为主体、高校和科研院所为依托、社会中介服务为支撑的一体化协作互动、持续稳定的科技创新合作机制，从而发挥企业、科研机构和高校在不同类型的科技创新及科技创新不同阶段的重要作用，避免产学研的脱节，推动科技创新成果的顺利转化。

②提供非物质文化遗产科技创新的政府补贴

由于非物质文化遗产科技创新具有外部性特征，文化行政管理部门应通过各种必要的行政手段来消减非物质文化遗产科技创新面临的各种困难，其中包括税收、补贴、退税等方式，进而将非物质文化遗产科技创新的外部性内部化，刺激企业加大创新投入，以弥补私人与社会之间的创新收益差额。

从各国行政管理经验来看，在市场经济条件下对重点行业和部门实施产业引导，采用政府补贴是一种较为合理有效的办法。一方面，政府补贴可以补充高新技术企业在非物质文化遗产研发上的资金缺口，另一方面，高新企业将政府补贴投入科技研发后的成果收益将为高新企业所独有，以上两方面将提升高新技术企业开展非物质文化遗产科技创新活动的积极性。同时，政府补贴的另一种形式是降低税负，与政府直接补贴相比，采用税收优惠的举措降低高新企业的税负水平，能够将政府行为对市场环境的影响降到最低，同时也可收到跟政府补贴一样的效果。

③推进非物质文化遗产科技创新的法制保护

由于非物质文化遗产科技创新需要一个稳定、规范、有序的发展环境，如果市场体制无法提供上述环境，那么非物质文化遗产科技创新也就无法开展和持续，在该环境中的所有主体都将受到不同程度的损害。为此，作为国家行政部门在文化领域中的代表，文化行政管理部门就必须会同其他国家行政部门，为保障非物质文化遗产保护工作的正常运行，需制定和实施一套基于市场规范和知识产权界定的法律法规体系。

从非物质文化遗产科技创新的法制保护角度来看，非物质文化遗产知识产权是法制保护的重要内容，文化行政主管部门应从降低非物质文化遗产科技创新外部性为规范制定的切入点，用法制和规范来协调非物质文化遗产科技创新中各主体的关系，最大限度地激发创新活力，同时约束利益各方的市场行为。

④促进非物质文化遗产科技创新的中介服务

非物质文化遗产科技创新是文化行政管理部门、高新技术企业和各级各类社会组织共同作用的复合体系。在这一体系中相关各方都具有自身活动范围和职能空间，在一定程度上较难产生交集和联系，为此，必须推动非物质文化遗产科技中介服务机构来达成上述要素的集成创新，提高科技研发的水平和质量。

从非物质文化遗产科技中介服务的内容上来看，它包括：第一，为非物质文化遗产科技创新提供中介服务的实体场所，如非物质文化遗产文化产业园、非物质文化遗产高新科技园等；第二，为非物质文化遗产科技创新提供中介服务的交易机构，如技术服务中心、成果交易大厅等；第三，为非物质文化遗产科技创新提供保障的中立机构，如协调仲裁中心、非物质文化遗产保护协会等。

（四）文化与科技融合的非物质文化遗产保护机制的实现平台

非物质文化遗产数字化融合保护平台，其通过采用元数据技术、地理信息系统等新兴技术，实现对现有非物质文化遗产数字化资源的长效保存和有效盘活，为推动我国非物质文化遗产保护的整体管理，实现我国非物质文化遗产社会化保护和数字化传播起到良好的作用。该技术平台的搭建和研究得到了武汉大学陈启凯博士和华中师范大学武汉传媒学院曾金老师的技术支持和大力帮助。

1. 非物质文化遗产数字化融合保护平台概述

（1）非物质文化遗产信息化建设的背景与现状

文化遗产的信息化，特别是数字博物馆技术的日益成熟，推动了非物质文化遗产信息化建设的发展，其中非物质文化遗产数字化保护手段受到广泛关注。通过对全国非物质文化遗产网站建设情况、非物质文化遗产普查软件研发与使用情况、非物质文化遗产数据库建设情况三个方面进行综合调查研究，我国非物质文化遗产信息化建设的现状可以总结如下：

①非物质文化遗产网站建设初具规模

网站是了解非物质文化遗产信息化建设现状的重要窗口之一。截至目前，我国国家一级的非物质文化遗产专门网站有"非物质文化遗产·中国非物质文化遗产数字博物馆"和"中国非物质文化遗产网"。前者是由文化部主管的公益性非物质文化遗产保护网站，旨在利用现代化网络平台推广传播中国和世界非物质文化遗产领域的相关知识与信息。后者是由搜狐文化与福客网共同打造的民俗文化品牌，此外，还有用于宣传非物质文化遗产保护的综合性网站，"中国非物质文化遗产保护成果展览网上展馆"。我国省级非物质文化遗产网站自 2006 年起也纷纷建立，目前已有浙江、河北、云南、新疆、山西、江苏、福建、湖南等省自治区建成非物质文化遗产网站，市级非物质文化遗产网站由深圳、广州、中山、苏州、宁波等城市率先建成开通，安溪县和潮安县等县级非物质文化遗产网站也已开通。

②非物质文化遗产普查专用软件投入使用

按照文化部对非物质文化遗产保护工作的部署和要求，我国在 2005

年开始了覆盖全国的非物质文化遗产普查工作，并由中国艺术研究院组织相关专家编撰出版了《普查工作手册》，作为全国开展非物质文化遗产普查工作的指导文件。由于我国地域广、民族众多，非物质文化遗产璀璨丰富、数量庞大，文化部提出由中国艺术研究院非物质文化遗产数据库管理中心组织研发"非物质文化遗产普查管理系统软件（单机版）"①，以配合和辅助全国非物质文化遗产普查工作的开展。软件中不仅包含了全国省、市、自治区，地市和区县的地区编码、项目一级分类、二级分类编码，而且还将《普查工作手册》中专家对普查工作的要求表格化，不仅规范了普查数据、方便了普查记录操作，同时也便于各个地区乃至全国的数据存储、查询和数据分析等工作。该普查软件一经研发成功便提供给各地非物质文化遗产普查工作试用，并结合各地普查工作的实际使用情况进行了数次升级和修正，例如，在普查管理软件的基础上又研发了"中国非物质文化遗产数据库管理软件（服务器版）"，其在功能上除"普查管理"外，还新增了"申报管理""资源管理""综合查询"等功能模块。非物质文化遗产普查管理软件在各地的推广为非物质文化遗产信息化建设前期收集工作的有序、系统开展提供了充分的便利性。

③非物质文化遗产数据库建设渐成体系

中国非物质文化遗产数据库的结构建设与规划已初步完成，"数据库总体框架设有普查管理、名录申报管理等独立的功能模块，并且在数据库建成之后，也可以根据保护和管理工作的需要，随时制作并添加新的功能模块，数据库整体功能也可以随着各独立工作模块的设计制作完成而扩展，且不影响工作的连续性，体现出数据库架构的可拓展性。"② 此外，数据库在逻辑归档设计上，依照我国非物质文化遗产四级名录体系的要求，按照国家、省、市、县四级层次进行设置，其建成后将通过网络联机合成全国非物质文化遗产数据管理系统。联机数据管理系统可以按照行政规划进行选择性的数据传输与交互，实现全国非物质文化遗产的信息资源共享，同时还可以进行数据联机分析、全局联机检索及容灾备份，后者指如果某个节点系统数据发生故障，可以由上或下级节点进行推送恢复。该

---

① 中国艺术研究院：《"非遗"数据库普查子系统发布》，宁波文化遗产保护网站，2015 年 10 月 10 日，http：//nbwb. net/info. aspx？；d = 1848。

② 王路：《非物质文化遗产保护工作中的数字化应用》，2013 年，http：//www. zgysyjy. org. cn/newart/neiyongye. jsp？class_ id =2510。

数据库在技术设计也有诸多创新之处，例如，基于主流技术的 J2EE 三层架构，使整个系统易于扩展和移植。服务器硬件设备可以随着信息处理和存储工作量的增长而增加。为确保系统的安全和规范运行，信息安全保障体系和标准规范及运行保障体系也在系统的设计之中。以中国非物质文化遗产国家名录数据库为例，该库收录了全部国家级非物质文化遗产名录项目，提供按申报地区或单位（35 个）和遗产类别（10 个）两种检索途径。由福客技术支持的中国非物质文化遗产名录数据库系统，也可以实现全国范围内的名录检索。从中国艺术研究院初步完成的中国非物质文化遗产数据库的结构建设与规划来看，我国非物质文化遗产数据库建设的结构、系统、技术等都运用了目前较先进的数据库理念和技术。除国家级总体非物质文化遗产数据系统以外，各地方也根据本区域的特点研发建设省、市级非物质文化遗产数据库系统。以文字或者声像形式记录的资料受传播方式所限，使用时只能到图书馆或资料室查找，或者获得所需的拷贝资料等，为解决这一问题，需要利用数据库、数据压缩、高速扫描仪等技术手段对这些不同载体类型的档案进行数字化形式的再现。为此，中国社会科学院在 2000 年主持立项"中国少数民族文学研究资料库"，该资料库所收藏的资料包括口承资料（口承史诗、叙事诗、歌谣、神话传说、民间故事等）和书面资料（古代文献和现代少数民族作家作品及手稿）两类，以数码技术等现代手段加以保存，"入库有关少数民族文学的古代文献 316 册、口承文本 62 册、录像带 2400 分钟、光盘 5920 分钟，录音带 5. 9 万分钟"①。同年，由河南省民协和教育部重点社科基地河南大学黄河文明与可持续发展研究中心联合启动了"中原民族民间文化资源数据库建设项目"。该项目旨在"对河南民间文化遗产抢救工程成果进行分类、盘点、梳理、整合，形成电子文本，实现河南民间文化资源的社会共享，将在 3 至 5 年内对全国范围内的民间文化进行全方位的考察、记录、整理、分类并形成多媒体数字化文本"②。虽然"中国少数民族文学研究资料库"和"中原民族民间文化资源数据库建设项目"中采用电脑系统实现了非物质文化遗产数字化信息的资料输入、检索和借阅功能，但从信

---

① 新华网：《我国利用数码技术等现代手段保护濒危民族文化》，新华网站，2015 年 10 月 10 日，http：//news. xinhuanet. com/zhengfu/2003－10/29/content_ 1149750. htm。

② 河南文化网：《中原民间文化数据库开建 开创全国研究先河》，中原网站，2015－10－10，http：//zynews. com/wenhua/2006－10/31/content_ 426424. htm。

息管理角度来看，它们并不算真正意义上的数据库，更多的是一种具备数据库思想的实体档案保管模式。如若进一步地将它们全部进行数字化，构建一个非物质文化遗产档案信息资源网络，采用数据库技术进行管理，则将是一个十分实用和有意义的非物质文化遗产档案数据库。非物质文化遗产信息数字化网络建成后，利用者可通过网络访问档案信息库的资源，获得全部所需信息。这样不仅可提高档案的利用率，而且可以避免原载体档案因频繁使用受到损害，从一定程度上延长了档案原件，特别是纸质档案的使用寿命。

（2）建设非物质文化遗产数字化融合保护平台的重要性

①非物质文化遗产数字化融合保护平台的必要性

我国非物质文化遗产的基本现状为分布零散，种类繁多，包括民间文学、民间音乐、曲艺、杂技与竞技、民俗等十类不均衡地分布在全国各地，零散的分布现状决定了非物质文化遗产管理和保护的分散性，且目前全国尚没有统一的非物质文化遗产数字化保护标准对工作进行规范，这种各行其是的管理和松散的体制必将给非物质文化遗产数字化信息的传播和利用带来不便，进而给非物质文化遗产保护带来工作难度。如何既兼顾非物质文化遗产区域性、民族性的特性又能够实现统一管理是当前非物质文化遗产保护工作的一个重点和难点，将信息化管理的理念应用于目前非物质文化遗产保护工作之中将成为我国非物质文化遗产数字化保护的重要方向。信息化管理综合运用影像、数字、网络等先进信息技术，科学、系统的组织管理方法，能够缓解现阶段我国非物质文化遗产信息分散、利用率低等现象，并可通过管理信息系统和虚拟网络平台实现我国非物质文化遗产统一、系统、有序的安全管理。非物质文化遗产信息化管理的意义具体体现在以下几方面：

第一，信息化管理符合非物质文化遗产传承保护的根本宗旨。非物质文化遗产被誉为历史文化的"活化石""民族记忆的背影"，它记录着人类社会生产生活方式、风俗人情、文化理念等重要特性，对国家和民族具有极为重要的价值和意义。非物质文化遗产承载着人类社会发展的文化信息和生活智慧，其地位和价值无可替代。长期以来，数字化和培养传承人一直是保护和传承非物质文化遗产的重要手段，在资源信息化的大背景下，非物质文化遗产作为宝贵的遗产资源，对其实施信息化管理不仅是数字化非物质文化遗产长期保存的需求，同时也有利于传承人的培养。利用数字化摄录和播放设备可以使非物质文化遗产真实场景以影像的方式得以再现，充分利用和挖掘现有博物馆和文化机构所保存大量的非物质文化遗产录像带、磁盘、光盘，使这些非物质文化遗产数字化可以作为传承人学习的教材，也可以作为丰富人们娱乐休闲生活的文化产品。

第二，奠定非物质文化遗产信息开发利用的坚实基础。首先，通过信息化管理实现非物质文化遗产信息的传递和传播，运用多种信息技术挖掘非物质文化遗产所蕴含的历史价值、文化价值，再依托先进的信息传播技术和网络技术为非物质文化遗产利用工作提供宣传，将其打造为城市品牌或旅游亮点，继而创造出丰厚的经济效益。其次，直接将经信息化处理的非物质文化遗产信息存储到各种介质上，将形成的录像、录音、资料等整理生产成光碟、磁带、出版物等产品也是非物质文化遗产开发利用的方式之一。再次，系统全面的信息化数据库便于科研材料的查询、下载。

第三，非物质文化遗产数字化保护是社会信息资源共享的重要组成部分。非物质文化遗产资源是社会信息资源整体中不可或缺的重要组成部分，非物质文化遗产数字化信息的利用者可能是遗产爱好者、科研学者，也可能是广大的普通百姓，为了便于非物质文化遗产数字化信息的保存、传输和利用，通过运用信息化管理的组织手段，建立覆盖全国的非物质文化遗产名录体系档案，将原本零散的非物质文化遗产统一收录到一个目录数据库中，依靠"中央—地方—基层"的层级管理体制不断完善全国目录数据库，从而形成纵横交错的网络体系，而社会公众可通过网络服务平台检索到任一非物质文化遗产的相关信息。

②非物质文化遗产数字化融合保护平台的信息性

文化与科技融合背景下的非物质文化遗产数字化保护是多种创新主体和创新要素构成的复杂现象，非物质文化遗产数字化保护依托文化产业持续发展和科技水平不断提高的有利环境，形成非物质文化遗产保护技术和应用创新之间的持续创新和螺旋上升，通过技术和应用的不断创新，推动非物质文化遗产保护下的管理创新、制度创新和体制创新。为了有效推进非物质文化遗产数字化融合保护平台的实现，需要从非物质文化遗产资源信息化和构建融合平台两个方面来推动全国非物质文化遗产的数字化保护。2006年，中共中央办公厅、国务院办公厅印发的《2006—2020年国家信息化发展战略》中将信息化定义为："信息化是充分利用信息技术，开发利用信息资源，促进信息交流和知识共享，提高经济增长质量，推动经济社会发展转型的历史进程。"① 此外，马费成将信息化定义为"由于信息、信息技术在当今社会经济发展中不可取代的巨大作用，无论政府还是各行各业都在最大限度地利用信息技术，充分开发信息资源，提高自身的效能和效率，人们把这种现象称为信息化。"② 由此可见，信息化是利用信息技术开发各类信息资源，从而提高各行各业的效能和效率的活动过程及结果。

信息化管理是在信息化背景下提出的一种先进的、科学的管理方法，它倡导将现代信息技术与先进的管理理念相融合，通过将现代信息技术融入管理的各环节如计划、组织、控制等，高效、有序、系统地协调整合各种资源。由于企业是市场活动的主体，且能够为社会进步和经济发展创造直接的效益，基于上述认识，可以看出非物质文化遗产信息化是非物质文化遗产信息化管理提出的背景和基础，非物质文化遗产信息化管理是将先进的管理理念融入非物质文化遗产信息化的过程中。同时，还可以认为非物质文化遗产信息化管理是信息化管理在非物质文化遗产管理中的应用和结合，它是一个快速获得非物质文化遗产信息，并以最有效方式利用这些信息的过程。

据此，我们可以将非物质文化遗产数字化融合保护平台定义如下：非物质文化遗产数字化融合保护平台是在国家文化管理部门的统一规划和组织下，将现代信息技术应用于非物质文化遗产管理活动中，同时采用模块化技术融合多种先进技术手段，逐步在一个数字化平台上实现非物质文化遗产的保护、管理、开发和利用的自动化、网络化的数字化保护体系。

③非物质文化遗产数字化融合保护平台的应用性

非物质文化遗产数字化融合保护平台的应用目标是逐步实现非物质文化遗产保护、管理、开发和利用的自动化、网络化。为实现这一目标，需要开展以下三项具体的工作。

---

① 新华社：《2006—2020 年国家信息化发展战略》，中国政府网站，2015 年 10 月 10 日，http：//gov. cn/test2009 – 09/24/content/1425. html。

② 马费成：《信息管理学基础》，武汉大学出版社 2004 年版，第 17 页。

第一，对非物质文化遗产信息进行电子形式的档案管理。档案部门参与非物质文化遗产的保护工作，其任务是及时收集、归档、保管有价值的非物质文化遗产资源。具体地说，档案馆在信息化管理的实践工作中应积极注重电子形式的非物质文化遗产信息，做到有规划、有步骤地收集、积累、保管这部分档案。已归档的电子形式的非物质文化遗产信息，在信息化管理过程中应予以整理和编辑。整理工作根据档案形成部门电子形式非物质文化遗产的种类、数量或档案接受部门的统一要求确定整理方案，利用档案的著录信息形成机读目录。此外，在介质归档时还应对电子形式非物质文化遗产信息的载体进行简单整理，在载体或其包装盒表面贴上标签，注明编号、名称、密级、保管期限、软硬件环境等基本检索信息。整理完毕后，还应以表格的形式将档案形成单位、硬件环境、软件平台、应用软件、文件题名、形成时间、文件性质、类别、载体编号、保管期限等做好登记。接下来由编辑对档案载体规格或档案存储格式的调整，将其转换为统一的规格或格式。对电子形式的非物质文化遗产进行管理还包括，对档案载体和信息的保护，防止自然灾害和人为破坏对珍贵的非物质文化遗产造成伤害。

第二，将传统形式的非物质文化遗产信息进行数字化档案处理。对传统形式的非物质文化遗产进行数字化处理，不仅是非物质文化遗产信息化管理的内容之一，也是非物质文化遗产信息资源建设的重要途径。例如，档案馆加强口述档案的建设，将以口述或动作形式流传的非物质文化遗产转化为录音、影像等形式的档案资源，既便于管理和利用，又丰富和优化了馆藏资源。将保存的非物质文化遗产进行数字化处理，包括将纸质档案、照片底片档案、录音、视频档案等各种介质的档案和正在形成的非物质文化遗产，运用扫描、模拟转换等技术手段进行馆（室）藏档案资源数字化。由于非物质文化遗产是一种活态的信息资源，对非物质文化遗产的信息化管理要凸显出非物质文化遗产的这一特点。在数字化处理过程中，除了运用常见的扫描仪、照相机、录音机等仪器设备进行一般转化以外，尤其要注意采用先进的可视化数字技术或逼真的三维动态技术。目前，对具体的非物质文化遗产数字化技术的研究已取得一些成果。例如，学者吴思源提出要"利用三维数字技术，将非物质文化遗产的场景进行数字化再现，以便于查阅档案的读者更生动更直观地了解到非物质文化遗产的内容，并尽可能实现现场互动。"①还有学者指出"运用人类解剖学和 CT（计算机体层摄影）的原理和技术，以数字化的方式将非物质文化遗产项目的碎片重新整合。"②

第三，对非物质文化遗产信息资源进行管理、开发和利用。传统的数字管理平台仅就非物质文化遗产信息的流程进行管理，以实现简单的整合电子政务、远程监控等功能为主，对非物质文化遗产保护的整体流程不能实现完全覆盖，同时也没能有效发掘现有存量的非物质文化遗产信息资源，造成了传统数字化保护平台的保护效果不好、利用效率不高。非物质文化遗产信息化管理即实现对非物质文化遗产管理信息化的过程。为此，不仅需要强调对非物质文化遗产信息化过程的管理，更要强调其信息化管理的最终目的是实现非物质文化遗产信息资源的开发和利用。通过在非物质文化遗产保护工作中应用数字传播技术和信息管理技术，整合现有非物质文化遗产数字化信息资源，使社会公众能够在不受地域和时间的限制的条件下，最大限度地获得非物质文化遗产信息资源。利用网络平台，将数字化后的非物质文化遗产信息进行共享，不仅节省人力、物力、财力，还可以提高管理工作效率，达到绝佳的宣传利用效果。尤其是将音频、视频格式的声像档案进行在线展示，可以使利用者直接点击浏览、观看，实现与文化零距离的亲近，获得最直观的感受。利用传承图谱技术，可以将非物质文化遗产的源流、脉络结合 GIS 技术和虚拟现实技术在用户面前实时展示出来；利用网络舆情监控技术并结合非物质文化遗产信息库，可以实现非物质文化遗产保护状况的技术评估和决策支持，为文化行政管理部门提供预警，以及数据库与案例库的逻辑分析，并提出相应的非物质文化遗产保护对策建议。例如，浙江省非物质文化遗产网，在首页上设置了在线视频链接，点击可以观看永嘉昆剧、越剧、舟山渔民号子等非物质文化遗产项目视频和关于非物质文化遗产保护宣传工作的活动视频。除了网站的利用方式外，信息化管理还包括将档案部门保存的非物质文化遗产的各项

---

① Shi YW (Shi, Yuanwu). "The Digital Protection of Intangible Cultural Heritage-The Construction of Digital Museum". 9th International Conference on Computer-aided Industral Design & Conceptual Design, Vol. 1&2, 2008, pp. 1196 – 1197.

② Yang C. "Recovery of cultural activity for digital safeguarding of intangible cultural heritage". WCICA 2006: Sixth World Congress on Intelligent Control and Automation, Vol. 12, 2006, pp. 10337 – 10338.

指标进行分类统计分析，为整个非物质文化遗产管理工作指明方向。例如，利用管理信息系统的分析功能将非物质文化遗产的收集量、利用率、损毁度等综合衡量指标进行快速、便捷的统计，不仅可以明确档案价值、确定档案编纂编研对象，还能够为档案部门制定管理规范和保护策略提供依据。

2. 非物质文化遗产数字化融合保护平台的关键技术

（1）非物质文化遗产元数据技术

通过语义分析，可以获得元数据所涉及的核心属性和概念，通过元数据标准提升属性与概念的专指度，可以使用户对信息的认知、检索与评价更为准确有效。同时，应尽可能引用已有的元数据方案中的规范概念、通用属性，并根据对象的属性特征，从一个或多个通用的元数据方案中选择接近和相通的概念实体，使元素定义具有通用性、规范性[1]。对于文化遗产而言，联合国教科文组织《实施世界遗产公约的操作指南》是世界文化遗产认定系统的官方标准，其中的"项目G：提名格式和内容"系统地阐明了被申报项目各方面的信息内容，参考这一文件可以从中提取"状况、理由、描述、管理、影响因素、监督、文档7个概念"[2]；文化部《国家级非物质文化遗产代表作申报书》是国家非物质文化遗产认定系统的重要格式文件，其信息栏目设置较系统地反映了非物质文化遗产各方面的内容，从中可以提取"民族、历史渊源、基本内容、相关器具与制品、传承谱系、基本特征、主要价值、濒危状况、保护措施9个概念"[3]。综合上述非物质文化遗产类型定义，基于前文对各国元数据标准的对比研究结果，结合希尼·迈克尔（2000）[4]和鲍威尔·安迪（2007）[5]等学者的

---

① 赵亮：《元数据规范应用框架与编码》，上海科学技术文献出版社 2005 年版，第 45—46 页。

② 北京大学世界遗产研究中心：《世界遗产相关文件选编》，北京大学出版社 2004 年版，第 58—59 页。

③ 中国艺术研究院：《国家级非遗名录申报范本——阿诗玛申报书》，2013 年，http：//www. ihchina. cn/inc/doc/asm. doc。

④ Heaney, Michael. "An Analytical Model of Collections and their Catalogues". 2013. http：//www. ukoln. ac. uk/metadata/rslp/model/.

⑤ Powell, Andy, Mikael Nilsson, Ambjörn Naeve, Pete Johnston. "DCMI Abstract Model" 2013. http：//dublincore. org/documents/abstract – model/.

研究成果，以应用广泛、通用性较强的 DC 标准元数据名①及标准词缀库②作为基础蓝本，可定义出含 14 个标准元数据名，包含 67 个元素与扩展元素的非物质文化遗产数字信息元数据标准集（表 6 - 10），并将其应用于我国非物质文化遗产数字化融合保护平台。

表 6 - 10   我国非物质文化遗产数字信息元数据标准集

标准元数据名	元素与扩展元素	字段名	注释
题名 - Title	题名	DC_ Title	一般指非物质文化遗产的正式公开名称。
	并列题名	DC_ Title_ Coordinate	
	副题名	DC_ Title_ Alternative	
传承者 - Creator	主要创始人	DC_ Creator	传承者的基本类型。
	主要传承人	DC_ Creator_ Own	
	其他传承人	DC_ Creator_ OtherOwn	
其他责任者 - Contributor	其他责任者	DC_ Contributor	其他责任者是对非物质文化遗产进行管理，或对其保护做出贡献的其他实体，它可包括个人、组织或某项服务。一般而言，用其名字来标识这一条目。
主题 - Subject	主题词	DC_ Subject	描述特定非物质文化遗产的主题，应采用符合 DDC 标准、LCC 标准、LCSH 标准、MESH 标准或 UDC 标准的关键词、关键字短语或分类号。
	关键词	DC_ Subject_ Keyword	
	地名	DC_ Subject_ PlaceName	
	机构名	DC_ Subject_ Organization	
时间 - Data	生成时间	DC_ Data_ Created	日期应与资源的创建或出版日期相关，建议采用符合 RKMS-ISO 8601 标准定义的日期格式。
	保管期限	DC_ Data_ RetentionPeriod	
	保密期限	DC_ Data_ SecrecyPerid	
	自定义扩展元素	DC_ Data_ Custom	

---

① International Organization for Standardization. "ISO 15836 - 2003" 2013. http://www.niso.org/international/SC4/n515.pdf。

② Dublin Core Collection Description Working Group. "Dublin Core Collection Description Application Profile" 2012. http://www.ukoln.ac.uk/metadata/dcmi/collection-application-profile/。

续表

标准元数据名	元素与扩展元素	字段名	注释
描述 – Description	摘要	DC_ Description_ Abstract	非物质文化遗产的描述可以包括但不限于以下内容：文摘、目录，对以图形来揭示非物质文化遗产内容的文字说明，或有关资源内容的多媒体，多数据的自由文本描述。建议采用 DCMI 定义的系列受控词表进行赋值。
	体量	DC_ Description_ Size	
	民族	DC_ Description_ Nation	
	基本特征	DC_ Description_ Features	
	主要价值	DC_ Description_ Value	
	濒危状况	DC_ Description_ Endangered	
	基本内容	DC_ Description_ Content	
	申报理由	DC_ Description_ Reason	
	影响因素	DC_ Description_ Influence	
	相关器具与物品	DC_ Description_ Article	
	附注	DC_ Description_ Annotation	
	自定义扩展元素	DC_ Description_ Custom	
来源 – Source	历史渊源	DC_ Source_ History	非物质文化遗产可能部分或全部源自该元素所标识的资源，建议采用 DCMI 定义的系列受控词表进行赋值。
资源类型 – Type	集合层次	DC_ AggregationLevel	资源类型包括描述资源内容的范畴、功能、种属或聚类层次等术语。建议采用 CLD-Type 词汇表和 RKMS-ISO8601 标准对其赋值。
	文本文件	DC_ Type_ Text	
	图像文件	DC_ Type_ StillImage	
	音频文件	DC_ Type_ Sound	
	视频文件	DC_ Type_ MovingImage	
	交互文件	DC_ Type_ InteractiveResource	
	库文件	DC_ Type_ DataBase	
	库边界	DC_ Type_ DateRange	
	库例外	DC_ Type_ DateException	
	自定义扩展元素	DC_ Type_ Custom	

续表

标准元数据名	元素与扩展元素	字段名	注释
资源格式 – Format	文种	DC_ RecordType	格式包括非物质文化遗产的媒体类型或资源的大小，格式元素用来决定展示或操作资源所需的软硬件或其他相应设备，建议采用 DCMI 定义的系列受控词表进行赋值。
	文件大小	DC_ Format_ Extnet	
	生成环境	DC_ Format_ CreatedEnvironment	
	应用环境	DC_ Format_ AppledEnvironment	
	映射关系	DC_ Format_ ORM	
	自定义扩展元素	DC_ Format_ Custom	
覆盖范围 – Coverage	时间范围	DC_ Coverage_ Temporal	覆盖范围一般包括空间位置、时间区间或者行政辖区的范围，赋值应取自地理名称叙词表（TGN），并尽可能地使用数字进行表示。
	空间范围	DC_ Coverage_ Spatial	
	行政范围	DC_ Coverage_ Administration	
	传承谱系	DC_ Coverage_ Pedigree	
	自定义扩展元素	DC_ Coverage_ Custom	
资源标识符 – Identifier	档案号	DC_ Identifier_ ArchivalCode	对资源的标识采用符合正式标识体系的字符串及数字组合，包括统一资源标识符（URI）、数字对象标识符（DOI）和国际标准书号（ISBN）等标准。
	文件号	DC_ Identifier_ ItemID	
	文件编号	DC_ Identifier_ RecordNumber	
	附注	DC_ Identifier_ Annotation	
	自定义扩展元素	DC_ Identifier_ Custom	
语种 – Language	语种	DC_ Language	建议采用 ISO 639 – 2 标准的要求定义并赋值。
关联 – Relation	相关文献	DC_ RelatedArchives	使用符合规范标识体系的字符串或数字来标识所要参照的资源。
	附件	DC_ Relation_ Appendix	
	自定义扩展元素	DC_ Relation_ Custom	
权限管理 – Rights	进入权限	DC_ Right_ AccessRight	权限元素应包括对非物质文化遗产的管理内容和权限声明，以及与之相关的参照体系。
	遗产整体监督	DC_ Right_ Supervise	
	遗产增量方式	DC_ Right_ AccrualMethod	
	遗产增量频度	DC_ Right_ AccrualPeriodicity	
	遗产增量管理	DC_ Right_ AccrualPolicy	
	遗产受众管理	DC_ Right_ Audience	
	知识产权	DC_ Right_ IntellectualProperty	
	对象路径	DC_ Right_ FullTextPath	
	自定义扩展元素	DC_ Right_ Custom	

（2）链接嵌入式地理信息系统

地理信息系统（GIS）是一种特定的重要的空间信息系统，它能够分析、处理在一定地理区域内分布的各种现象和过程，专题性地理信息系统则能更广泛地应用于资源管理、交通运输、行政管理等行业。中国艺术研究院开发的"中国非物质文化遗产数据库系统"中，就加入了"非物质文化遗产地理信息检索功能"，用户可以通过直接输入非物质文化遗产地区代码，获得该非物质文化遗产的地理分布图，能够提供直观便捷的使用和查询。在非物质文化遗产管理信息系统中也可链接嵌入式地理信息系统，其主要思路是"将各地区非物质文化遗产信息输入地区数据库系统，它是以某个地区为其研究和分析对象的系统，能清晰地了解各地区独有的非物质文化遗产项目，并加以内容添加、修改和提取、分析功能。"①嵌入式地理信息系统能够自动采集非物质文化遗产分布的地域信息，对某类非物质文化遗产的存在范围进行准确定位，这充分符合非物质文化遗产地域性、民族性的特征。

链接嵌入式地理信息系统主要使用地理信息技术，基于网络服务体系结构主要分为使用 B/S（Web 浏览器/服务器）模式，它通过服务器生成非物质文化遗产地理信息数据，采用网络传输的形式用 Web 浏览器对用户提交结果。同时，基于地理信息内容和位置服务的计算机体系还可以采用 XML 语言，实现信息下载，多次建模等功能。

（3）面向对象的数字化安全控制系统

使用非物质文化遗产数字化融合保护平台后，由于非物质文化遗产数字信息的不断汇集，保护平台的数据安全问题变得日益重要。为了防止数据被破坏、被非法使用，保证数据完整正确，特别要预防灾难性事故的发生。按照《信息系统安全等级保护基本要求 GB/T 22239－2008》的相关要求，非物质文化遗产数字化融合保护平台应采用双机热备份、定期备份等管理和硬件等手段，保证非物质文化遗产数据存储的物理安全；同时，应采用增量备份方法，利用数据库备份工具实现集中备份。此外，在数据信息的储存和分发过程中，通过采用切割分片加密压缩后直接存入数据库

---

① Lai JY．"Design of the Intangible Cultural Heritage Management Information System based on GIS"．Proceedings of the International Conference on Information Management, Innovation Management and Industral Engineering, Vol. 3, 2008, pp. 94－95.

中（图6-4），这样就减少了失密的可能性，即使数据库被非法复制，也无法得到完整文件。

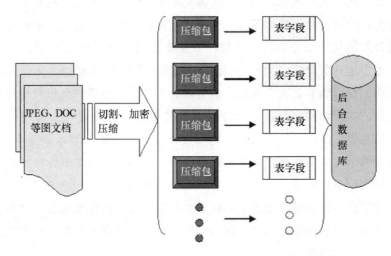

图6-4　非物质文化遗产数字化信息的分片加密保存

3. 非物质文化遗产数字化融合保护平台上的构建框架

（1）非物质文化遗产数字化融合保护平台的含义

非物质文化遗产数字化融合保护平台是基于管理信息系统开发的一套非物质文化遗产数字化保护应用，它集合了多种数字化技术工具来实现系列功能。管理信息系统（Management Information System，MIS）最早由美国加拉格尔于1961年提出，其主要内容是，强调锁定企业整体目标，运用对企业及其环境的信息收集、整理、存储、传递、加工和提供，以辅助和支持企业的管理和决策。经过几十年的发展，管理信息系统的环境已发生翻天覆地的变化，市场全球化、需求多元化、竞争激烈化等新的趋势带动管理信息系统向着更加智能化和人性化的方向发展。唐晓波从企业管理的角度对管理信息系统定义如下："管理信息系统是以人为核心主导，利用计算机信息技术和计算机软硬件组合，对各类信息进行处理和加工的过程"①。根据国际标准化组织对管理信息系统的定义，即"管理信息系统是由计算机技术、网络通信技术、信息处理技术、管理科学和人员所组成

---

① 唐晓波：《管理信息系统》，科学出版社2005年版，第1页。

的一个综合系统，它能提供信息以支持一个组织机构的执行、管理和决策功能。"① 据此，可以将非物质文化遗产管理信息系统理解为：充分利用现代计算机及网络通信技术，以提高非物质文化遗产管理工作的质量与效益为目的，围绕管理和研究业务开展建设的信息系统。

（2）非物质文化遗产数字化融合保护平台的功能分析

管理信息系统包括输入、存储、处理、输出、传输等基本功能。从使用者的角度看，非物质文化遗产管理信息系统的目标总是为信息化管理服务，为非物质文化遗产管理工作提供便利。非物质文化遗产管理信息系统目标的实现需要多种功能结构的支撑，即一个管理信息系统所具有的各子系统。非物质文化遗产管理信息系统具有如图 6 - 5 所示的功能结构。

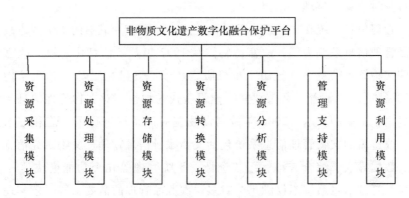

图 6 - 5　非物质文化遗产数字化融合保护平台功能结构

非物质文化遗产数字化融合保护平台的系统功能包括资源采集、资源处理、资源存储、资源转换、资源分析、管理支持和资源利用七个模块。资源采集负责将非物质文化遗产信息资源收集输入；资源处理负责将不同来源、不同规范和不同载体的非物质文化遗产数字化信息，依照保护平台的规范要求进行统一处理，形成基于无数据规范的归一化数字化信息。资源存储负责将处理好的档案资源安全存储在恰当的位置；资源转换负责将采集而来的非物质文化遗产资源按一定的标准和格式进行转换、压缩等操作；资源分析负责根据工作需求对档案资源进行各种类型的统计分析；管理支持负责对非物质文化遗产数据库进行实时比对，为非物质文化遗产保

---

① 林杰斌、刘明德：《管理信息系统》，清华大学出版社 2006 年版，第 14 页。

护行政机构提出保护建议；资源利用负责结合多种新兴科学技术对非物质文化遗产信息资源进行数据挖掘和有效开发。

这里特别指出，《国务院办公厅关于加强我国非物质文化遗产保护工作的意见》在附件1的《国家级非物质文化遗产代表作申报评定暂行办法》的第七条专门指出要对国家级非物质文化遗产申报项目进行切实保护，保护措施包括："建档：通过搜集、记录、分类、编目等方式，为申报项目建立完整的档案。"① 由于非物质文化遗产项目的归档是信息化管理的一个重要环节，项目的申报通常是一个较长的周期，申报的前期、中期、后期均会形成大量有价值的档案，因而在管理信息系统功能设计时，添加了建档模块，专门负责对正在申报的非物质文化遗产项目的相关材料进行及时收集、整理、归档。

管理信息系统在文化遗产领域的应用，已有较为成熟的案例。以故宫藏品管理信息系统为例，故宫博物院从1992年开始信息化建设，故宫博物院文物管理信息系统经历了单机版、基于C/S结构、基于B/S结构三个发展阶段，"随着'数字故宫'建设步伐的加快，对文物管理信息系统也提出了更高的要求，2006年故宫博物院对该系统进行了功能和技术改造，改造后的文物管理信息系统包括文物账目信息管理、文物研究信息管理、数据导入、综合查询、系统统计、系统管理等几个功能模块。"② 上述藏品管理信息系统不仅满足了对多层次藏品管理的需要，同时还实现了对各类藏品总量、客户机登录日志等数量的实时、高效统计，为宏观管理、领导决策提供了条件。管理信息系统在不可移动文化遗产领域的应用，给非物质文化遗产带来了广泛的应用前景。

（3）非物质文化遗产数字化融合保护平台的建设原则

非物质文化遗产数字化融合保护平台的建设需要高瞻远瞩、立足全局，制定具有全局性、纲领性、长远性、协同性的方针政策和规划方案。归根到底，平台建设应符合以下五项基本原则：

①宏观性和微观性相结合的原则

非物质文化遗产的管理是以国家文化部协调组织为主导，各省、地、

---

① 国务院办公厅：《国务院办公厅关于加强我国非物质文化遗产保护工作的意见》，中国政府网站，2015年10月10日，http://gov.cn/zwgk/2005 - 1/15/content_ 21681. htm。

② 胡锤：《故宫博物院的信息系统建设》，《东南文化》2010年第4期。

县具体负责本辖区内的非物质文化遗产保护和管理工作。非物质文化遗产的管理体制也是如此，应形成从中央到地方自上而下的纵向体系，不同的管理层级有不同的管理职能和具体业务，因此对非物质文化遗产信息需求的内容及详略程度也不尽相同。系统建设应根据不同层级来确定系统功能和信息数据库，使微观信息与宏观信息既相对独立又保持有机联系。

②标准统一、规范合理的原则

标准统一是实现共享的前提和基础，因此，自上而下的管理信息系统开发需要贯彻标准统一、规范合理的思想，同时横向的各地区之间的系统建设也应统一标准。为了有效地落实这一原则，中央、省、地、县可以选择集中开发这种便于共享又节约成本的模式，在系统建设的关键技术上由国家级主管部门负责开发，然后将其作为推荐技术要求地方和基层非物质文化遗产管理部门采用，继而为建成覆盖全国的非物质文化遗产数字化融合保护平台打下坚实的基础。

③兼顾技术先进性与兼容性原则

开展系统建设时选择先进的技术可提升应用效率，开发出更多的功能，但技术也并非越先进越好。首先，新兴技术的安全性有待长时间观察，同时新兴技术在发布初期也普遍存在漏洞多多的现象；其次，计算机技术种类繁多，很多同类型不同原理的技术也不互相兼容，例如，现今功能较全的集成化开发工具有 Power Builder、VB、Delphi、InterDev 等，采用不同的开发工具所建设的系统其兼容程度各不相同，集成化开发工具和专用开发工具如网页制作工具 DreamWeaver、多媒体制作工具 Flash 等也存在兼容性的问题。

④兼顾功能完整性与实用性原则

在系统建设前应先进行系统的规划，深入、细致的调研，了解各层级、各地区的非物质文化遗产的利用人群、利用情况和利用需求并收集相关信息，据此对信息系统的战略目标、开发方法、功能结构等进行分析，设计出满足各级非物质文化遗产管理部门最迫切需要的信息系统，确保系统界面符合利用人群的利用习惯，功能模块简单实用且能满足利用者的应用需求。

⑤可扩展性、易维护性原则

现代科技日新月异，用户需求也在变化，对非物质文化遗产数字化融合保护平台的要求也会随着时间的推移而不断变化，在建设之初运行良好的系统在若干年后可能会面临技术的落后和功能的衰退。面对这种变化，需要随时对系统进行改进和补充，以满足新增的利用需求。因此，在系统设计和实施阶段都应采用先进的应用软件开发技术，并保证其可扩展性。日常管理和维护也是系统正常运行的关键，为了降低管理和后期维护的成本和难度，在系统设计实施之初也应坚持易维护性的原则。

4. 非物质文化遗产数字化融合保护平台的集成应用

集成是一种新的理念与方法，其本质是要素的整合和优势互补。非物质文化遗产数字化融合保护平台集成即把全国范围内非物质文化遗产相关信息、档案管理信息系统组织协调起来，按要素之间功能互补匹配原则构建一个有机的系统，从而提升集成体的整体性能，发挥各地非物质文化遗产管理信息系统的最优功能，整合构成全国统一的非物质文化遗产信息管理平台。

非物质文化遗产管理信息系统集成应用具有非常重要的意义。它不仅是实现非物质文化遗产信息管理自动化的途径，更是非物质文化遗产资源开发利用的重要手段。首先，数字化融合保护平台便于对全国范围内的非物质文化遗产普查结果进行统计、分析，为党和政府对非物质文化遗产工作的决策服务。其次，各分系统在突出自己特色的基础上，统一于共同的数字采集标准之下，为建立检索机制奠定了良好的基础，便于信息的传播和共享。

非物质文化遗产数字化融合保护平台的集成模式如图 6－6 所示，它将各地非物质文化遗产管理信息系统和各类数据库资源链接到中心信息系统，建立了统一的非物质文化遗产信息资源管理平台，提供了全国非物质文化遗产信息共享和服务。在具体实施时，非物质文化遗产管理信息系统集成还应注意以下四项内容：

（1）应用平台系统分级集成的思想

由于全国范围内的非物质文化遗产资源分布零散、数量庞大，笼统地集成可能引起存储容量过大、数据冗余、资源重复等现象。例如，传统戏曲花鼓戏是我国首批国家级非物质文化遗产名录项目之一，其申报单位包括安徽省宿州市、淮北市、宣城市，湖北省随州市、麻城市，湖南省岳阳县、邵阳市、常德市，属安徽、湖北、湖南三个省共有的非物质文化遗产，三个省非物质文化遗产管理信息系统必然都会包括花鼓戏相关的资源

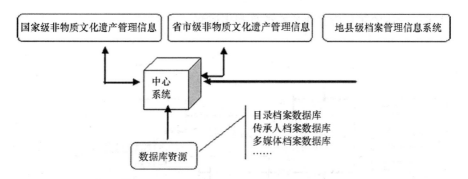

图6－6　非物质文化遗产数字化融合保护平台的数据集成模式

数据，当系统集成时，花鼓戏资源数据便会重复出现，造成存储空间的浪费。因此，非物质文化遗产管理信息系统的集成应充分遵循分级原则。根据非物质文化遗产的地域性、民族性特征，分级集成可以概括为：既包括遗产所属地域上的级别（国家、省、市、县及以下）集成也包括遗产本身的级别（世界级、国家级、省级、市级）和类型集成。另外，分级集成的思想也为非物质文化遗产资源数据库的建设设定了大致框架。

（2）采用分布式的数字信息资源系统结构

近年来，数字博物馆、数字图书馆通过互联网突破了实体馆的空间和时间限制，从而能够面对更多的观众和用户。然而，同非物质文化遗产资源一样，博物馆、图书馆（主要指公共图书馆）的数字资源不仅仅是属于其自身或某一个文化机构所有的，它是民族的、国家的，也是全人类的，所以，非物质文化遗产信息化管理也必须考虑到信息共享的问题。解决信息共享的问题需要建立分布式的非物质文化遗产数字资源库群，对分散在全国各地的非物质文化遗产数字资源进行整合管理。

（3）建立统一的数字化保护体统

管理信息系统的集成需要对大量的、多维的数字化信息进行准确、高效的管理与利用，建立统一的信息资源管理平台（图6－7），以实现归类保存、科学检索、多维分析、数据共享等管理要求。数字博物馆和非物质文化遗产网站在设计时应兼顾功能应用和美化宣传，建成集管理、发布、利用为一体的形象窗口，且对全社会公众免费开放。此外，数字博物馆或非物质文化遗产网站还应将目录档案数据库、传承人档案数据库、多媒体档案数据库等各类数据库资源链接起来，形成一个国家到地方，省、市、县四级一体的非物质文化遗产信息利用网络。

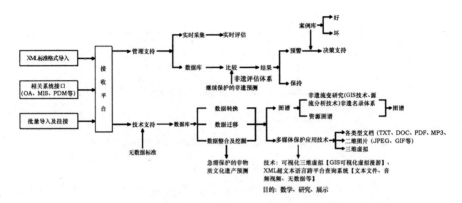

图 6 - 7   非物质文化遗产数字化融合保护平台流程结构

七 研究结论与展望

（一）研究结论

基于文化与科技融合的我国非物质文化遗产保护机制及其实现是在根据文化与科技融合的政策导向、借助我国非物质文化遗产保护事业蓬勃发展的历史趋势，以及有效利用全球存量科技的基础上，不断加大文化与科技的融合范畴、加快文化与科技的融合速度、提高文化与科技的融合效率，以非物质文化遗产保护创新集群作为文化与科技的衔接空间，从而推动我国非物质文化遗产保护关键技术的集成创新和关键领域的整体突破。从宏观上来看，基于文化与科技融合的我国非物质文化遗产保护机制是通过将非物质文化遗产的各类文化元素、内容形式和关联信息，与文化遗产学的理论体系和现代保护技术的方法手段进行有机结合，在提升非物质文化遗产保护水平的基础上，形成新的保护体系、策略组合和保护方法。从中观和微观层面来讲，基于文化与科技融合的我国非物质文化遗产保护机制则是根据我国非物质文化遗产保护的客观需求和本质特点，遵循文化与科技创新的一般规律，通过开展与非物质文化遗产保护相关的技术研发、系统构建、项目实施等应用所构成的创新过程。可见，基于文化与科技融合的我国非物质文化遗产保护机制及实现研究是基于我国现有非物质文化遗产资源的现状，依托成熟的文化遗产学理论和先进的科学技术成果，实施跨界研究和创新保护，进一步推动我国非物质文化遗产保护事业向纵深发展的模式体系。

就具体内容而言，本书主要研究了以下三个方面：

第一，文化与科技融合下非物质文化遗产保护机制，即构建文化行政管理部门主管、科技管理部门主导、各级各类科研院所和 IT 行业建设、社会公众全民参与的非物质文化遗产保护机制。这种机制是保障我国文化与科技融合下非物质文化遗产保护事业发展的基础。

第二，非物质文化遗产数字化融合保护平台，即结合档案学理论，将元数据技术、非物质文化遗产图谱技术等新兴技术引入非物质文化遗产保护领域，创建非物质文化遗产数字化融合保护平台。这种平台是推动我国文化与科技融合下非物质文化遗产保护工作开展的载体。

第三，文化与科技融合下非物质文化遗产保护路径，即基于我国非物质文化遗产保护需求，结合文化社会发展状况，提出具有推广价值的非物质文化遗产保护机制与实现路径。这条路径是实现我国文化与科技融合下非物质文化遗产保护事业进步的途径。

（二）研究不足

由于客观条件和自身理论知识、研究视野和实际研究水平的有限，本研究中还存在很多的不足。综合来看，集中在以下方面：

第一，数理研究较为欠缺。本书在撰写过程和构建模型过程中，主要运用的是理论研究、案例研究等方法，在模型方面则重在构建结构模型和体系模型，而未采用数理研究方法来进行研究并构建模型。

第二，信息化标准有待健全。在构建我国非物质文化遗产数字化融合保护平台的过程中，本文主要对其定义、机构、系统和功能等内容进行阐述，由于缺乏相应的信息化标准未对其具体技术及其实现的软硬件系统进行分析和阐释。

第三，保障体系有待完善。在阐述基于文化与科技融合的我国非物质文化遗产保护机制的保障举措中，受篇幅所限仅主要对政策保障、行政保障和资金保障等五个方面进行了探讨，但由于实现基于文化与科技融合的我国非物质文化遗产保护机制是一个非常复杂的系统性工程，非物质文化遗产保护的相关法律、法规、规定等体系尚在不断完善和建立过程中，因此保障文化与科技融合下非物质文化遗产保护机制的实现，还需长期的过程。

（三）研究展望

基于文化与科技融合的我国非物质文化遗产保护机制及其实现研究涉

及了多方面的理论、方法和技术，且该机制还有许多新的问题需要解决，需要在实际应用中不断积累和完善。综合来看，未来的研究与开发将涉及以下方面：

第一，保护机制的应用研究。由于全球经济和文化一体化进程的发展，以及我国社会经济发展的不断加速，我国非物质文化遗产保护将面临更加严峻的形势，构建基于文化与科技融合的非物质文化遗产保护机制正是顺应了这一历史发展潮流，但由于在机制实现过程中环境、技术与政策的不断变化，对文化与科技融合下非物质文化遗产保护机制的进行修正和完善也将是一个动态和长期的过程。为此，对基于文化与科技融合的非物质文化遗产保护机制的应用研究，将是未来很长一段时间内的研究内容。

第二，关键技术的突破研究。实施文化与科技融合下非物质文化遗产保护机制的目标是保障我国非物质文化遗产长期、有效的保护和传承，而实现这一目标的关键就在于研发、转化、吸收各类先进的科学技术和研究成果，将其内化和应用于我国非物质文化遗产保护工作之中，因此，根据前文对机制的分析可知，其涉及的相关技术较为庞杂，同时也涵盖了多个学科领域和专业门类。为此，对基于文化与科技融合的非物质文化遗产保护机制的关键技术的研究和突破，将是未来的重点突破方向。

第三，保护平台的运行研究。非物质文化遗产数字化融合保护平台是基于文化与科技融合的非物质文化遗产保护机制的实现载体，也是文化与科技融合思想在我国非物质文化遗产保护工作中的体现。由于它融合了大量保护技术和先进科技，因而在实际运行过程中需长时间磨合与调试，才能使其达到最佳的运行状态。为此，对基于文化与科技融合的非物质文化遗产保护机制的保护平台的运行流程进行监控、调试和研究，将是未来的一个重要工作。

后　记

基于前期人文地理和文化产业方面的知识积累，将信息技术和体制创新方面的研究成果综合运用于非物质文化遗产保护领域，提升我国非物质文化遗产的保护水平和实施能力是我进入武汉大学信息管理学院攻读博士选定的研究方向。三年攻读生涯如白驹过隙，在我完成博士论文、顺利通过毕业答辩并付梓的过程中，得到了众多师长、同行、同事和友人的帮助和支持。

感谢周耀林先生的悉心教导。在选题、撰写和付梓的过程中，耐心细致地在研究视角、理论提炼和研究规范等方面进行全面指导。先生的渊博学识和治学精神给我留下了深刻印象，也必将使我终身受益。时值本书出版之际，先生还欣然为序，令我十分感佩。

感谢前辈学者的指导、帮助和鼓励，他们是武汉大学的傅才武教授、方卿教授、陆伟教授、王新才教授、朱玉媛教授、肖希明教授、颜海教授、张晓娟教授、肖秋会教授、王平副教授、陈其凯博士、赵跃博士，中国人民大学的卢小兵教授，华中师范大学的夏立新教授，湖北大学的张立明教授、覃兆刿教授、胡道华副教授，华中师范大学武汉传媒学院的曾金博士。

感谢国外同行的帮助，他们是欧洲文化遗产在线网（European Cultural Heritage Online）、加拿大国家图书档案馆（Library and Archives Canada）、韩国国立文化财研究所的同行。

感谢湖北大学资源环境学院全体老师对我的支持与帮助，学院浓厚的学术氛围和宽松的研究环境是本书成功付梓的重要保证。同时，还要感谢熊诗维、周楚欣和童晨三位同学为本书出版提供的帮助。

感谢所有被引用和参考文献的作者和网站，前人的理论积淀与信息积累为我的研究工作奠定了牢固的基础。

　　感谢湖北省教育厅人文社会科学项目"文化与科技融合背景下的湖北非物质文化遗产保护机制与实践路径研究"（项目批准号：14g529）和湖北省教育科学规划项目"非物质文化遗产现代传习机制与实现平台研究"（项目编号：2015GB029），以及2015年武汉市软科学项目"大数据背景下武汉市文化遗产保护利用机制及实现平台研究"的资助，使我在非物质文化遗产保护领域内的研究得以进一步深化。

　　感谢中国社会科学出版社的领导和老师，尤其是编辑部姜阿平女士，他们的关心与支持使本书得以公开出版。

　　感谢我的家人，在父母的悉心照料与妻女的幸福陪伴下，我得以有更多的时间和精力投入到自己热爱的非物质文化遗产保护研究之中。

　　非物质文化遗产作为传承人类文明、承载文化记忆的重要载体，系统通过本书的出版起到抛砖引玉的作用，让更多专家学者聚焦我国非物质文化遗产保护领域，推动我国非物质文化遗产保护的不断进步和发展。由于本人水平有限，加之时间紧迫，书中多有浅陋不当之处，敬请读者批评指正。

叶鹏

2015 年 10 月 10 日